Günter Naumann

Deutsche Geschichte

Günter Naumann

Deutsche Geschichte

Das Alte Reich 962 bis 1806

marixverlag

Bibliografische Information der Deutschen Nationalbibliothek
Die Deutsche Nationalbibliothek verzeichnet diese Publikation in der Deutschen Nationalbibliografie; detaillierte bibliografische Daten sind im Internet über
http://dnb.d-nb.de abrufbar.

3. Auflage 2013

Korrektorat: Christa Marsen, Oberursel
Covergestaltung: Nele Schütz Design, München nach der Gestaltung von Thomas Jarzina, Köln
Bildnachweis: akg-images GmbH, Berlin
Satz und Bearbeitung: Medienservice Martin Feiß, Burgwitz
Gesetzt in der Palatino Linotype
Gesamtherstellung:
CPI books GmbH, Ulm
Printed in Germany

ISBN: 978-3-86539-928-1

www.marixverlag.de

Inhalt

Vorwort

Mit der vorliegenden „Deutschen Geschichte" wird der Versuch unternommen, die großen Entwicklungslinien anhand wichtiger Ereignisse darzustellen.

Inhaltlich steht die politische Geschichte im Vordergrund, welche sich vor allem an Herrscherpersönlichkeiten und dynastischen Erbfolgen, machtpolitischen Konstellationen, Kriegen, territorialen Veränderungen und Reformen orientiert. Eingegangen wird aber auch auf die Wirtschafts- und Sozialgeschichte.

Wie keine andere europäische Nationalgeschichte wird die deutsche Geschichte von den einzelnen Territorien getragen. Das lockere oberhoheitliche Band, durch welches die Territorial-Fürstentümer, Reichsstädte usw. zusammengehalten wurden, war das „Heilige Römische Reich", welches heute als das „Alte Reich" bezeichnet wird und nahezu ein Jahrtausend bestanden hat. Bei der vorliegenden Darstellung der Reichsgeschichte war deshalb vor allem auch deren enge Verflechtung mit der Geschichte der Territorien zu berücksichtigen.

Der vorliegende 1. Band ist der Geschichte des „Alten Reiches" (962-1806) gewidmet, welches zwar in den Stürmen der napoleonischen Kriege unterging, dessen föderale Länderstrukturen aber bis heute fortwirken.

Der 2. Band wird an das Alte Reich anschließen und uns die wechselvolle Geschichte Deutschlands vom Deutschen Bund über das Deutsche Reich und das geteilte Deutschland bis zum wiedervereinigten Deutschland vor Augen führen.

Günter Naumann

1. Einleitung

„Das alte Reich" – Eine Übersicht

Deutsche Geschichte spielte sich in einem Raum ab, welcher etwa identisch ist mit dem nördlich der Alpen gelegenen Teil des einstigen „Heiligen Römischen Reiches".

Mit dem Begriff **„Regnum Teutonicum"** (Deutsches Reich) wurde das Territorium des 911 im **Ostfrankenreich** zur Herrschaft gelangten Königs Konrad I. bezeichnet, welches die Stammesgebiete der Franken, Sachsen, Alemannen, Bayern und Lothringer umfasste. Es handelt sich dabei um die Gebiete jener ostgermanischen Stämme, welche einst in das Frankenreich Karls „des Großen" einverleibt und dadurch vereinigt worden waren. Diese Stammesgebiete kamen bei der 843/880 erfolgten Aufteilung des Frankenreiches zum Ostfränkischen Reich. Die Konsolidierung dieses stammesmäßig deutschen Reiches erfolgte unter den Königen Heinrich I. (919-936) und Otto I. „dem Großen" (936-973). Durch seine militärischen Erfolge beflügelt, knüpfte Otto I. an das imperiale, über das „Regnum Teutonicum" hinausgreifende Herrschaftskonzept Karls „des Großen" an, eroberte das Königreich der Langobarden in Italien, ließ sich 962 vom Papst zum Kaiser krönen und nannte sich „imperator" (Kaiser). Seine Nachfolger, Otto II. und Otto III., brachten diesen imperialen Herrschaftsanspruch, welcher in der Tradition des Römischen Kaiserreiches, einer absoluten Monarchie, stand, in ihren Titeln „imperator Romanorum" bzw. „Romanorum imperator augustus" deutlicher zum Ausdruck.

Der erste überlieferte offizielle Reichstitel bezieht sich deshalb nicht etwa mit „Regnum Teutonicum" auf das nördlich der Alpen gelegene Teilreich, sondern mit „imperium Romanum" (Römisches Reich) auf das gesamte Imperium einschließlich der italienischen Gebiete. Dieses „Imperium" bestand demnach aus einem deutschen und dem italienischen Reichsteil, zu denen ab 1032/33 noch der burgundische Reichsteil kam. Der Reichstitel „Romanum imperium" ist ab Kaiser Konrad II. (1034) urkundlich nachweisbar und sollte die autonome machtpolitische

Stellung des römisch-deutschen Königs und Kaisers gegenüber dem Papsttum und den aufstrebenden lombardischen Städten in Italien demonstrieren. Ab Ende März 1157 kam in den Kaiser-Urkunden Friedrichs I. der Begriff „sacrum imperium" (heiliges Reich) hinzu. Der Kaiser vertrat die Auffassung, dass das Kaisertum unmittelbar von Gott auf die römisch-deutschen Könige übertragen worden sei und deshalb vom Papsttum unabhängig wäre. Die Kaiserkrönung durch den Papst sei deshalb eine rein zeremonielle Handlung, ohne dass dadurch ein Herrschaftsanspruch des Papsttums über das Kaisertum begründet würde. Ab 1254 wird in den Königs-Urkunden erstmals der volle Reichstitel **„Sacrum Romanum Imperium"** (Heiliges Römisches Reich) verwendet, der bis zum Untergang desselben (1806) offizieller Reichstitel blieb. Nur vorübergehend, und zwar vom 15. Jh. bis in die zweite Hälfte des 16. Jh., wurde zuweilen der Zusatz „Nationis Germaniae" (deutscher Nation) verwendet, so etwa 1512 als „Heiliges römisches Reich Teutscher Nation", um im Zeichen europäischer Machtkämpfe auszudrücken, dass dieses Reich ausschließlich eine Angelegenheit der Deutschen sei. Ob damit nur konstatiert werden sollte, dass die italienischen Gebiete schon längst nicht mehr Teil dieses Reiches waren, und das römisch-deutsche Reich de facto bereits zum deutschen Reich geworden war, ist umstritten. Im Folgenden soll dieses alte „Heilige Römische Reich" als das „Alte Reich" oder nur als das „Reich" bezeichnet werden. Unter Deutschland soll der nördlich der Alpen liegende Herrschaftsbereich des „Alten Reiches" verstanden werden.

Das Kaisertum des Alten Reiches war unter Vermittlung des Papstes zustande gekommen. Der Papst trat schließlich gegenüber den Anwärtern auf die Kaiserkrone so auf, als habe er nicht nur das Recht zur Krönung und Salbung, sondern auch das Recht zur Vergabe des Kaisertums. Demgegenüber betonten die Kaiser, dass ihnen ihr Herrschaftsanspruch direkt von Gott verliehen worden sei. In diesem **Interessenkonflikt zwischen Kaiser und Papst** konnten sich die Kaiser von Otto I. bis zu Heinrich III. noch der Herrschaftsansprüche der Päpste erwehren, und Heinrich III. hatte die Päpste sogar vollständig in das ottonisch-salische Reichskirchensystem einbezogen. Der Preis dafür waren zahlreiche für den Machterhalt erforderliche Feldzüge der Kaiser nach Italien, wodurch die Adelsopposition im deutschen Reichsteil oft genug Gelegenheit bekam, die Königsherrschaft zu destabilisieren, und nur mit Mühe niedergehalten werden konnte. Mit der Zerschlagung der Reichskirche im **Investiturstreit** gewann das Papsttum die Oberhand, und das Königtum wurde geschwächt. Im deutschen Reichsteil ging dieser Machtverlust des Köngs weiter, als unter der Dynastie der Staufer die kaiserliche Italienpolitik den Vorrang hatte. Den Vorteil daraus zogen der Adel sowie die aus dem Adel hervorgegangene hohe Geistlichkeit.

Bestimmend für die weitere Entwicklung des Alten Reiches wurde die Herrschaftskonkurrenz zwischen dem König und den adligen sowie geistlichen Herrschaftsträgern und damit die Balance zwischen zentralistischen und föderativen Tendenzen.

Angelegt worden war dieser **Interessenkonflikt zwischen Königtum und Adel** durch das bereits im Frankenreich eingeführte Lehnsrecht. Lebensgrundlage und damit Machtgrundlage war im Zeichen der Naturalwirtschaft des Mittelalters der Besitz an Grund und Boden. Der König als universeller Grundeigentümer hielt nur einen Teil des Grund und Bodens zur eigenen Verfügung zurück (Bewirtschaftung durch Krondomänen, Königshöfe). Den überwiegenden Teil verlieh (= verlehnte) er gegen Treueid und die Verpflichtung zu militärischen und sonstigen Diensten. Die mit Grund und Boden beliehenen (belehnten) Lehnsleute übten auf dem ihnen übergebenen Grund und Boden die **Grundherrschaft** aus, d.h. sie geboten über die hier angesetzten Bauern (die sog. Hintersassen), welche den Grund und Boden bewirtschafteten. Der übergebene Grund und Boden konnte aber auch weiterverlehnt werden, sodass sich eine **Hierarchie der Lehnsleute** (Lehnspyramide, Heerschildordnung) herausbildete. Auf welcher Ebene dieser Lehnspyramide ein Lehnsmann des Königs stand, bestimmte dessen gesellschaftliche Stellung. An der Spitze der Lehnspyramide stand der König, ihm folgten auf der 2. Ebene (dem 2. Heerschild) die geistlichen Fürsten, auf der 3. Ebene die weltlichen Fürsten, auf der 4. Ebene die Grafen und Herren sowie auf der 5. Ebene die Dienstmannen. Alle diese Lehnsträger bildeten die Freien, den Adel. Mit der 5. Ebene der Heerschildordnung kam zum Ausdruck, dass auch Dienstmannen (Ministeriale) in den Adel aufrücken konnten. Das Wort „feudum“ = „Lehen, Dienst“ hat im Begriff „Feudalismus“ dieser mittelalterlichen Herrschaftsform den Namen gegeben.

Die Herrschaft beruhte im Mittelalter damit auf dem gegenseitigen persönlichen Treueverhältnis zwischen Herr (Lehnsherr, Feudalherr) und Untergebenem (Vasall). Dieses Treueverhältnis begründete zwar die Herrschaft des Lehnsherrn über den Vasallen, aber auch deren gegenseitige Abhängigkeit, denn der Vasall war auf die Belehnung mit Grund und Boden angewiesen und der Herr auf die Leistungen seiner Vasallen. Wollte er z.B. Krieg führen, dann hatten sich die Vasallen persönlich zum Kriegsdienst (Heerfahrt) zur Verfügung zu stellen.

Das Herrschaftssystem des Alten Reiches beruhte also auf einem **Personenverband**, an dessen Spitze der König als oberster Lehnsherr stand. Dieses Alte Reich war demnach wie alle Reiche des Mittelalters ein „Personenverbandsstaat“.

Wie stark diese Herrschaft jeweils war, hing davon ab, welche Herrschaftsrechte (Regalien) der König noch selbst ausübte und welche er bereits seinen Vasallen übertragen hatte. Dies war aber von Fall zu Fall unterschiedlich, sodass das Alte Reich aus Territorien mit sehr unterschiedlicher herrschaftlicher Bindung an den König und damit an das Reich bestand. So gehörte z.B. Böhmen zum Alten Reich, denn der König von Böhmen war als Lehnsmann des römisch-deutschen Königs sowie als Kurfürst mit dem Amt des Erzschenken herausgehobener Königswähler, verfügte jedoch über gewichtige Privilegien (z.B. war er nur eingeschränkt heerfahrtpflichtig), sodass Böhmen bis zur Vereinnahmung durch die Habsburger (1526) eine weitgehend selbstständige Politik betreiben konnte. Ein weiteres Beispiel: Als Kaiser Karl V. die „niederen Lande“ 1548 lediglich aus der Zuständigkeit des Reichsgerichts entließ, obgleich alle anderen Bindungen an das Reich noch fortbestanden, war dieses Territorium damit de facto bereits aus dem Reichsverband ausgeschieden. Aufgrund der Tatsache, dass insbesondere in den Randbereichen des alten Reiches die Herrschaftsrechte des Königs in vielen Fällen ausgedünnt worden waren oder sich diese Territorien kaum noch oder schon nicht mehr am politischen Leben des Reiches beteiligten, wird heute mitunter sogar die Existenz fester Reichsgrenzen bestritten.

Unter diesen rechtlichen Voraussetzungen kam im Alten Reich eine absolute Monarchie nach römischem Vorbild nicht zustande. Die Könige waren ab Konrad I., der als erster deutscher König gilt, gewählt worden. Ab Otto I. bis zu Friedrich II. bestimmten die Könige ihre Nachfolger und ließen sie bereits zu Lebzeiten durch Wahl und Krönung bestätigen. Damit wurde in dieser Periode das Wahlkönigtum zur Formalität. Um die Tolerierung ihrer Wünsche in der Nachfolge zu erreichen, sahen sich die Könige aber immer wieder genötigt, den adligen und geistlichen Herrschaftsträgern weitere Territorien und Rechte zu übertragen, sodass der Prozess der Territorialisierung des Reiches ungebrochen weiterging.

Mit dem Untergang der Staufer (1254) wurde das Alte Reich endgültig eine **Wahlmonarchie**, in welcher sich die einzelnen Fürstentümer zu mehr oder weniger souveränen Territorialherrschaften entwickeln konnten.

Die rechtliche Grundlage dafür war das aus dem gegenseitigen Treueverhältnis zwischen König und Adel abgeleitete Recht des Adels zur Teilhabe an der Herrschaft. Diese Konkurrenz der Adelsherrschaft zum Königtum hatte bestimmtere Formen angenommen, als sich im 12. Jh. im Verlauf des Investiturstreites und des Verfalls der Reichskirche die mächtigsten Fürsten sowie die Reichsbischöfe und Reichsäbte (einschließlich der Äbtissinnen der Frauenklöster) zum **Reichsfürstenstand** zusammenschlossen und dem römisch-deutschen König nun als Körperschaft gegenübertraten. Als die Konstituierung des Reichsfürstenstandes um 1180 abgeschlossen war, gehörten zu diesem 90 geistliche, aber nur 16 weltliche Fürsten. Letztere waren der König von Böhmen, die Herzöge von Sachsen, Brabant, Lothringen, Schwaben, Bayern, Österreich, Kärnten und der Steiermark, die Markgrafen von Brandenburg, Meißen und der Lausitz, die Pfalzgrafen bei Rhein und von Sachsen, der Landgraf von Thüringen und der Graf von Anhalt. Voraussetzung für die Zugehörigkeit zum Reichsfürstenstand war die direkte Belehnung durch den König mit einem Reichslehen, einem sog. Fahnenlehen (bei Belehnung eines weltlichen Fürsten) bzw. einem Zepterlehen (bei Belehnung eines geistlichen Fürsten), denn mit dem Akt der persönlichen Übergabe des Lehens war die Übergabe einer Fahne bzw. eines Zepters verbunden. Als Reichslehen galt auch ein Lehen, welches ein weltlicher Fürst von einem geistlichen Fürsten erhielt, denn Kirchengut blieb immer Reichsgut. Für den König bestand hinsichtlich der Reichslehen ein Leihezwang, d.h. ihm war es nicht gestattet, ein erledigtes Reichslehen zu seinen Gunsten einzuziehen, um damit die Königsmacht zu stärken, sondern er musste es erneut austun (verleihen). Nicht jeder Adlige, der über ein Reichslehen verfügte, gehörte zum Reichsfürstenstand. Beim Vorliegen bestimmter Voraussetzungen konnte der König jedoch auch diese Fürsten in den Reichsfürstenstand aufnehmen, wovon mehrfach Gebrauch gemacht worden ist.

Ab dem Ende des 12. Jh. begann sich aus dem Reichsfürstenstand ein engerer Kreis bevorrechteter Fürsten herauszuheben, denen das ausschließliche Recht zur Wahl des Königs zugestanden wurde. Dies waren die **Kurfürsten**. Der Anlass zu dieser Differenzierung war die im Alten Reich Unruhe stiftende Doppelwahl von Königen bzw. die Wahl von Gegenkönigen. Es konnte nicht hingenommen werden, dass irgendwelche Fürsten irgendeinen König wählten. Um dem entgegentreten zu können, mussten Kriterien für die Gültigkeit einer Königswahl geschaffen werden. Zunächst gab es sechs Kurfürsten. Bis zur Doppelwahl von 1257 kam der König von Böhmen als siebenter Kurfürst hinzu. Kurfürsten waren die Erzbischöfe von Mainz, Köln und Trier, der König von Böhmen, der Pfalzgraf bei Rhein, der askanische Herzog von Sachsen-Wittenberg und der Markgraf von Brandenburg (das Herzogtum Sachsen-Wittenberg kam 1423 nach dem Aussterben des Geschlechts der Askanier an den Markgrafen von Meißen aus dem Hause Wettin). Es fällt auf, dass in diesem Kreis die Stammesherzöge bzw. deren Nachfolger, die Territorialherzöge, bis auf den nicht besonders mächtigen Herzog von Sachsen-Wittenberg fehlten, d.h. es hatten sich neue Herrschaftsschwerpunkte herausgebildet, die nichts mehr mit den alten Stammesherzogtümern gemein hatten. 1338 stellten die in Rhens versammelten Kurfürsten aus konkretem Anlass (Streit Kaiser Ludwigs des Bayern mit dem Papst) fest, dass der von ihnen gewählte König unabhängig von der Bestätigung (Approbation) durch den Papst seine Herrschaftsrechte im Reich ausüben dürfe. Mit der Einschränkung des Königswahlrechts auf die Kurfürsten wurde die Adelsherrschaft gestärkt. Bei der Königswahl setzten die Kurfürsten das Erbrecht des Königs außer Kraft, denn zum König gewählt wurde, wer den Kurfürsten die größten Zugeständnisse machte und ihnen nicht zu mächtig werden konnte. So kam es zu den sog. „springenden Wahlen", d.h. die Dynastien wechselten häufig, und jeder König war gezwungen, sich von Neuem eine eigene Machtgrundlage (Hausmacht) aufzubauen, was auf Kosten des Reichs gehen musste. Erst den Habsburgern, die sich eine beachtliche Hausmacht aufbauen konnten, gelang es, ab 1438 die Königskrone für ihre Dynastie zu behaupten. Die Kurfürsten ließen sich ihre Stimme für die Königswahl fürstlich vergüten, wenn nicht in Geld, dann in Form von Zugeständnissen (Privilegien). Ein förmliches Wahlversprechen, eine „Wahlkapitulation", verlangten die Kurfürsten erstmals 1519 von Karl V., als dessen Wahl zum römisch-deutschen König anstand, denn dieser war als König von Spanien und Herrscher über die Niederlande zum Zeitpunkt der Königswahl bereits so mächtig, dass es den Kurfürsten ratsam erschien, sich abzusichern.

Erstmals und endgültig festgelegt wurde der Modus der Königswahl reichsrechtlich 1356 durch Kaiser Karl IV. in der **Goldenen Bulle**, dem bedeutsamsten Gesetz, welches jemals im Alten Reich erlassen wurde. Danach wählten die sieben Kurfürsten bzw. deren Vertreter den König. Im Gegenzug erhielten die Kurfürsten für ihre Territorien wichtige Rechte. Die Kurfürstentümer durften nicht geteilt werden; die Primogenitur (Nachfolge nach Erstgeburtsrecht) in den Kurfürstentümern wurde festgesetzt. Mit der Kurwürde waren die Erzämter verbunden, welche die Wahrnehmung bestimmter symbolischer Funktionen bei feierlichen Handlungen am Königshofe betrafen, welche hinsichtlich der vier alten **Erzämter** (Erzschenk, Erztruchsess, Erzmarschall, Erzkämmerer) nur bei der Königskrönung ausgeübt wurden, während die neueren Erzämter reine Titel waren. Den Kurfürsten wurde verboten, andere Bündnisse als den Landfrieden betreffende einzugehen. Städtefeindlich war die Bestimmung, dass die Städte keine Pfahlbürger aufnehmen durften (Pfahlbürger = Leute, welche das Bürgerrecht nur erwarben, um sich ihren Untertanenpflichten zu entziehen, aber nicht in den Städten wohnten). Übergangen wurde das Approbationsrecht des Papstes, womit man die Souveränität des Reiches reichsrechtlich festschrieb. Vorausgesetzt wurde das Recht des gewählten Königs auf die Kaiserwürde. Das Kurfürstenkollegium erfuhr später einige Veränderungen. 1623 übertrug man die pfälzische Kur auf Bayern (erloschen 1777), schuf aber bereits 1648 für die Pfalz eine 8. Kur. 1692 schuf man für Braunschweig-Lüneburg (Kurhannover) eine 1708 endgültig anerkannte 9. Kur. Im Zusammenhang mit dem Reichsdeputationshauptschluss (1803) erloschen einige Kuren (Mainz, Köln, Trier), einige Kuren entstanden neu (z.B. Württemberg). Mit dem Ende des Alten Reiches (1806) verloren die Kuren ihre Funktion. Der Kurfürstentitel wurde danach nur noch von Hessen-Kassel geführt (bis 1866).

Mit der Stärkung der Adelsopposition entwickelte sich der zu hohen kirchlichen Festen am Königshof mit zunächst offenem Teilnehmerkreis abgehaltene Hoftag im 13. Jh. zum **Reichstag** als verfassungsmäßiger Rechtsinstitution mit beratendem und später beschließendem Charakter, wodurch die Macht des Königs eingeschränkt wurde. Der Reichstag befasste sich mit Fragen von Krieg (Reichskrieg) und Frieden, mit der Erhebung von Reichssteuern, mit der Reichsgesetzgebung sowie mit der

Erhebung von Fürsten in den Reichsfürstenstand. Seit 1489 setzte sich der Reichstag aus drei getrennt tagenden und beschließenden Kurien (Wahlkörperschaften) zusammen. Dies waren das Kurfürstenkolleg, der Fürstenrat (ihm gehörten die übrigen Reichsfürsten sowie ein Teil der reichsunmittelbaren Grafen und Herren an) und die Vertreter der Reichsstädte. Ab 1495 war die Neuaufnahme von Mitgliedern an Majoritätsbeschlüsse der einzelnen Kurien gebunden. Die Reichsritter waren nicht mit im Reichstag vertreten. Die von den Reichsfürsten seit jeher in ihrer Selbstständigkeit bedrohten Reichsritter standen auf der Seite des Kaisers. Anstelle der Vollversammlung konnte auch ein vom Reichstag eingesetzter Ausschuss (Reichsdeputation) Beschlüsse fassen. Seit 1654 ließ sich der Kaiser auf dem Reichstag vertreten. Ab 1663 tagte der Reichstag als Gesandtenkongress permanent in Regensburg („Immerwährender Reichstag"). 1792 waren 294 Reichsstände im Reichstag vertreten (im Kurfürstenkolleg 8 Kurfürsten, im Fürstenrat 77 Geistliche und 158 weltliche Fürsten, Grafen und Herren, in der Kurie der Städte 14 rheinische und 37 schwäbische Reichsstädte). – Analog den Reichsständen im Reich organisierten sich auch die Landstände in den einzelnen Territorien in Ständevertretungen, welche seit dem 15. Jh. als Rechtsinstitution ein Gegengewicht zu den Territorialfürsten bildeten. Ihr Recht dazu war unbestritten. Bereits 1231 bestimmte König Heinrich VII., dass kein Fürst ohne vorherige Zustimmung des landsässigen Adels neue Bestimmungen und Belastungen beschließen dürfe. Die Landstände gliederten sich in die drei Kurien Adel (in den niederen Adel aufgestiegene Dienstmannen), Geistlichkeit (v.a. die Vertreter der Domkapitel) und Städte.

Ein Vorstoß der Reichsstände zur Institutionalisierung ihres Einflusses auf das Königtum war die **Reichsreform**. Durch diese sollte ein Mindestmaß an Ordnung in die Reichsangelegenheiten gebracht werden, denn das Königtum hatte sich dazu als nicht in der Lage erwiesen. Kaiser Friedrich III. war in seiner langen Regierungszeit (1440-1493) mit dem Ausbau der habsburgischen Hausmacht beschäftigt und kümmerte sich kaum noch um das Reich. Den Auftakt zur Reichsreform bildete der Reichstag von Worms 1495. Beschlossen wurde der **„Ewige Landfriede“** , welcher erstmals das unbefristete Verbot der Fehde, d.h. des privaten gewaltsamen Vorgehes bei Rechtsstreitigkeiten, beinhaltete. Dieser Beschluss begründete das Gewaltmonopol des Staates, denn der Rechtsschutz wurde jetzt zumindest theoretisch Sache der öffentlichen Hand. Anstelle der Selbsthilfe trat der Rechtsweg. Als für die Ahndung des Landfriedensbruches zuständige Instanz bildete man das kgl. Kammergericht zum kgl.-ständischen **Reichskammergericht** um. Es war weiterhin noch zuständig für Steuerstreitigkeiten sowie für Zivilklagen gegen reichsunmittelbare Herren und außerdem letzte Berufungsinstanz für alle Territorien, in denen der Landesherr nicht über das Privileg der letzten gerichtlichen Entscheidung verfügte. Das Reichskammergericht sollte über eine allgemeine Reichssteuer, den Gemeinen Pfennig, finanziert werden. Wegen Schwierigkeiten bei dessen Einziehung erfolgte die Finanzierung ab 1548 über eine andere Reichssteuer, den sog. Kammerzieler. Das Interesse der Landesherren an diesem Gericht war gering, sodass die Steuern säumig oder gar nicht eingingen, wodurch das Gericht ständig personell unterbesetzt blieb und lange Bearbeitungszeiten die Regel waren. Das Reichskammergericht wurde nach mehreren Ortswechseln 1527 in Speyer fest etabliert. Nach der Einnahme von Speyer durch die Franzosen (1688) verbrannte 1689 ein großer Teil des Gerichtsarchivs. Ab 1693 tagte das Reichskammergericht in Wetzlar. 1806 wurde es aufgelöst. Das Gegengewicht zum ständisch besetzten Reichskammergericht war ab 1498 der kaiserliche **Reichshofrat**, zuständig vor allem für Reichslehnsachen, Strafsachen gegen reichsunmittelbare Landesherren und für Streitigkeiten um kaiserliche Privilegien. Der mehrfach von Kaiser Maximilian und später mitunter auch von seinen Nachfolgern auf den Reichstagen vorgetragene Wunsch nach der Aufstellung eines ständigen Reichsheeres, welches über eine Reichssteuer finanziert werden sollte, scheiterte am Widerstand der Fürsten. Als Exekutive wurden die **Reichskreise** gebildet (Zuordnung der Reichsterritorien zu 6 [1500] bzw. schließlich zu 10 [1512] Reichskreisen mit Ausnahme einiger kleinerer Territorien sowie der Reichsritterschaft). Die Reichskreise waren ab 1507 für die Wahl der Beisitzer des Reichskammergerichts, ab 1555 für die Landfriedenswahrung und die Vollstreckung (Reichsexekution) der Urteile des Reichskammergerichts, ab 1559 für die Aufsicht über das Münzwesen und ab 1681 für die Aufstellung sowie den Unterhalt der Reichskreiskontingente des Reichsheeres zuständig. An der Spitze eines Kreises und damit an der Spitze des Heereskontingents des Kreises stand der ursprünglich von den Reichsständen gewählte Kreishauptmann (seit 1555 als „Kreisoberst" bezeichnet), der später durch den vornehmsten Fürsten des entsprechenden Reichskreises ersetzt wurde. Die Einführung einer ständischen Reichsregierung (Reichsregiment) scheiterte nach zwei Versuchen (1500-1502; 1521-1530).

Die **Glaubensspaltung** durch die **Reformation** führte zu einer neuen Machtkonstellation, welche vorübergehend eine Stärkung der kaiserlichen Herrschaft bewirkte, denn die katholisch gebliebenen Reichsfürsten benötigten in ihrem Kampf gegen die evangel. Reichsfürsten die Unterstützung durch den kathol. Kaiser Karl V., mit dem sie sich verbündeten. Die Glaubensspaltung ließ sich jedoch nicht rückgängig machen, und 1555 mussten Karl V. und der Reichstag im **Augsburger Religionsfrieden** den evangel.-luther. Glauben reichsrechtlich anerkennen. Ein Jahr später (1556) teilte Karl V. die habsburgischen Länder in eine österreichische Linie unter Kaiser Ferdinand I. sowie in eine mächtigere spanische Linie unter König Philipp II. und legte die Kaiserkrone nieder.

Machtpolitisch bewirkte die Reformation eine Stärkung der evangel. Reichsfürsten, denn diese konnten durch die Beschlagnahme (Säkularisation) von Kirchengut ihre Machtbasis erweitern und erlangten durch die Schaffung der Landeskirchen eine selbstständige Stellung. Auch die kathol. Reichsfürsten fanden Mittel und Wege, um ihre Position gegenüber der kaiserlichen Zentralgewalt zu stärken, sodass insgesamt die **Territorialisierung des Alten Reiches** vorangetrieben wurde.

Zwischen 1555 und dem Beginn des Dreißigjährigen Krieges gelang es der kathol. Kirche, einige evangelisch gewordene

Reichsfürsten für den kathol. Glauben zurückzugewinnen, was mit einer Rekatholisierung der entsprechenden Fürstentümer verbunden war (**Gegenreformation**).

Den zur Beendigung des Dreißigjährigen Krieges geschlossenen **Westfälischen Frieden** (1648) nahmen die auswärtigen Mächte, welche seit jeher an einem in sich zerstrittenen, politisch schwachen Deutschland interessiert waren, zum Anlass, um die Herrschaftsansprüche des römisch-deutschen Königs/Kaisers auf ein Minimum zu reduzieren und andererseits die Souveränitätsrechte der Territorialmächte zu stärken. Der Titel „Kaiser" entbehrte seitdem einer realen Machtgrundlage. Das Alte Reich konnte nur deshalb noch über einhundertfünfzig Jahre fortbestehen, weil die Kaiser-Dynastie der österreichischen Habsburger mit ihrem umfangreichen Territorialbesitz über eine respektable Hausmacht als Herrschaftsgrundlage verfügte und die im Süden sowie im Südosten des Reiches gelegenen habsburgischen Länder ein Bollwerk gegen die Türken, welche von Südosten her das Reich in seiner Existenz bedrohten, darstellten und damit auch die deutschen Territorialfürstentümer schützten.

Der Übergang vom Personenverbandsstaat des Mittelalters zum institutionalisierten (bürokratisierten) Flächenstaat der Neuzeit war nicht durch das Reich, sondern durch die Territorialfürsten in die Wege geleitet worden. Die Fürsten konnten dabei auf die Verwaltungserfahrungen in den Städten zurückgreifen, denn eine Stadt wurde von einer Behörde, dem Stadtrat, zentralistisch verwaltet. Durch die Bestimmungen des Westfälischen Friedens wurde die seit dem 15. Jh. aufgebaute **Eigenstaatlichkeit der Territorien** legalisiert und deren Weiterentwicklung gefördert. Die Landesfürsten hatten nicht nur Herrschaftsrechte angesammelt und dadurch im Laufe der Zeit eine steigende Unabhängigkeit vom Reich erlangt, sondern darüber hinaus in ihren Territorien eine effektivere zentralistische Verwaltung aufgebaut, indem sie die ihrem Einfluss unterliegenden Besitzungen nicht mehr von Lehnsträgern, sondern von landesfürstlichen Behörden durch weisungsgebundene landesfürstliche Beamte verwalten ließen. Ansatzpunkte für den Aufbau einer solchen Verwaltung waren die Eigengüter des Landesfürsten oder etwa die Zusammenfassung von Ortschaften, welche dem Landesfürsten gerichtlich unterstanden bzw. welche an diesen bestimmte Abgaben zu entrichten hatten. Vielfach gelang es den Landesfürsten auch, über die Ausnutzung althergebrachter Vogtei-Rechte (Ausübung der Schutzherrschaft) auf die Verwaltung von Kirchengut Einfluss zu nehmen. Weiterhin konnte der Landesfürst im Gegensatz zum König erledigte Lehen einbehalten und seinen Verwaltungsbezirken zuschlagen. Hinzu kam mit der Reformation säkularisiertes Kirchengut. Diese Akkumulation landesfürstlicher Verwaltungsbefugnisse führte schließlich ab dem 16. Jh. zum Aufbau moderner Landesverwaltungen mit Unter-, Mittel- und Oberbehörden und damit zur Zurückdrängung des Einflusses der Landstände. In den evangel. Territorien standen die Landesfürsten an der Spitze der neu aufgebauten Landeskirchen, was einen weiteren Zentralisationsschub bedeutete. Zentralismus ist ein wesentliches Merkmal der absolutistischen Herrschaftsform, die sich ab dem 16. Jh. in den Territorialstaaten durchzusetzen begann. In welchem Maße ein Landesfürst absolutistisch regieren konnte, hing vom jeweiligen Einfluss der Landstände ab, sodass der **Absolutismus** in den deutschen Territorialstaaten sehr unterschiedlich ausgeprägt war. Diese Entwicklung hatte zur Modernisierung der Staatsverfassung in den Territorialstaaten geführt, während die Reichsverfassung im Wesentlichen noch einem mittelalterlichen Personenverbandsstaat entsprach. Modernität und Leistungsfähigkeit verbanden sich deshalb mit den Territorialstaaten und nicht mit dem Reich.

Das Alte Reich ging 1803/1806 in den Stürmen der napoleonischen Eroberungskriege unter.

Die **Grenzen des Alten Reiches** waren einem ständigen Wandel unterworfen.

Am Beginn stand das Ostfrankenreich. Dessen Grenzen griffen weit nach Westen aus und umfassten auch Gebiete, welche heute zu Frankreich gehören bzw. die Staatsgebiete von Belgien, den Niederlanden sowie Luxemburgs bilden. Im Süden gehörten zum Ostfrankenreich auch die heutige Schweiz, der größte Teil des heutigen Österreichs und Gebiete in Norditalien. Im Osten endete es an der Elbe-Saale-Linie, obgleich seit Karl „dem Großen" die slawischen Marken bis zur Oder sowie Böhmen bereits zum Einflussbereich des Frankenreiches zählten. Im Norden verlief die Grenze des Ostfrankenreiches etwa an der heutigen Grenze zu Dänemark. Bereits unter dem römisch-deutschen König Heinrich I. (919-936) sowie unter dessen Nachfolger, Kaiser Otto I. „dem Großen" (936-973), kamen diese Grenzen durch die beginnende Ostexpansion sowie die Eroberung des Reiches der Langobarden durch Otto I. in Bewegung.

Die **Ostgrenze**: Die ersten Erweiterungen des Alten Reiches erfolgten nach Osten. Diese Gebiete waren im Verlauf der Völkerwanderung von den Germanen geräumt und nachfolgend von slawischen Stämmen eingenommen worden. Die dünne Besiedlung dieser Gebiete in Verbindung mit wechselnden Machtkonstellationen und dem Fehlen geographischer Hindernisse ließen sie zum Ziel der sog. deutschen **Ostsiedlung** werden, welche mit der Bekehrung ihrer Bewohner zum christlichen Glauben (Missionierung) einherging. Bereits mit dem Sieg über die Awaren (796) setzte eine von Bayern ausgehende Besiedlung ein, die bis zur Theiß vorstieß. Die Missionierung dieses Gebietes übernahm das Erzbistum Salzburg (Bistumsgründung 739 durch Bonifatius). Die Unterwerfung der slawischen Gebiete zwischen Ostsee und Böhmerwald erfolgte 928/29 durch König Heinrich I. Die Sicherung des eroberten Gebietes übernahmen 937 im Nordosten Markgraf Hermann Billung sowie im Gebiet der mittleren Elbe und der mittleren Saale Markgraf Gero. Eine Markgrafschaft war ein Militär- und Verwaltungsbezirk im Grenzland unter einem vom König eingesetzten Markgrafen. Nach dem Tode Geros (965) wurde dessen Markgrafschaft aufgeteilt in die Nordmark (= Kernlande der späteren Mark Brandenburg), die sächsische Ostmark (zwischen unterer Saale und Elbe, dazu die Lausitz) und ein Gebiet an der unteren Elbe und der mittleren Saale (die Gaue Serimunt, Nelectici, Siusli). Auch die Markgrafschaft Meißen dürfte in diesem Zusammenhang gebildet worden sein. Zur Missionierung aller dieser Gebiete gründete Kaiser Otto I. 948 die Bistümer Havelberg und Brandenburg im Norden sowie 968 das Erzbistum Magdeburg und die Bistümer Meißen, Merseburg und Zeitz (1032 Verlegung nach Naumburg) im Süden. Durch den großen Slawenaufstand von 983 gingen die nördlichen Gebiete zwischen Elbe und Oder mit den Bistümern Brandenburg und Havelberg zunächst verloren. 1134 wurde der Askanier Albrecht „der Bär" mit der Nordmark belehnt und eroberte bis 1157 die 983 verloren gegangenen Gebiete wieder zurück; er nannte sich seither Markgraf von Brandenburg. Die Bistümer Havelberg und Brandenburg wurden 1147 bzw. 1161 wiedererrichtet. 1160 besiegte Heinrich „der Löwe" den Slawenstamm der Obodriten im heutigen Mecklenburg. Der Landesausbau, das heißt die Besiedlung der unterworfenen slawischen Ostgebiete mit Bauern aus den altdeutschen Herzogtümern, setzte um 1100 ein, erreichte um 1150 die Mulde-Linie und überschritt um 1200 die Elbe. Diese Kolonisten kamen aus Gebieten mit Bevölkerungsüberschuss und fanden in den neuen Siedelgebieten ein günstigeres Siedelrecht vor (persönliche Freiheit und Freizügigkeit, ungehindertes Verfügungsrecht über den zugeteilten Besitz unter Beachtung der eingegangenen Verpflichtungen [maßvolle Zins- und Zehntabgaben usw.], Recht auf Selbstverwaltung sowie Ausübung der eigenen Rechtsgewohnheiten). Die Initiatoren dieser Siedlung waren die Markgrafen, die Bischöfe, die Klöster sowie weitere Grundherren, welche durch sog. Lokatoren die Bauern anwerben ließen. Die slawische Urbevölkerung wurde nicht verdrängt, sondern die deutschen Bauern gewannen das Siedlungsland durch Urbarmachung (Rodung) und gründeten Dörfer aus wilder Wurzel. Sie unterstanden zwar den jeweiligen Grundherren, bildeten jedoch Dorfgemeinschaften mit weitgehender Selbstverwaltung unter Leitung der Lokatoren, die mit größerem Landbesitz sowie besonderen Rechten (z.B. mit dem Schankrecht) ausgestattet worden waren. Die Siedler führten den eisernen Wendepflug und die Dreifelderwirtschaft in den kolonisierten Gebieten ein und trugen damit zur Intensivierung der Landwirtschaft bei. Die slawische Bevölkerung übernahm diese Neuerungen und beteiligte sich auch vielfach an der Rodung sowie an der Gründung neuer Dörfer. Die deutschen Siedler waren anfangs rechtlich bessergestellt als die Slawen. Diese Unterschiede nivellierten sich jedoch bald. Gleichlaufend mit der bäuerlichen Besiedlung entwickelten sich ab der 2. Hälfte des 12. Jh. aus frühstädtischen Marktflecken die Städte, bzw. es kam zu Städtegründungen. – 1225/1226 rief der christliche poln. Herzog Konrad von Masowien den **Deutschen Orden** zum Kampf gegen die heidnischen Preußen ins Land. Der Deutsche Orden ließ sich mit Preußen (dem späteren Ostpreußen) zwecks Missionierung belehnen (Goldene Bulle von Rimini 1226) und eroberte bis Ende des 13. Jh. dieses Land. Es folgte die bäuerliche Besiedlung. Aus dem Ordensland wurde 1525 das weltliche Herzogtum Preußen, welches 1618 endgültig an Brandenburg kam und nach der Bildung von Westpreußen (1. Poln. Teilung 1772) ab 1773 als Ostpreußen bezeichnet wurde. Ostpreußen zählte zwar niemals zum Alten Reich, erlangte aber für dieses durch seine Verbindung mit Brandenburg Bedeutung, zumal sich seit der Krönung des Kurfürsten von Brandenburg aus dem Hause Hohenzollern zum König von Preußen (1701) der Name „Preußen" allmählich für den Staat der brandenburgischen Hohenzollern einbürgerte. – Der böhmische König Wenzel II. (1228-1253) förderte in besonderem Maße die deutsche Siedlung in Böhmen, die sich bis dahin auf die Ansiedlung deutscher Kaufleute in den Städten (bes. Prag) beschränkt hatte. Böhmen gehörte damals schon zum Alten Reich. Bereits um 1000 wurde es als Reichslehen angesehen, und sein Herrscher unterlag der Heer- und Hoffahrtspflicht. Seit 1114 übte der Böhmenherrscher das Erzamt des Schenken aus. Ottokar I. erlangte 1198 die erbliche Königswürde. Mit der Goldenen Bulle (1356) wurde der Böhmenkönig als Inhaber des Erzschenkenamtes erster unter den weltlichen Kurfürsten des Alten Reiches. Mit der Wahl (1526) des Habsburgers Ferdinand I. zum König von Böhmen kam das Land unter habsburgische Herrschaft. – In das dünn besiedelte Schlesien holte der poln. Herzog Heinrich I. (1201-1238) deutsche Siedler. Die neu gegründeten Dörfer bildeten das Kerngebiet des deutschen Neustamms der Schlesier. Weiterhin erfolgte die Gründung vieler Städte, die mit deutschem Recht ausgestattet wurden. Ende des 13. Jh. war mit Ausnahme einiger Gebiete in der östlichen Randzone ganz Schlesien von der deutschen bzw. deutschrechtlichen Siedlung erfasst worden. Wie planmäßig die Siedlung und damit die wirtschaftliche Erschließung verlaufen war, erkennt man daran, dass um 1300 Schlesien mit einem dichten, fast gleichmäßigen Netz von etwa 130 meist deutschen Städten überzogen war, welche eine mittlere Entfernung von nur 18 km voneinander aufwiesen. – Mitte des 14. Jh. lief die Ostsiedlung aus. – Erst 1740 kam Schlesien von den Habsburgern an Preußen. – Die Expansion Russlands nach Westen sowie das Interesse Preußens an einer Landverbindung zu Ostpreußen führten, begünstigt durch die politische Schwäche der polnischen Adelsrepublik, zu den 3 polnischen Teilungen (1772, 1793, 1795), in denen Polen zwischen Russland, Preußen und Österreich vollständig aufgeteilt wurde.

Die **Nordgrenze**: Sieht man davon ab, dass im hohen Mittelalter die Dänen kurze Zeit die Herrschaft über die Küsten von Mecklenburg und Pommern innehatten, die Schwedenkönige als Reichsfürsten seit 1648 die Landeshoheit über Vorpommern (bis 1720/1815) ausübten und Hannover als Nordsee-Anrainer von 1714 bis 1837 mit England in Personalunion verbunden war, so lag die Nordgrenze des Alten Reiches seit jeher auf der Halbinsel Jütland und war die kürzeste Außengrenze, welche außerdem die geringsten Veränderungen erfahren hat. Diese Grenze verlief zunächst entlang der Eider, welche das deutsche Holstein vom dänischen Schleswig trennte. Weil Holstein 1460 an Dänemark kam, war der König von Dänemark von 1460-1806 gleichermaßen auch Reichsfürst.

Die **Westgrenze**: Am weitesten westwärts verlief die Grenze das Alten Reiches ab 1032/1033, nachdem das 880 bereits zum Ostfrankenreich gehörende Lothringen durch König Heinrich I. 925 wiederzurückerobert worden war und Kaiser Kaiser

Konrad II. im Jahre 1033 das Königreich Burgund hinzugewonnen hatte. Die Westgrenze des Alten Reiches ist ab dem 12. Jh. beträchtlich nach Osten verschoben worden, denn große Gebiete fielen der Ostexpansion Frankreichs zum Opfer. Diese französische Annexionspolitik war seit etwa 1300 systematisch in die Wege geleitet und besonders unter König Ludwig XIV. (1643-1715) vorangetrieben worden, der sie in Verdrehung des wirklichen Sachverhalts als „Reunion" (Wiedervereinigung) bezeichnete. Angestrebt wurde der Rhein als natürliche Ostgrenze Frankreichs. Weitere Gebietsverluste im Westen waren mit der Ausgliederung der Niederlande, Belgiens und Luxemburgs verbunden, die sich auf dem Boden des Alten Reiches entwickelt hatten. Während die nördlichen Niederlande (das heutige Königreich der Niederlande) bereits 1648 endgültig aus dem Reichsverband ausschieden, gingen die heute luxemburgischen bzw. belgischen Gebiete 1794 bzw. 1797 an Frankreich verloren und wurden später selbstständig.

Südgrenze: Zur Zeit der Staufer erstreckte sich das Alte Reich bis nach Sizilien. Mit dem Verlust Italiens ging die Südgrenze auf die deutsche Siedlungsgrenze zurück. Mit dem Ausscheiden der Schweiz aus den Reichsverband (1648) war die Südgrenze des Alten Reiches mit der Südgrenze der österreichisch-habsburgischen Länder identisch.

2. DAS FRANKENREICH

Im Verlauf der Völkerwanderung entstanden auf dem Boden des 476 untergegangenen Weströmischen Reiches verschiedene Germanenreiche. Von diesen erwies sich das Reich der Franken als das dauerhafteste sowie in seiner Ausstrahlung auf die künftigen Reichsbildungen und die Kultur in Mittel- und Westeuropa als das bedeutendste. Durch die Kaiserkrönung Karls I. „des Großen" (800) kam jene Verbindung zwischen Reich und Kirche, zwischen abendländischem Kaisertum und römischem Papsttum, zustande, welche die politische Entwicklung sowie das Kultur- und Geistesleben in den folgenden Jahrhunderten prägte.

Aus dem östlichen Teil des Frankenreiches entwickelte sich im 10. Jh. das deutsche Reich.

Stammesland der kriegerischen Franken war das Gebiet zwischen Mittel- und Niederrhein sowie der Weser. Die von hier aus ab dem 4. Jh. eroberten Gebiete wurden mit fränkischen Bauern besiedelt, sodass die Verbindung zum Stammland nicht verloren ging. In dem sich schließlich zum Vielvölkerstaat entwickelnden Frankenreich behaupteten die Franken ihre führende Stellung als Reichsvolk. Die Stammeskultur der Unterworfenen wurde hingegen nicht angetastet.

Begründer des Frankenreiches war König **Chlodwig I. (482-511)**, welcher römische Restgebiete mit ihrer gallo-römischen Bevölkerung sowie das westgotische Aquitanien im Südwesten des heutigen Frankreichs eroberte und durch skrupellose Beseitigung der Herrscher fränkischer Kleinkönigreiche Letztere mit seinem fränkischen Teilreich zu einem fränkischen Großreich zusammenschloss. Bei der Eroberung der römischen Provinzen hatte Chlodwig I. das römische Christentum als Staatsreligion und damit als geistige und politische Kraft kennengelernt. Die Bischöfe waren in den römischen Provinzen vielfach zu Stadtherren aufgestiegen und damit politisch einflussreich, sodass sich Chlodwig I. im Interesse der Konsolidierung seines jungen Reiches mit der Kirche arrangieren musste. Wohl auch unter dem Einfluss seiner Gemahlin, der christlichen Burgunderprinzessin Chrodechilde, trat er 498 oder 499 zum römischen Christentum über. Indem die Franken Christen geworden waren, wurden die konfessionellen Gegensätze zwischen Germanen (hier den Franken) und Romanen (hier den Gallo-Römern) aufgehoben, sodass jetzt durch die Einheit im Glauben die Integration der unterschiedlichen Völkerschaften in das Frankenreich entscheidend gefördert worden ist. Durch die Verbindung der fränkischen Herrscher mit der Kirche wurde die Legitimationsbasis der fränkischen Herrschaft verbreitert, sodass bereits Karl I. „der Große" als Rechtsgrund für seine Herrschaft über das

„Imperium Romanum" nicht die Akklamation durch das Volk der Römer und die Kaiserkrönung durch den Papst, sondern allein den Willen Gottes in Anspruch nahm. Aus der Synthese fränkischer, römischer und christlicher Einflüsse ging schließlich eine neue Kultur hervor, welche das mittelalterliche Europa prägen sollte.

Das Frankenreich hatte unter König **Karl I. „dem Großen" (768-814)** aus dem Geschlecht der Karolinger seine größte Ausdehnung erreicht. Er eroberte 774 das Königreich der Langobarden in Italien und beherrschte damit Nord- sowie große Teile Mittelitaliens sowie den Herrschaftsbereich des Papstes (später „Kirchenstaat"). Das Langobardenreich verband er in Personalunion mit dem Frankenreich und nahm den Titel „rex Francorum atque Langobardorum" an. Er erweiterte das Fränkische Reich nach Südwesten durch die endgültige Unterwerfung Aquitaniens (769) sowie die Erweiterung der Spanischen Mark bis zum Ebro (778-811) als Pufferzone gegen die vordringenden Araber (Emirat von Cordoba), besiegte und christianisierte die Sachsen und Friesen (772-804) und vereinnahmte das bisher nur locker zum fränkischen Reichsverband gehörige Bayern (788 Absetzung des Herzogs Tassilo), welches wegen seiner Alpenübergänge nach Italien wichtig war. Im Westen sicherte er die Grenze gegen die Bretagne durch Errichtung der Bretonischen Mark. Zwecks Sicherung der Ostgrenze führte Karl I. mehrere Feldzüge. So zerstörte er 791-803 das Reich der Awaren und errichtete zur Sicherung des Donau-Raumes zwischen Enns und Leitha die Pannonische Mark (ab 976 Ostmark). Das asiatische Reiternomadenvolk der Awaren hatte sich in Pannonien (Ungarn) sowie im heutigen Niederösterreich festgesetzt und war wegen seiner Raubzüge gefürchtet, die bis nach Italien und in Deutschland bis nach Bayern und Thüringen ausgedehnt worden waren. Weiterhin führte Karl I. im Osten Feldzüge gegen die Böhmen (805/806), die Sorben (806) sowie die Lutizen (812) und machte diese tributpflichtig, sodass die Ostgrenze jetzt außer durch die Marken durch einen breiten Gürtel tributabhängiger Gebiete geschützt war.

Das **Frankenreich** hatte sich zum **Vielvölkerstaat** entwickelt, zu dem neben den Franken und Gallo-Romanen die germanischen Alemannen, Bayern, Thüringer, Sachsen, Friesen, Burgunder, Langobarden und Westgoten gehörten, welche durch eine einheitliche Reichsverfassung zusammengehalten wurden, die jedoch regionale Modifikationen erfahren hatte, sodass ein von Zwang weitgehend freies Zusammenleben der verschiedenen Völkerschaften ermöglicht wurde. Das Reichsvolk der Franken stellte die Könige sowie den größten Teil der politischen und militärischen Führungsschicht; die Romanen waren in der Kirche führend.

Die Machtfülle Karls I. legte es diesem nahe, nun auch verfassungsrechtlich in die Tradition des römischen Weltreiches einzutreten. Am 25.12.800 ließ sich Karl I. in Rom von Papst Leo III. zum Kaiser krönen und vom Volk des Kirchenstaates zum Kaiser ausrufen. Der Kaiser-Titel galt zwar nur für den Kirchenstaat, Karl I. verfolgte damit jedoch sehr viel weiter reichende Ziele, denn wie seinem Kaisertitel „Romanum gubernans imperium" sowie der Inschrift seines Siegels „Renovatio imperii Romani" zu entnehmen ist, verband er damit – wie vordem die römischen Imperatoren – den universalen Herrschaftsanspruch auf den gesamten Erdkreis, d.h. auf den damals bekannten Teil der Welt. Dieser Alleinvertretungsanspruch war eine Anmaßung, denn das Römische Reich („Imperium Romanum") lebte im Oströmischen Reich mit seiner Hauptstadt Konstantinopel fort, und der oströmische Kaiser wertete die Kaiserkrönung Karls als Eingriff in seine Herrschaftsbefugnisse. Es kam jedoch 812 zu einer Einigung und damit zur Anerkennung der Kaiserwürde Karls I., indem Karl auf Venetien sowie die dalmatinische Küste verzichtete. Diese Einigung entsprach den realen Machtverhältnissen, denn die Herrschaft Karls I. bezog sich ja nicht auf den gesamten Erdkreis, sondern nur auf die Königreiche der Franken sowie der Langobarden und damit im Wesentlichen auf den abendländischen Teil des ehemaligen römischen Weltreiches mit der Kaiserstadt Rom sowie den spätrömischen Kaiserresidenzen Trier, Arles, Mailand und Ravenna, während die Herrschaft des oströmischen Kaisers morgenländische Territorien des römischen Weltreiches umfasste. Dass es Karl nicht nur auf eine Rangerhöhung ankam, dokumentierte er auch dadurch, dass er mehrere Monate in Rom, der ehem. Hauptstadt des Römischen Reiches, residierte. Aachen wurde zur kaiserlichen Residenz, zu einem Rom des Nordens, ausgebaut. Das durch Karl I. begründete Kaisertum blieb bis zum Ende des Alten Reiches die höchste staatsrechtliche Würde des Abendlandes.

Mit der Kaiserkrönung hatte Karl I. auch die Schutzherrschaft über das Papsttum übernommen. Im Schutze des abendländischen Kaisertums konnte das Papsttum nach der Kaiserkrönung von 800 in die Führungsposition über die christliche Kirche aufsteigen und Rom zum Zentrum des christlichen Abendlandes machen. Die Kaiserkrönung von 800 war damit gleichbedeutend mit der konfessionellen Spaltung Europas in den kathol. Westen und den orthodoxen Osten.

Aus dem östlichen Teil des Frankenreiches entwickelte sich ein deutsches Reich, welches im Wesentlichen die Siedlungsgebiete der Rhein- und Mainfranken, der Alemannen, der Bayern, der Thüringer, der Sachsen sowie der Friesen umfasste.

Den Auftakt dazu bildeten die Reichsteilungen nach dem Tode Karls „des Großen". Dessen Sohn, **Ludwig I. „der Fromme"** (814-840), versuchte, die Reichseinheit im Sinne einer karolingischen Gesamtmonarchie zu sichern, indem das Reich zwar nach fränkischem Erbrecht unter die erbberechtigten Söhne aufgeteilt wurde, die Teilreiche aber jenem Teilreich untergeordnet waren, mit dem der Kaiser-Titel verbunden wurde. Dieser Gedanke ging in einem Bürgerkrieg zwischen Ludwig und seinen Söhnen unter. Nach dem Tode Ludwigs I. schlossen dessen Söhne **843** den **Vertrag von Verdun**, wonach das Frankenreich wie folgt aufgeteilt wurde: **Kaiser Lothar I. (840-855)**, der älteste Sohn, erhielt den von Friesland bis nach Italien reichenden Mittelstreifen mit den Kaiserstädten Aachen und Rom, **Karl II. „der Kahle" (843-877)** erhielt den westlichen Teil, das Westfränkische Reich, und **Ludwig II. „der Deutsche" (843-876)** den östlichen Teil, das **Ostfränkische Reich**. Nach dem Tode Lothars I. wurde das Mittelreich dreigeteilt. Der älteste Sohn Ludwig (855-875) erhielt Italien und die Kaiserwürde, welche damit nach Süden abwanderte und ihre politische Funktion als Klammer zwischen den Königreichen der Franken und Langobarden verlor, was den Untergang des Karolingischen Kaisertums vorbereitete. Die beiden anderen Söhne Karl bzw. Lothar erhielten das Mittelstück (das spätere Königreich Burgund) bzw. den nördl. Teil (Lotharingien, mit dem späteren Lothringen). Nach weiteren Erbteilungen kam schließlich Lotharingien 880 (Vertrag von Ribemont) vollständig zum Ostfränkischen Reich. Außer in Lothringen mit seiner germanisch-romanischen Bevölkerung gehörten dem Ostfrankenreich ausschließlich germanische Stämme an.

Als schließlich 1032/1033 auch noch das Königreich Burgund in das Ostfrankenreich eingegliedert wurde, war nördlich der Alpen das Mittelreich von 843 verschwunden.

3. Das Alte Reich im Hochmittelalter

Wirtschaft und Gesellschaft

Im Hochmittelalter (10. Jh. bis Mitte 13. Jh.) lebten die Menschen in einer **Agrargesellschaft**, in welcher der Besitz an Grund und Boden und die Möglichkeiten zur wirtschaftlichen Nutzung desselben den Rahmen für die gesellschaftliche Entwicklung abgaben.

Die Zeit von der Mitte des 12. Jh. bis zur Mitte des 13. Jh. war eine Periode starker Bevölkerungszunahme. Die Folge waren Überbevölkerung und Versorgungskrisen. Die wirtschaftliche Aufgabe des Hochmittelalters bestand darin, dem anhaltenden Bevölkerungswachstum durch die Steigerung der landwirtschaftlichen Produktion gerecht zu werden. Diesem Ziel dienten die Intensivierung der landwirtschaftlichen Produktion, vor allem aber der innere Landesausbau, d.h. die Rodung von Waldflächen für die landwirtschaftliche Nutzung, denn der Steigerung der Ernteerträge waren vor allem durch die eingeschränkten Möglichkeiten in der Düngung damals Grenzen gesetzt. Zur Erhaltung des lebensnotwendigen Waldbestandes mussten schon damals Rodungsverbote erlassen werden. Trotz dieser Maßnahmen konnte der Bedarf nicht gedeckt werden, und die Getreidepreise stiegen weiter.

Die Lösung des Problems war die zunächst nur politisch gewollte **Ostsiedlung**, welche zum einen erst durch den großen Bevölkerungsüberschuss im altdeutschen Gebiet möglich geworden war, zum anderen aber auch zu einem Abbau des Bevölkerungsüberschusses und zur Gewinnung großer Territorien führte, welche der landwirtschaftlichen Produktion erschlossen wurden. Träger dieser Ostsiedlung waren die weltlichen und geistlichen Fürsten, die Klöster und der Deutsche Orden, vor allem aber die aus den altdeutschen Gebieten für dieses Siedelwerk angeworbenen Bauern.

Erst durch die Ostsiedlung löste sich das Alte Reich aus der territorialen Enge des Ostfrankenreiches und entwickelte sich zur zentralen Führungsmacht in Europa, die schließlich auf Italien übergriff.

Die **Italienpolitik** der röm.-dt. Könige verfolgte nicht nur politische, sondern auch wirtschaftliche Ziele, denn vor allem die wirtschaftlich hochentwickelten Städte Norditaliens waren als Steuerzahler für das Reich interessant. Über die Italienpolitik kam das Reich mit dem Oströmischen Reich sowie mit den arabischen Staaten in Kontakt, was zu vielseitigen weltpolitischen und weltwirtschaftlichen Verflechtungen führte, welche der Entwicklung des Reiches förderlich waren.

Das Hochmittelalter ist das Zeitalter der Entwicklung des **Städtewesens (Urbanisierung)**. Gleichlaufend mit dem Landesausbau, vor allem aber mit der deutschen Ostsiedlung erfolgte die planmäßige Neugründung von Städten. Ende des 12. Jh. lassen sich im Reich erst etwa 50 Städte nachweisen, darunter etwa 10 neuere Gründungsstädte. Unter den etwa 40 älteren Städten, deren Wurzeln bis auf das 9. Jh. oder gar das 8. Jh. zurückgehen, befanden sich ca. 30 ältere Bischofs- und Klosterstädte, wie Hamburg, Bremen, Verden, Minden, Paderborn,

Münster, Osnabrück, Hildesheim und Halberstadt, die unter Karl „dem Großen“ bzw. Ludwig „dem Frommen“ Bistumssitze wurden, einige aus Pfalzen hervorgegangene Königsstädte, wie Aachen, Dortmund, Frankfurt am Main, Goslar, die 3 Erzbistumssitze Köln, Mainz und Magdeburg sowie einige anderen Stadtherren unterstehende Städte, wie Erfurt, Halle, Soest. Diese älteren Städte waren meist aus befestigten politisch-administrativen Zentren der Bischöfe bzw. des Königs hervorgegangen, indem im Schutze dieser Befestigungen Kaufmannssiedlungen entstanden waren, die später in den Mauerring einbezogen worden sind. Es handelte sich damit um sog. „gewachsene“ Städte, deren Teile sich aus verschiedenen Entstehungsursachen heraus entwickelt hatten. Diese Städte dienten in der Regel der Sicherung von Fernhandelswegen und waren deshalb an den bedeutenden schiffbaren Flüssen (wie Rhein, Donau, Elbe), vor allem aber an deren Mündungen sowie entlang der Küsten und der bedeutenden Fernhandelsstraßen entstanden. Fast keine dieser älteren Städte hat im 13. Jh. an Bedeutung eingebüßt, viele legten diesbezüglich sogar noch bedeutend zu, wie z.B. Köln, Mainz, Straßburg, Magdeburg, Soest, Lübeck und Wien. Bis zum Ende des 13. Jh. kamen etwa 500 neue Städte hinzu, von denen die meisten als Gründungsstädte planmäßig angelegt worden sind, was man an den viel regelmäßigeren Stadtgrundrissen erkennt. Nicht selten kam es aber auch vor, dass man Gründungsstädte bereits bestehenden gewachsenen Städten anschloss. Ansatzpunkte für diese Stadtgründungen waren vielfach Burgen oder Marktorte. Im Gegensatz zu den älteren Städten diente die Gründungsstadt in der Regel nicht mehr der Sicherung von Handelsstraßen, sondern bildete jetzt vor allem den wirtschaftlichen Mittelpunkt eines landwirtschaftlichen Bezirks. Andere Städte wurden gegründet, um ein Territorium militärisch zu sichern, und übernahmen in diesem Fall die Funktion von Großburgen. Letzteres wurde z.B. von den Staufern Friedrich I. und Friedrich II. zur Sicherung ihrer schwäbischen Königsterritorien praktiziert. Aber auch bei diesen Stadtgründungen hat der wirtschaftliche Ausbau der Königsterritorien eine wichtige Rolle gespielt.

Insgesamt überwog bei den Stadtgründungen der wirtschaftliche Aspekt, denn die Stadt war der bevorzugte Ort der gewerblichen Produktion und des Warenaustausches. Hier hatten die in den Zünften genossenschaftlich organisierten Handwerker und vor allem auch die bald überregional agierenden Kaufmannsgenossenschaften ihren Sitz. Das Handwerk und auch das Brauwesen wurde in zunehmendem Maße den Dörfern entzogen und in den Städten konzentriert, denn die Bürger sollten hauptsächlich vom Handwerk, vom Gewerbe und vom Handel leben. Vielfach reichte dies jedoch nicht aus, sodass die Landwirtschaft wichtigste Existenzgrundlage blieb (Ackerbürgerstädte). Während die meisten Städte auf die Belieferung des Umlandes mit gewerblichen Produkten beschränkt blieben und damit nur eine Umlandfunktion ausübten, entwickelten sich einige Städte durch Spezialisierung zu Gewerbezentren überregionaler Bedeutung (v.a. Textilgewerbe, metallverarbeitendes Gewerbe, Bergbau und Hüttenwesen), bzw. mehrere Städte prägten gewerblich eine ganze Region. Zur Mechanisierung gewerblicher Arbeitsgänge standen seit etwa dem 11./12. Jh. die Antriebsenergien der Wind- und Wassermühlen zur Verfügung, welche eine wesentliche Grundlage der sog. „ersten industriellen Revolution“ waren.

Die Entstehung der Städte mit ihrer gegenüber dem flachen Land hohen Bevölkerungsdichte, die Konzentration der Städte in bestimmten Regionen, aber auch die allgemein gestiegenen Ansprüche der Verbraucher bewirkten vom 11. Jh. bis 13. Jh. eine bedeutende Intensivierung des Handels, v.a. auch des Fernhandels. Dessen Zentren wurden vor allem die großen Städte in Süddeutschland (wie Nürnberg, Augsburg) und Städte an den bedeutenden Schifffahrtswegen (wie Köln) sowie an den Küsten (vor allem die Hansestädte). Dieser Handel bezog sich nicht etwa nur auf Gewürze und Luxusgüter, sondern z.B. auch schon auf die Fleischversorgung der in Süd- und Westdeutschland konzentrierten Städte, denen z.B. über die von Polen ausgehende sog. „Ochsenstraße“ die Viehherden aus weit entfernten Gebieten zugetrieben wurden.

Für die Landwirtschaft wurden die Städte wichtige Absatzmärkte, was zur diesbezüglichen marktorientierten landwirtschaftlichen Produktion für die Ernährung und das Gewerbe (z.B. Hanf, Färberwaid) führte. So entwickelten sich z.B. jene Regionen, die für eine intensive Grünlandnutzung geeignet waren, zu Zentren der Fleischproduktion (z.B. die Marschen vor der Nordseeküste, die Mittelgebirge, das Alpen- und Alpenvorland). Als Spezialkultur erlebte in dieser Zeit auch der Weinbau einen Aufschwung.

Die Bewohner der Städte, die Bürger, waren rechtlich privilegiert. Die Rechte und Pflichten der Bürger bildeten den Inhalt des Stadtrechts, welches der Stadtherr einer Stadt bei der Erhebung eines Ortes zur Stadt bzw. einer Gründungsstadt verlieh. Die Bürger waren persönlich frei und wurden vor dem Stadtgericht rechtlich gleichbehandelt. Ausnahmen bildeten hinsichtlich ihres Rechtsstatus einige Sondergruppen wie die Juden, die Geistlichkeit und die Pfahlbürger (Letztere, u.a. auch Landadlige, hatten zwar das Bürgerrecht erworben, wohnten aber nicht in der Stadt). Für Landbewohner gab es eingeschränkte Möglichkeiten, durch Übersiedlung in die Stadt sowie den Erwerb des Bürgerrechts die persönliche Freiheit zu erlangen („Stadtluft macht frei!"). Dieser Zuzug vom Land war übrigens für die Städte überlebenswichtig, denn vor allem wegen der sehr viel schlechteren hygienischen Verhältnisse in den Städten lagen hier die Sterberaten in der Regel höher als die Geburtenraten. Innerhalb der Bürgerschaft gab es eine sehr ausgeprägte soziale Differenzierung in Arm und Reich. Die Stadtarmut überwog bei Weitem. Die Armen, welche zwar die Bürgerpflichten gleichberechtigt mitzutragen hatten, waren von der Selbstverwaltung der Städte praktisch ausgeschlossen. Diese Selbstverwaltung nahm der Stadtrat wahr, dessen Mitglieder von den vermögenden „ratsfähigen" Familien gestellt wurden. Wie frei eine Stadt war, d.h. welche Angelegenheiten sie in eigener Verantwortung (Selbstverwaltung) regeln konnte, war von Fall zu Fall recht unterschiedlich. Wirtschaftlich starke Städte waren in der Lage, dem Stadtherrn weitreichende Rechte abzukaufen. Dies ging bis zum Abkauf der Nieder- und Hochgerichtsbarkeit, die dann vom Stadtgericht ausgeübt wurden. Angelegenheiten, welche die innere Ruhe und Ordnung (die sog. „Polizey") betrafen, wurden durch in der Regel vom Stadtrat beschlossene Ortssatzungen, die sog. Willküren, geregelt. Wie weit diese städtischen Freiheiten im Einzelnen auch gehen mochten, unabhängig (souverän) wurde eine Stadt nicht, denn es gab immer noch den Stadtherrn, der in jedem Fall die Oberhoheit ausübte und in die Stadtverwaltung eingreifen konnte. Je nachdem, auf wessen Grund und Boden eine Stadt stand, waren der König, ein weltlicher oder geistlicher Landesfürst oder ein niederrangiger Adliger der zuständige Stadtherr. Den höchsten Rang nahmen die dem König direkt unterstehenden, reichsunmittelbaren Reichsstädte ein, von denen es zeitweise 83 gab und welche nach dem Interregnum auch im Reichstag vertreten waren. Dazu gehörten die größten Städte im Reich, wie Köln, Frankfurt am Main, Augsburg, Nürnberg. Die niederrangigsten Städte waren jene Landstädtchen, die zu Rittergütern gehörten, keinerlei Selbstverwaltungsrechte besaßen und von den Gutsherren patriarchalisch verwaltet wurden.

Die wirtschaftliche Entwicklung führte zu tiefgreifenden **sozialen Umorientierungen**. Das ständische Ordnungsprinzip wurde durch das soziale (funktionale) Ordnungsprinzip abgelöst. Die bisherige ständische Ordnung war durch mehr oder weniger statische Personalbeziehungen gekennzeichnet, welche durch Geburt und Herkunft festgelegt waren und in bestimmten Abhängigkeitsverhältnissen ihren Ausdruck fanden, deren Pole durch die Begriffe „frei" und „unfrei" gekennzeichnet werden. Jetzt traten diese formalrechtlichen Differenzierungen in den Hintergrund, und es bildeten sich auf genossenschaftlicher Grundlage „Sozialstände" („Funktionalstände") heraus, die in der sich wandelnden Gesellschaft die neuen Funktionen übernahmen. Zu diesen „Sozialständen" gehörten z.B. die Gilden der Kaufleute, die Zünfte der Handwerker sowie die Stadt- und Landgemeinden, welche zwar den herkömmlichen Obrigkeiten untergeordnet waren, jedoch über weitgehende

Selbstverwaltungsbefugnisse verfügten, welche eine flexible Anpassung ermöglichten.

Die politische Entwicklung im Hochmittelalter

Im Ostfränkischen Reich starb 911 mit Ludwig IV. „dem Kind" der letzte König aus dem Geschlecht der Karolinger. Nach fränkischem Geblütsrecht hätte als Karolinger der König des Westfränkischen Reiches, Karl „der Einfältige" (893-923), Anspruch auf das Ostfränkische Reich gehabt. Der Adel der ostfränkischen Stämme missachtete das fränkische dynastische Erbrecht und wählte mit **Konrad I. (911-918)** zwar einen Franken, aber keinen Franken aus dem Geschlecht der Karolinger, zum König. Dies bedeutete eine Abkehr vom Gedanken einer karolingischen Gesamtmonarchie und damit ein Schritt war zur Schaffung eines selbstständigen deutschen Reiches. Außerdem trat hier erstmals der Stammesadel der einzelnen Stämme, an ihrer Spitze die Stammesherzöge, in Form von Wahlkörperschaften in Erscheinung, was gleichbedeutend ist mit der Gleichberechtigung der einzelnen Stämme und der Abkehr vom Primat nur eines Reichsvolkes. Es handelte sich dabei um die Stämme der Franken, Schwaben, Bayern und Sachsen. Bereits unter Konrad kam es zu Interessenkonflikten und Kämpfen zwischen dem König und den Stammesherzögen und damit zu jenem Dualismus zwischen Zentralgewalt und Partikulargewalten, welcher die Geschichte des Alten Reiches und die weitere deutsche Geschichte prägen sollte.

Dass es nicht mehr um ein Reich ging, welches an ein dynastisches Geschlecht gebunden war, wurde endgültig mit der 919 erfolgten Wahl des Sachsen-Herzogs Heinrich zum König klar. An der Wahl König **Heinrichs I. (919-936)** hatten sich allerdings nur die Sachsen und ein Teil der Franken beteiligt; die Bayern wählten mit Arnulf einen eigenen Kandidaten zum König. Heinrich I. setzte sich in dieser für das Reich kritischen Situation schließlich durch, indem er den Herzögen, insbesondere denen von Bayern und Schwaben, ihre Selbstständigkeit beließ und sie mit weiteren Rechten ausstattete. Es ist in diesem

Zusammenhang von „Freundschaftsverträgen" die Rede. In Bayern und Schwaben scheint Heinrich den Herzögen auch das von diesen okkupierte Königsgut überlassen zu haben. Im Vertrag von Bonn (921) wurde Heinrich I. von Karl III. „dem Einfältigen" (893-929), der sich als „rex Francorum occidentalium" (König der Westfranken) bezeichnete, als „rex Francorum orientalium" (König der Ostfranken) anerkannt. Als Gegenleistung verzichtete Heinrich auf Lothringen, was ihn jedoch nicht hinderte, einen Streit zwischen Karl III. mit dem Adel von Lothringen auszunutzen, um bis 925 das vom Ostfrankenreich abgefallene Lothringen zurückzuerobern, denn dort lag umfangreiches Königsgut, welches Heinrich I. zum Aufbau seiner Hausmacht benötigte. Er setzte dort den Lothringer Giselbert als Herzog ein und vermählte ihn mit seiner Tochter Gerberga. Seit Jahren wurde das Reich durch die Raubzüge der Ungarn bedroht, welche 924/926 erneut einfielen und bis über den Rhein vordrangen. Es gelang die Gefangennahme eines Führers der Ungarn, den man gegen Zusicherung eines neunjährigen Waffenstillstands und Tributzahlungen an die Ungarn wieder freiließ. Heinrich I. nutzte diese Atempause und befestigte die Ostgrenze des Reiches (z.B. Bau der Burg Merseburg) und stellte ein Heer von Panzerreitern auf, denn mit ungepanzertem Fußvolk war den berittenen, mit Pfeil und Bogen kämpfenden Ungarn nicht beizukommen. Als die Ungarn 932 ihren Tribut einforderten, wurden sie abgewiesen. Daraufhin fielen sie 933 im Reich ein und wurden durch das Heer der Panzerreiter im Saale-Unstrut-Gebiet bei dem nicht näher bestimmbaren Ort Riade vernichtend geschlagen. Das Heer Heinrichs bestand erstmals aus Aufgeboten aller Stämme des Reiches. Zu Zeiten Heinrichs I. fielen die Ungarn nicht mehr in das Reich ein.

Als Operationsbasis hatten die Ungarn die slawischen Stammesgebiete östlich der Elbe-Saale-Linie genutzt. Um dies in Zukunft auszuschließen und zum Ausbau seiner Macht Königsland zu gewinnen (erobertes Land gehörte dem König), unternahm Heinrich **928/929** einen **Feldzug gegen die Slawenstämme** der Heveller (Eroberung der Burg Brennabor = Brandenburg) sowie der Daleminzer (Eroberung der Burg Gana in der Nähe von Lommatzsch) und zog weiter nach Prag, um dort in den dynastischen Streit um die Herrschaft in Böhmen einzugreifen. Im Verlauf dieses Feldzuges wurde etwa im Frühjahr 929 die Reichsburg Meißen gegründet. Mit diesem Feldzug begann die **deutsche Ostexpansion**. Die eroberten Gebiete wurden durch Markgafen militärisch gesichert; eine deutsche Besiedlung erfolgte noch nicht. Die Markgrafen waren Amtsträger mit umfassenden Befugnissen, welche im Auftrag des Königs in den besetzten Gebieten als Militärbefehlshaber und Verwaltungsbeamte eine nahezu unbeschränkte Herrschaft ausübten. Von Meißen aus unterwarf ein königliches Heer im Jahre 932 den um Bautzen siedelnden Slawenstamm der Milzener.

Über Heinrichs Stellung zur Kirche ist wenig bekannt. Die Salbung zum König durch den Erzbischof von Mainz hatte er abgelehnt, jedoch um 926 von König Rudolf von Burgund die Heilige Lanze erworben, welche als Symbol für die Kaiserwürde und die Herrschaft über Italien galt. Einen Zug nach Italien soll der König geplant haben.

Seine Hausgüter lagen v.a. südlich des Harzes (z.B. Quedlinburg). Als Heinrich I. starb, war das Reich nach innen und außen gesichert. Zum alleinigen Thronfolger hatte er Otto, seinen ältesten Sohn aus zweiter Ehe, bestimmt und sich damit für die Unteilbarkeit des Reiches entschieden.

Staatsrechtlich hatte sich das Ostfrankenreich mit der Wahl Konrads I. zum König bereits von der Dynastie der Karolinger und somit vom alten Frankenreich gelöst. Damit begann 911 die von einer Dynastie unabhängige Existenz des Reiches. Damit entfielen aber auch die dynastischen Reichsteilungen, sodass sich mit der Entscheidung für das Wahlkönigtum auch das Prinzip der Unteilbarkeit des Reiches durchsetzte. Dieser Grundsatz war 919 auch mit der Wahl Heinrichs I. zum König, der noch nicht einmal ein Franke, sondern ein Sachse war, beachtet worden. Berücksichtigt man, dass erst unter Heinrich I. größere Veränderungen im einst karolingischen Ostfrankenreich einsetzten, dann wird man das Jahr 919 als den Beginn der deutschen Geschichte ansetzen dürfen.

Heinrichs Sohn Otto wurde am 7.8.936 durch die Abgesandten der Franken, Sachsen, Alemannen, Bayern und Lothringer in Aachen als **Otto I. (936-973)** zum König gewählt und damit die Gleichberechtigung der Stämme des Reiches vor Augen geführt. Diese Gleichberechtigung der Stämme kam auch in der ostfränkischen und früh-ottonischen Wehrverfassung zum Ausdruck, denn das Reichsheer setzte sich aus den Aufgeboten der einzelnen Stämme zusammen. Gekrönt und gesalbt wurde Otto durch den Erzbischof von Mainz in Aachen, der Lieblingspfalz Karls „des Großen". Otto trug dabei fränkische Tracht und setzte sich auf den steineren Thron Karls „des Großen". All dies zeigte, dass Otto I. in die karolingische Tradition des von Gott verliehenen Kaisertums (Gottesgnadentum) eintreten wollte und die Kirche wieder eine entsprechende Rolle spielen würde. Beim Krönungsmahl bedienten ihn symbolisch der Herzog von Lothringen als Kämmerer, der Herzog von Franken als Truchsess, der Herzog von Schwaben als Mundschenk und der Herzog von Bayern als Marschall. Damit treten die Erzämter erstmals in Erscheinung. Die damit verbundenen Handlungen symbolisierten die Unterordnung der Herzöge unter den König und waren damit programmatisch für die von Otto geplante Herrschaftsweise. Dass sich die Herzöge jedoch nicht fügen wollten, zeigte sich bereits 937, als Hermann Billung als Markgraf der nordöstlichen slawischen Grenzmark und Gero als Markgraf in den slawischen Gebieten an der mittleren Elbe und der mittleren Saale eingesetzt wurden, dies jedoch nicht den Vorstellungen der Herzöge entsprach. Es folgten weitere Differenzen und militärische Auseinandersetzungen, die erst 941 zugunsten des Königs entschieden wurden. Das Herzogtum Franken wurde aufgelöst, und Otto begründete hier in den Gebieten am Main und am Mittelrhein ein seinem Zugriff unterliegendes Königsterritorium.

Im Zusammenhang mit den Aufständen der Herzöge war es auch zu Auseinandersetzungen mit dem Westfrankenreich gekommen (946 stand Otto mit einem Heer vor Paris).

951 unternahm Otto I. seinen ersten Feldzug nach Italien, ließ sich in Pavia zum König der Langobarden krönen (An-

nahme des Titels „rex Francorum atque Langobardorum") und heiratete Adelheid, die Witwe des 946 verstorbenen Langobardenkönigs, die sich künftig auch politisch betätigte. Über eine Kaiserkrönung wurde zwar mit dem Papst verhandelt, sie kam aber noch nicht zustande. 953/954 hatte Otto I. wieder gegen die Adelsopposition, diesmal unter Führung seines Sohnes Liudolf, anzukämpfen. Auch hier kam es wieder zu Hinrichtungen.

Im Jahre 955 fielen die Ungarn erneut ins Reich ein und belagerten Augsburg. Am 10.8.**955**, dem Tag des hl. Laurentius, wurden die **Ungarn** auf dem Lechfeld bei Augsburg durch ein Heer unter Führung Ottos I. **vernichtend geschlagen** und haben das Reich seitdem nicht mehr bedroht (die Ungarn wurden sesshaft und traten 1000 zum Christentum über). Zur Aufstellung dieses Heeres hatten fast alle deutschen Stämme beigetragen, aber auch die Böhmen waren mit einem Kontingent gut ausgebildeter Truppen vertreten. In der Schlacht wurde Otto I. die Heilige Lanze vorangetragen. Vor der Schlacht hatte er gelobt, zu Ehren des hl. Laurentius ein Bistum in Merseburg zu stiften. Der Sieg auf dem Lechfeld galt als eine Fügung Gottes, aber auch als eine Ruhmestat Ottos, was dessen Autorität stärkte und dem Zusammenhalt im Reich zugutekam.

Otto hatte erleben müssen, dass selbst auf Familienangehörige, die er mit hohen Reichsämtern betraut hatte, kein Verlass war. So musste er nach Verbündeten suchen, die an einem zentralisierten Staatswesen interessiert waren. Daraus ergab sich eine verstärkte Zusammenarbeit mit der Kirche, denn diese war zwecks Sicherung des Kirchengutes auf die Schutzherrschaft des Königs angewiesen. Die Kirche war schon im Reich der Karolinger eine Reichskirche, d.h. aus dem Verständnis heraus, dass die Kirche ihren Grundbesitz vom König erhielt, der König also Lehnsherr der Bischöfe sowie der Äbte und Äbtissinnen der Reichsklöster war, wurden die Bischöfe und Äbte (dies galt gleichermaßen für die Äbtissinnen der Frauenklöster) vom König eingesetzt, der ihnen damit sowohl die weltlichen Hoheitsrechte („Temporalien") als auf dem Wege der Laieninvestitur auch die geistlichen Befugnisse („Spiritualien") verlieh (Symbole dieser Verleihungen waren Stab und Ring). Die hohe Geistlichkeit wurde vom König im Reichsdienst (Diplomatie, Verwaltung) verwendet. Auch die Heerfolge (Stellen von Soldaten) gehörte zu den selbstverständlichen Pflichten der Bischöfe und Äbte. Otto I. baute die **Reichskirche** derart aus, dass sie ein wirksames Gegengewicht gegen die Adelsherrschaft bildete und damit eine verlässliche Stütze des Königtums wurde (Reichskirche „Ottonisches System"), denn für die Besetzung der hohen Kirchenämter kamen nur königstreue Kandidaten infrage, die meist in der königl. Hofkapelle ihre Ausbildung erhalten hatten. Die Amtsinhaber dieser kirchlichen Lehen konnten keine Hausmacht aufbauen, denn diese Lehen waren nicht erblich und fielen nach dem Tode der Amtsinhaber immer wieder an den König zurück. Behandelt wurden diese kirchlichen Amtsinhaber wie alle anderen Lehnsleute. Sie mussten den Treueid gegenüber dem König leisten und sich zur Heer- und Hoffahrt verpflichten. Dafür wurden sie reichlich mit Grundbesitz und einträglichen Rechten (z.B. Markt-, Münz- und Zollrecht) ausgestattet und bildeten eigene Verwaltungsbereiche (Immunitäten) mit eigener Gerichtsbarkeit, die von königlichen Verwaltern, den Vögten, ausgeübt wurden. Die Reichskirche folgte der Ostsiedlung, sodass in den hinzugewonnenen Gebieten der Aufbau königlich-weltlicher und kirchlicher Herrschaft ineinandergriff. So stiftete Otto I. folgende Missions-Bistümer: 948 die Bistümer Havelberg und Brandenburg, 968 das Erzbistum Magdeburg und die Bistümer Meißen, Merseburg und Zeitz sowie 973 das Bistum Prag. Mit der Förderung der Reichskirche war ein Aufschwung von Kunst und Kultur verbunden (häufig als „ottonische Renaissance" bezeichnet). So errichtete man z.B. den Dom in Magdeburg (an dieser Stelle war bereits 937 das Moritzkloster als Missionsstützpunkt gegründet worden; der ottonische Dom wurde 1208 zerstört; ersetzt durch den heutigen gotischen Dom) sowie Kirchen in Gernrode, Köln, Essen, Hildesheim usw. – Durch die vom Kloster Cluny ausgehende Kirchenreformbewegung des 11. Jh., die sich vor allem gegen die Laieninvestitur (Verleihung der Spiritualien durch weltliche Herren) und die Simonie (Ämterkauf) wendete, wurden jene Auseinandersetzungen zwischen Kaiser und Papst ausgelöst, in deren Verlauf das Reichskirchenwesen seine ursprüngliche Funktion verlor. (Wormser Konkordat 1122)

Der Sieg über die Ungarn und seine sonstigen Erfolge hatten Ottos Macht und Selbstvertrauen gestärkt. Nun konnte er darangehen, in die karolingische Tradition des westlichen Kaisertums einzutreten und die Oberherrschaft über die gesamte Christenheit zu verwirklichen. Voraussetzung dafür war die **Kaiserkrönung** durch den Papst in Rom. Nach gründlicher Vorbereitung brach Otto I. im August 961 zu seinem zweiten Feldzug nach Italien auf (vorher hatte er noch seinen Sohn Otto 961 in Worms zum König wählen und kurz darauf in Aachen krönen und salben lassen). Am 2.2.**962** ließ sich Otto I. in Rom von Papst Johannes XII. zum Kaiser krönen (die gleiche Rangerhöhung durch Krönung und Salbung erlangte seine Gattin Adelheid). Der Papst leistete zwar dem Kaiser den Treueid, nahm jedoch trotzdem den Kampf gegen den Kaiser auf, der nach Rom zurückkehren musste und einen neuen Papst einsetzte sowie die Papstwahlbestimmungen dahingehend abänderte, dass künftig kein Papst ohne seine oder seines Sohnes Zustimmung gewählt und eingesetzt werden dürfe. Indem Kaiser Otto die Einsetzung des Papstes von seiner Zustimmung abhängig machte, wurde versucht, den Papst in das ottonische Reichskirchensystem einzubeziehen.

Unruhen machten 967 einen erneuten Italienfeldzug Ottos I. erforderlich. Erst 972 konnte er nach Deutschland zurückkehren. In Italien hatte er seinen Sohn Otto II. in Rom zum Mitkaiser krönen lassen und die 972 in der Peterskirche in Rom erfolgte Vermählung desselben mit der oströmischen Prinzessin Theophano vermittelt. Otto I. „der Große" starb am 7.5.973 in seiner Pfalz Memleben und wurde in seinem Lieblingsaufenthaltsort Magdeburg im Dom an der Seite seiner ersten Ehefrau Edgitha beigesetzt.

Otto I. hat die Kaiserwürde nicht nur als eine Rangerhöhung angesehen, sondern auch imperiale Politik betrieben, indem er die Schutzherrschaft über das Papsttum wahrnahm, seine Herrschaft auf Italien ausdehnte, die Kaiserwürde für die eigene Dynastie sicherte und an der Anerkennung seiner abendländischen Kaiserwürde durch das oströmische Kaisertum arbeitete. Das Reich Ottos I. war zur westeuropäischen Hegemonialmacht geworden. Es deutete sich jedoch bereits an, dass die Behauptung der hegemonialen Herrschaftsansprüche des Kaisers eine expansive Italienpolitik zur Folge haben würde.

Otto I. „der Große" hinterließ erstmals ein in sich gefestigtes Reich. Weil mit der Kaiserkrönung Ottos I. mit der Herrschaft über dieses Reich ein imperialer Herrschaftsanspruch verbunden wurde, dem sich alle nachfolgenden Herrscher verpflichtet fühlten, kann das Jahr 962 als der Beginn des Alten Reiches angesehen werden.

Otto II. (973-983) hatte zunächst 973/76 Kämpfe mit dem Bayern-Herzog Heinrich II. „dem Zänker" zu bestehen, welcher sich mit den Böhmen und den Polen sowie mit mächtigen sächsischen Adelsfamilien verbündet hatte. Der Aufstand wurde von Otto niedergeworfen und war mit Gebietsverlusten für Bayern sowie der Absetzung Heinrichs II. als Herzog von Bayern verbunden. Im Südosten wurde 976 Kärnten von Bayern als selbstständiges Herzogtum abgetrennt und diesem die italienischen Marken Verona und Aquileia angegliedert. Ebenfalls 976 kam die reorganisierte bayerische Ostmark an die Babenberger (dieses Gebiet gehörte einst zur Pannonischen Mark, war nach 907 weitgehend an die Ungarn gefallen und durch Heinrich „den Zänker" zurückerobert worden; 1156 Umwandlung der bayerischen Ostmark in das Herzogtum Österreich). Damit war das Jahr **976** der **Anfang Österreichs**. Nach einem erneuten Aufstand Heinrichs „des Zänkers" 977 wurde dieser von Otto gefangengesetzt. 978/980 kam es zu Kämpfen mit dem Westfrankenreich um Lothringen, welche Otto für sich entschied. Auch an der Nordgrenze konnten Angriffe der Dänen abgewehrt und diese bis zur Schlei zurückgedrängt werden.

Auf ein Hilfeersuchen des Papstes zog Otto II. 980 nach Italien und nahm damit die aktive Italienpolitik der röm.-dt. Kaiser wieder auf. Er ging dabei auf Konfrontationskurs zum oströmischen Reich, was in der Annahme des Titels „Romanorum imperator augustus" zum Ausdruck kam. Ziel war die

Vertreibung der Araber (Sarazenen) aus dem von Ostrom beanspruchten Süditalien, die jedoch misslang (982 vernichtende Niederlage bei Cotrone gegen die Sarazenen; der Kaiser konnte gerade noch entkommen). Im Winter 982/83 Kurzaufenthalt in Deutschland. Auf einer Reichsversammlung deutscher und italienischer Fürsten zu Verona ließ Otto II. seinen dreijährigen Sohn Otto zum König wählen (Krönung Weihnachten 983 in Aachen). Die Teilnahme italienischer Fürsten an der Wahl sollte die Akzeptanz des künftigen Kaisers Ottos III. in Italien fördern.

Durch den Slawenaufstand der Lutizen und Obodriten, welche die Abwesenheit des Kaisers und seiner Heeresmacht nutztem, gingen 983 im Nordosten des Reiches die Gebiete der Bistümer Havelberg und Brandenburg verloren; die beiden Bischofssitze wurden zerstört. Spätere Vergeltungsfeldzüge Ottos III. von 995 und 997 blieben erfolglos, sodass die Elbslawen in diesem Gebiet etwa 150 Jahre lang ihre politische Unabhängigkeit bewahren konnten.

Otto II. verstarb erst 28-jährig 983 in Rom und wurde als einziger mittelalterlicher Kaiser in Rom in der Peterskirche beigesetzt.

In der Zeit der Unmündigkeit **Ottos III. (983-1002)** führten von 984-994 seine Mutter Theophano bzw. seine Großmutter Adelheid die Regierungsgeschäfte. Theophano hatte 988 in Italien eine Kanzlei eingerichtet und nahm 989 in Italien persönlich kaiserliche Herrschaftsrechte wahr. Sie bezeichnete sich als „Theophanius von Gottes Gnaden Kaiser“. Eine wichtige Stütze dieser kaiserlichen Herrschaft war die Reichskirche (an ihrer Spitze Willigis, der Erzbischof von Mainz).

Auf einen Hilferuf des Papstes unternahm Otto III. 996 seinen ersten Romzug und wurde am 21.5.996 von Papst Gregor V., einem kaiserlichen Verwandten und dem ersten deutschen Papst, zum Kaiser gekrönt. Otto verfolgte bis zu seinem frühen Tode das Ziel der Erneuerung des Reiches der Römer auf christlicher Grundlage mit Rom als Zentrum. Auch er führte seit 996 den Titel „Romanorum imperator Augustus“ und seit 998 in Anlehnung an die Siegel der oströmischen Kaiser als Siegelumschrift „Renovatio imperii Romanorum“ (Erneuerung des Römischen Reiches). 997 brach Otto III. erneut nach Italien auf, um den Widerstand des römischen Stadtadels unter Führung des Crescentius, der sich in der Engelsburg verschanzte, und des Gegenpapstes zu brechen. Die Eroberung der Engelsburg gelang 998 unter Führung des kriegserfahrenen Markgrafen Ekkehard I. von Meißen. Crescentius wurde hingerichtet; der Gegenpapst, ein ehemaliger Lehrer des Kaisers, wurde geblendet. Otto III. gedachte nun, das Reich von Rom aus zu regieren (Bau eines Palastes auf dem Palatin in Rom; Einführung von Hof- und Verwaltungsämtern sowie eines Hofzeremoniells nach altrömischen und oströmischen Vorbildern); ab Juni 998 ordnete er seine Herrschaft in Oberitalien zugunsten der dortigen weltlichen Feudalherren.

Anfang 1000 begab er sich nach Polen und besuchte in Gnesen das Grab Adalberts, des ehem. Bischofs von Prag, welcher bei der Missionierung der heidnischen Pruzzen (Preußen) 997 den Märtyrertod erlitten hatte, und gründete in Gnesen ein Erzbistum, womit der Aufbau der Kirchenorganisation in Polen begann. Der Polenherzog Boleslaw wurde in seinem Rang erhöht und zum „cooperator imperii“ ernannt; Otto überreichte Boleslaw eine Nachbildung der Heiligen Lanze, ein Symbol königlicher und kaiserlicher Herrschaft. Mit diesen Aktivitäten sollte Polen an das Alte Reich gebunden werden.

Von Polen aus begab sich Otto III. nach Aachen, wo er das Grab Karls „des Großen“ öffnen ließ und diesem ein Halskreuz und Teile von dem Gewand Karls entnahm.

Mitte des Jahre 1000 unternahm Otto III. seinen dritten Italienzug, um Streitigkeiten zu schlichten. In Rom kam es zu einem Aufstand des röm. Stadtadels, in dessen Verlauf der Kaiser in seinem Palast eingeschlossen und belagert wurde. Auf einer Synode in Rom übereignete der Kaiser dem Papst 8 Grafschaften ausdrücklich als Schenkung, da Otto die sog. „Konstantinische Schenkung“ für eine Fälschung hielt.

1001 war Otto III. in Ravenna. Hier sollte von Otto III. und dem Papst wichtige Schritte zur Einbeziehung Ungarns in die christliche Welt des Abendlandes vorbereitet bzw. durchgeführt worden sein (Krönung Stephans I. „des Heiligen"; Gründung des Erzbistums Gran und damit Aufbau einer an das Reichskirchensystem angelehnten Kirchenorganisation in Ungarn). Nach anderer Darstellung erfolgte die Krönung Stephans bereits am 25.12.1000 in Ungarn mittels einer vom Papst übersandten Krone. Diese Aktivitäten zielten auf eine Bindung Ungarns an das Alte Reich ab.

Otto III. starb 21-jährig am 23. oder 24.1.1002 auf der Burg Paterno nördlich von Rom. Bereits kurz vor seinem Tode hatte die Adelsopposition im deutschen Reichsteil bedrohliche Ausmaße angenommen. Widerspruch hatte vor allem die Zentrierung seiner Herrschaft auf Rom, aber auch die Begünstigung der mit dem Reich konkurrierenden Polen und Ungarn erregt. Im gesamten Reich hatte Otto III. die Fürsten durch die Verleihung von Markt-, Münz- und Zollrechten begünstigt und den Handel gefördert.

Heinrich II. (1002-1024), der als Sohn Heinrichs II. „des Zänkers" einer Nebenlinie der Liudolfinger entstammte, wurde am 7.6.1002 von den Vertretern des bayerischen, fränkischen und oberlothringischen Adels zum König gewählt und am selben Tag vom Erzbischof Willigis von Mainz zum König gekrönt und gesalbt. Er hatte sich gegen mehrere Thronbewerber durchsetzen müssen und sicherheitshalber bereits die Krönungsinsignien gewaltsam an sich gebracht. Die Thüringer, Sachsen und Niederlothringer erkannten die Königswahl erst im Sommer und die Schwaben erst im Oktober nachträglich an. Heinrich war also nicht nach Geblütsrecht (dynastischem Erbrecht) auf den Thron gelangt, sondern war gewählt worden. Sein Wahlspruch auf dem Königssiegel „Renovatio regni Francorum" (Wiederherstellung des Frankenreiches) und der in einer Königsurkunde erstmals verwendete Titel „rex Teutonicum" (König der Deutschen) zeigen, dass Heinrich eine realistischere Politik betreiben wollte als sein Vorgänger, ohne allerdings die auf die Schaffung eines Großreiches gerichtete Kaiserpolitik ganz aufzugeben. Zunächst einmal hatte er gegen ihn gerichtete Aufstände in verschiedenen Gebieten des deutschen Reichsteiles niederzuschlagen und von 1002 bis 1018 gegen den in das Reich eingefallenen Polen-Herzog Boleslaw Chrobry zu kämpfen, dem er im Frieden zu Bautzen (1018) allerdings die bereits 1002 eroberte Niederlausitz mit dem Milzener Land um Bautzen überlassen musste, während Boleslaw die Mark Meißen wieder herauszugeben hatte. Um alle diese Kämpfe bestehen zu können, verbündete sich Heinrich mit den heidnischen Lutizen, was dem Missionsauftrag des Königtums widersprach.

Auf ein Hilfeersuchen des Papstes war Heinrich erstmals 1004 in Italien, konnte aber die Unruhen in Oberitalien erst 1013/1014 auf seinem zweiten Italienzug beenden. Am 14.2.1014 ließ er sich in Rom vom Papst zum Kaiser krönen. 1021/22 war Heinrich erneut in Italien und kämpfte in Süditalien erfolgreich gegen die Byzantiner.

Es gelang Heinrich II. vor allem mithilfe der von ihm weiter ausgebauten Reichskirche, seine Herrschaft zu stabilisieren. Dafür wurden Bistümer durch die Belehnung mit Grafschaften und die Angliederung von Abteien gestärkt. 1004 stellte Heinrich das 981 aufgehobene Bistum Merseburg wieder her, gründete mehrere Reichsklöster und stiftete 1007 zwecks Missionierung der im Main-Regnitz-Gebiet ansässigen Slawen das Bistum Bamberg. Die Stadt Bamberg wurde außerdem zum politischen und kulturellen Herrschaftszentrum des Reiches ausgebaut. Reichsklöster reformierte Heinrich nach dem Vorbild des lothringischen Klosters Gorz (Wiederherstellung der Disziplin in den Klöstern; Vertiefung der Frömmigkeit der Mönche; Verbesserung in der Verwaltung der Klostergüter) und nahm die Kanonikerreform in Angriff (die Domkapitel sollten in klösterlicher Gemeinschaft leben). Heinrichs Förderung der Kirche ist wohl auch dadurch bedingt, dass er ursprünglich auf eine geistliche Laufbahn vorbereitet worden war. Heinrich II. wurde übrigens als einziger deutscher König 1146 durch Papst Eugen III. heiliggesprochen.

Zur Stabilisierung des Reiches hat auch Heinrichs häufige persönliche Anwesenheit in allen Teilen des Reiches beigetragen. In die Umritte wurden auch Regionen einbezogen, die von seinen Vorgängern vernachlässigt worden waren (z.B.

Bayern und Schwaben). Seit der Zeit Heinrichs II. wurden diese sofort nach der Königswahl einsetzenden regelmäßigen Umritte ein wichtiges Mittel zur Anerkennung und Durchsetzung der Königsherrschaft (königliche Reiseherrschaft).

Der mit dem kinderlosen König Rudolph III. von Burgund 1006 abgeschlossene Erbvertrag wurde erst unter Kaiser Konrad II. wirksam.

Heinrich II. starb 1024 im Alter von 52 Jahren in der sächsischen Kaiserpfalz Grona und wurde in Bamberg bestattet. Damit starben die Ottonen in männlicher Linie aus.

Konrad II. (1024-1039) kam als erster König aus dem Geschlecht der Salier zur Herrschaft.

Innenpolitisch setzte er sich gegen die Adelsopposition durch, die sehr viel schwächer war als gegen König Heinrich II. Zu Verbündeten Konrads in diesen Auseinandersetzungen wurden die kleineren Lehnsträger und Vasallen, weil er sich für die Erblichkeit der Lehen dieser Adligen einsetzte (verkündet im Sept. 1024 in Aachen) und damit ein Gegengewicht zu den größeren Territorialmächten schuf. Weiterhin begann Konrad das Königsgut zu erfassen, planmäßig zu vergrößern und organisatorisch in Königsterritorien zusammenzuschließen. Mit der Verwaltung dieser Königsgüter betraute er königliche Dienstleute (Ministeriale) aus dem Stand der Unfreien bzw. der verarmten Edelleute, indem er ihnen diese Güter nur als Dienstgut (Amtsgüter) übergab, nicht aber als Lehen. Diese Ministerialen waren sehr viel stärker vom König abhängig als die Lehnsträger. 1035 regelte Konrad die hofrechtliche Stellung dieser unfreien Dienstleute und begünstigte so deren sozialen und rechtlichen Aufstieg. Die **Reichsministerialität** bildete deshalb seit Konrad II. in der Zeit der salischen und staufischen Kaiser die Stütze der Reichspolitik. Allmählich wurden auch die Dienstgüter in Lehen umgewandelt und die Ministerialen stiegen in den niederen Adel auf. – Weiterhin stärkte Konrad seine Hausmacht, indem er seinen Sohn Heinrich (1028 als Heinrich III. zum König gewählt und gekrönt) mit den freigewordenen

Herzogtümern Bayern (1027) und Schwaben (1038) belehnte; 1038 übertrug ihm Konrad II. das Königreich Burgund.

Außenpolitisch verständigte sich Konrad mit König Knut von Dänemark, überließ diesem die Mark Schleswig zwischen Eider und Schlei und verheiratete seinen Sohn Heinrich III. mit einer Tochter des Dänenkönigs. Damit war die Nordgrenze gesichert. – Konrad besiegte den Polen-Herzog Boleslaw Chrobry, der im Frieden zu Bautzen (1031) die Niederlausitz und das Milzener Land wieder herausgeben musste. Die Polen haben seitdem die deutsche Ostgrenze nicht mehr bedroht. – 1035/1036 griff Konrad die Lutizen an und machte sie wieder tributpflichtig. – Weiterhin erneuerte Konrad II. 1027 den Erbvertrag mit dem kinderlosen König von Burgund, Rudolph III., wonach Burgund nach dem Tode Rudolphs an das Reich kommen sollte. Dieser Erbfall trat 1032 ein. Konrad musste sich das Königreich Burgund jedoch erst 1033/34 gegen den Grafen Odo von der Champagne erkämpfen. Konrad fiel im Jan. 1033 in Burgund ein und ließ sich bereits am 2.2.1033 in Payerne (Peterlingen) zum König von Burgund wählen und anschließend krönen. Damit hatte das Alte Reich im Westen seine jemals größte Ausdehnung erreicht, und das deutsche Kaisertum herrschte in Personalunion über die drei Königreiche Deutschland, Italien und Burgund. Damit waren auch alle Alpenübergänge in die Hand des Königs gekommen.

Italienpolitik: Erster Romzug 1026/27.1026 wahrscheinlich Krönung zum König von Italien. Am 21.3.1027 Kaiserkrönung in Rom, in welche nicht nur Konrad, sondern auch dessen Gemahlin Gisela einbezogen wurde. 1035/1037 zweiter Italienzug. Auf seinen Italienzügen stellte er in Nord- und Mittelitalien wieder seine Herrschaft her, während er es in Unteritalien bei der Anerkennung seiner Oberhoheit beließ.

Konrad II. starb am 4.6.1039 und wurde im Kaiser-Dom zu Speyer beigesetzt. Konrad selbst hatte den Grundstein zu diesem Dom gelegt und ihn zur Grablege bestimmt. Mit diesem Bauwerk demonstrierte er die Macht seines Kaisertums. Welchen Wert Konrad auf Repräsentation legte, zeigt auch die weitere Ausgestaltung der Kaiserkrone (Aufsetzen eines weiteren Bügels und eines Aufsteckkreuzes).

Unter **Heinrich III. (1039-1056)** erreichte das mittelalterliche Kaisertum seinen Höhepunkt. Er festigte seine Herrschaft in Deutschland, baute das Reichskirchensystem weiter aus und vergrößerte das Krongut (Reichsgut), indem er die Territorien abgesetzter rebellierender Adliger diesem zuschlug. Das Reichsgut im Harzgebiet baute Heinrich planmäßig aus; die Stadt Goslar, welche durch den Silberbergbau wohlhabend zu werden begann, wurde zur Lieblingspfalz des Königs. Diese Herrschaftsweise zog ihm die Feindschaft vieler Adliger zu; 1047 wäre Heinrich fast einem Mordanschlag zum Opfer gefallen. – 1046 zog Heinrich nach Italien, setzte drei rivalisierende Päpste ab und ließ einen deutschen Reichsbischof, den Bischof Swidger von Bamberg, zum Papst wählen (Clemens II.), der trotz dieser Wahl sein Bistum in Bamberg behielt. Papst Clemens II. krönte am Weihnachtstag 1046 Heinrich III. zum Kaiser. Auf Clemens II. wurden nacheinander drei weitere deutsche Reichsbischöfe Päpste (1057 ging diese Periode kaisertreuer Päpste zu Ende). Heinrich III. gliederte die Päpste in das ottonisch-salische Reichskirchensystem ein und verfügte über sie wie über jeden seiner Bischöfe und Äbte. Dieser Beherrschung der Geistlichkeit durch den König wurde dadurch Ausdruck verliehen, dass die Investur durch Heinrich III. nicht nur symbolisch durch die Übergabe des Stabes (Bischofsstab), sondern zusätzlich noch durch die Übergabe des Ringes (Bischofsring) erfolgte. – 1041 wurde Herzog Bretislav von Böhmen zur Anerkennung der Lehnshoheit König Heinrichs gezwungen. 1043 erreichte Heinrich, dass das 1031 an Ungarn abgetretene Gebiet zwischen Fischa und Leitha (mit der Stadt Wien) ans Reich zurückgegeben wurde. 1055 zweiter Italienzug. – Heinrich III. verstarb am 5.10.1056 in Bodfeld bei Quedlinburg; beigesetzt wurde er in Speyer.

Heinrich IV. (1056-1106) war 1053 als Dreijähriger auf einer Reichsversammlung zu Tribur zum König gewählt und 1054 in Aachen zum König gesalbt und gekrönt worden. Zwei Jahre später starb sein Vater, Kaiser Heinrich III. Die Regentschaft übernahm seine Mutter, die Kaiserin Agnes. Die Beibehaltung der gegen den Hochadel gerichteten kaiserlichen Politik scheiterte. 1062 wurde Heinrich IV. mit den Reichsinsignien durch Erzbischof Anno von Köln entführt, welcher nunmehr die Kaiserin Agnes aus der Regentschaft verdrängte. Der handlungsunfähige König musste der Übertragung von Königsgut und königlichen Rechten auf den Adel zustimmen. 1063 verdrängte Erzbischof Adalbert I. von Bremen den Kölner Erzbischof aus der Regentschaft. 1066 übernahm der nunmehr volljährige Heinrich IV. selbstständig die Regentschaft und ging sofort daran, die Verluste an Königsgut wieder auszugleichen und damit die Grundlagen seiner Macht auszubauen. Das Königsgut war vor allem am unteren Main, am Mittelrhein, im östlichen Sachsen und in Thüringen konzentriert. Besonders das Gebiet zwischen Werra und Elbe mit dem Harz als Mittelpunkt eignete sich durch seine Waldungen, die noch im Auftrag des Königs gerodet und besiedelt werden konnten, zum Ausbau eines Reichsterritoriums. Dort befanden sich als Stütze königlicher Macht zahlreiche Pfalzen, Reichsabteien und Burgen (z.B. Quedlinburg, Nordhausen, Eckartsberga, Werla, Bodfeld, Sangerhausen, Goslar). Zur weiteren Sicherung dieses Gebietes ließ Heinrich am Nordwestrand des Harzes die Harzburg, die Heimburg und die Steinbergburg, am südwestlichen Harzrand die Hasenburg und den Sachsenstein sowie bei Sondershausen die Burg Spatenberg anlegen und besetzte sie mit königstreuen Ministerialen. Indem er außerdem Königsgut zurückforderte, welches ihm während seiner Minderjährigkeit abgerungen worden war, versuchte er im thür.-sächs. Raum einen geschlossenen königlichen Herrschaftsbereich zu schaffen. Durch diesen Burgenbau und die Versuche zur Zurückdrängung des Hochadels durch die Ministerialität fühlte sich Ersterer in seinen Interessen bedroht, und es kam 1073 gegen Heinrich zu einem Adelsaufstand in Sachsen, dem sich auch Bauern wegen der Bedrückung durch Frondienste (u.a. beim Burgenbau) anschlossen. Die Bauern rissen z.B. die Sachsenburg vollständig ab. In diesem Kampf wurde Heinrich vor allem von den Städten, v.a. von den rheinischen Städten Worms und Köln, unterstützt, welche in diesem Zusammenhang ihre bischöflichen Stadtherren verjagten. Vorübergehend erhielt Heinrich auch von den süddeutschen Fürsten Unterstützung, sodass am 9.6.1075 bei Homburg an der Unstrut das sächs. Heer geschlagen werden konnte. Der Streit schwelte jedoch weiter und eskalierte, als der Hochadel im Papst einen übermächtigen Verbündeten gegen den König erhielt.

Seit 1073 war Gregor VII. Papst. Er war Anhänger der vom Kloster Cluny ausgehenden Reformbewegung, welche jegliche Bevormundung der Kirche durch weltliche Mächte ablehnte. In diesem Sinne hatte man bereits auf einer Synode 1059 die Laieninvestitur (durch weltliche Herren vorgenommene Besetzung geistlicher Ämter) verboten. Damit kam es zum sog. **Investiturstreit**. Papst Gregor VII. verschärfte das Verbot der Laieninvestitur und untersagte im Februar Heinrich IV., Bischöfe einzusetzen und Bistümer zu vergeben. Weit über das Ziel der kluniazensischen Reformbestrebungen hinausgreifend, erklärte Papst Gregor VII. im März 1075, dass ihm der absolute Vorrang vor allen kirchlichen Würdenträgern zukomme und er gleichermaßen oberster Herr der Welt und deshalb befugt sei, Herrscher abzusetzen und deren Untertanen vom Treueid zu entbinden. Damit sollte die Reichskirche, das verlässlichste Herrschaftsinstrument des römisch-deutschen Königtums, zerschlagen werden. Als Heinrich das päpstliche Verbot der Laieninvestitur unbeachtet ließ und weiterhin Bischöfe einsetzte, forderte ihn Gregor am 8.12.1075 auf, sich bei Strafe der Exkommunikation dem päpstlichen Verbot zu unterwerfen und Buße zu tun. Daraufhin ließ Heinrich am 24.1.1076 auf einer Synode deutscher Bischöfe in Worms die Absetzung des Papstes aussprechen. Gregor VII. verhängte im Februar 1076 den Kirchenbann (Exkommunikation) gegen Heinrich IV., verbot ihm die Ausübung seiner Herrschaft und entband seine Untertanen vom Treueid. Die Adelsopposition nutzte diese Gelegenheit, forderte Heinrich auf, binnen Jahresfrist die Lösung vom Bann zu erwirken, ansonsten würde man einen neuen König wählen.

Außerdem wurde der Papst für den 2.2.1077 zu einer Reichsversammlung nach Augsburg eingeladen, wo dieser den Streit zwischen den Fürsten und Heinrich entscheiden sollte. Um dem zuvorzukommen, zog Heinrich im Jan. 1077 mit kleinem Gefolge über die Alpen nach Italien. Gregor, der sich schon auf der Reise nach Augsburg befand, brach diese ab und zog sich auf die Burg Canossa zurück, wohin nun auch Heinrich ging und sich an drei Tagen hintereinander vor der Burg barfuß und im Büßergewand sehen ließ, wodurch sich Gregor genötigt sah, am 29.1.**1077** Absolution zu erteilen und den Bann gegen Heinrich aufzuheben (**„Gang nach Canossa"**).

Die enttäuschte Adelsopposition wählte daraufhin am 15.3.1077 in Forchheim **Rudolf von Schwaben** zum Gegenkönig, welcher auf die Erblichkeit der königlichen Würde verzichtete und die Nachfolgeregelung traditionsgemäß den Fürsten anheimstellte sowie dem Papst die kanonische Wahl der Bischöfe zusicherte. Der aus Italien zurückgekehrte Heinrich nahm den Kampf gegen Rudolf von Schwaben und die Adelsopposition auf. Nach einer Niederlage Heinrichs (1080) griff Papst Gregor VII. erneut ein, bestätigte Rudolf von Schwaben als König und sprach am 2.3.1080 erneut den Kirchenbann und die Absetzung über Heinrich IV. aus. Am 25.6.1080 ließ Heinrich IV. auf einer Synode deutscher und italienischer Bischöfe Gregor VII. absetzen und Erzbischof Wibert von Ravenna als Clemens III. zum Papst wählen. Um den neuen Papst nach Rom bringen zu können, musste Heinrich zunächst die Adelsopposition in Deutschland niederwerfen. Rudolf von Schwaben wurde am 15.10.**1080** in der **Schlacht an der Weißen Elster bei Hohenmölsen** durch Abschlagen der rechten Hand sowie Wunden am Unterleib tödlich verwundet (beigesetzt im Dom zu Merseburg). Die Fürstenopposition wählte Hermann von Salm zum Gegenkönig, begann aber bald auseinanderzufallen. – Heinrich IV. ließ sich am 31.3.1084 von Papst Clemens III. in Rom zum Kaiser krönen. Gregor VII. starb am 25.5.1085 im Exil. – Am 30.5.1087 ließ Heinrich IV. seinen zweitgeborenen Sohn Konrad in Aachen zum König krönen (dieser fiel 1093 vom Vater ab und verbündete sich mit dem Papst gegen diesen). – Heinrich festigte das

Reich 1085 durch Verkündung eines Gottesfriedens und 1103 durch einen von den Fürsten beschworenen Reichsfrieden. Letzterer galt für vier Jahre und stellte Fehden unter schwere Strafen; das Privileg des Adels, Strafen an Leib und Leben durch Geldbußen abzuwenden, wurde aufgehoben. Dies führte zur Entfremdung des Adels vom König. Heinrich IV. war der erste deutsche König, welcher den Gedanken der Gottesfriedensbewegung aufgriff, um dem mittelalterlichen Rechtsmittel der Fehde entgegenzutreten. Seitdem haben die röm.-dt. Könige immer wieder versucht, mit der Ausrufung des Reichsfriedens, einem allein dem König zustehenden Recht, Ruhe und Ordnung herzustellen. – Im Mai 1098 ließ Heinrich seinen drittgeborenen Sohn zum König wählen und am 6.1.1099 als Heinrich V. in Aachen zum König krönen. Heinrich V. verbündete sich mit der Adelsopposition und erhob sich gegen seinen Vater Heinrich IV., den er 1104 in Böckelheim und ab 1105 in Ingelheim gefangensetzte. Heinrich IV. musste die Reichsinsignien herausgeben sowie dem Thron entsagen. Im Febr. 1106 gelang ihm die Flucht. Heinrich IV. verstarb am 7.8.1106 in Lüttich und konnte erst nach der Lösung des Kirchenbanns 1111 im Dom zu Speyer beigesetzt werden.

Heinrich V. (1106-1125) versuchte, durch die Wiedergewinnung von Reichsgut seine Macht zu stärken und dadurch das Reich innenpolitisch zu konsolidieren. Verbündete des Kaisers waren dabei vor allem die Reichsministerialität und die Städte. Diese Politik aktivierte den Widerstand der weltlichen und kirchlichen Fürsten gegen den König. Die Führer dieser Opposition waren der Herzog von Sachsen, Lothar von Süpplingenburg, und der Erzbischof von Mainz, Adalbert I. Gegen Lothar musste Heinrich V. in der Schlacht am Welfesholz bei Eisleben (11.2.1115) eine empfindliche Niederlage hinnehmen.

Ein weiteres Ziel Heinrichs V. war es, den Investiturstreit für sich zu entscheiden und damit die Reichskirche zu erhalten.

Auf seinem ersten Italienzug (1110-1111) zwang Heinrich den Papst Paschalis II. im Vertrag von Ponte Mammolo (11.4.1111) zur Anerkennung des königlichen Privilegs der Investitur sowie zu der am 13.4.1111 in Rom erfolgten Kaiserkrönung. Bereits im März 1112 wurde dieses Privileg der Investitur auf einer Lateransynode widerrufen, und eine burgundische Synode sprach im Sept. 1112 den Bann über Heinrich V. aus. Auch ein zweiter Italienzug (1116-1118) Heinrichs brachte keine Einigung. Diese kam erst mit Papst Calixt II., einem Verwandten des Kaisers aus burgundischem Hause, zustande.

Dieses sog. **Wormser Konkordat**, verkündet am 23.9.**1122** auf der Ebene Lobwisen bei Worms, war ein Kompromiss. Dieser beruhte auf der Trennung der Belehnung (Investitur) mit den Spiritualien (geistliche Aufgaben und Befugnisse eines kirchlichen Amtes) und den Temporalien (Regalien-Investitur = Belehnung mit dem Grundbesitz bzw. mit den Einkünften eines kirchlichen Amtes). Der König verzichtete auf die Investitur der kirchlichen Amtsträger (Bischöfe bzw. der Reichsäbte) mit den Spiritualien, d.h. auf deren symbolische Investitur mit Stab und Ring. Stattdessen war der König mit der freien kanonischen Wahl und Weihe der kirchlichen Amtsträger einverstanden. Im deutschen Reich durfte der König der Wahl beiwohnen und hatte bei Streitfällen gewisse Entscheidungsbefugnisse. Die Belehnung mit den Temporalien durch den König, die symbolisch mit der Übergabe eines Zepters (Zepterlehen) verbunden war, erfolgte im deutschen Reich vor der Weihe, hingegen in Burgund sowie in Reichsitalien nach der Weihe (spätestens 6 Monate danach). Damit hatte sich die Reichskirche in Burgund und in Reichsitalien erledigt, während der König im deutschen Reich noch einen gewissen Einfluss auf die Einsetzung der Bischöfe und Reichsäbte ausüben konnte. Aber auch im deutschen Reich war das Reichskirchensystem ausgehöhlt worden, denn diese Ämter wurden in der Regel von Vertretern des Hochadels besetzt. Die weltlichen Territorialfürsten konnten in der Regel die ihren Interessen dienenden Kandidaten in die kirchlichen Ämter bringen, was die Territorialgewalten stärkte, bzw. es konnten jetzt mächtige kirchliche Fürstentümer aufgebaut werden. Damit hatte auch im deutschen Reich die Reichskirche ihre Funktion als Gegengewicht zu den auf eine Schwächung des Königtums hinarbeitenden Reichsfürsten verloren. Die Folge war der ungehemmte Ausbau der weltlichen und geistlichen Territorialfürstentümer zu Landesherrschaften. Die Kirchenfürsten gehörten zum Reichsfürstenstand und verfolgten jetzt ebenso wie die weltlichen Reichsfürsten in der Regel eine königsfeindliche Politik.

Im Jahre 1120 wurde die Kaiserin Mathilde (Tochter des König Heinrichs I. von England; 1114 mit Heinrich V. verheiratet) nach dem Tode ihres Bruders Erbin des englischen Reiches, zu dem seit 1106 auch die Normandie gehörte. Dadurch kam es zu Auseinandersetzungen zwischen England und Frankreich, in die Heinrich V. auf der Seite seines Schwiegervaters eingreifen wollte, aber 1124 vor der französischen Übermacht zurückweichen musste.

Vorher war es noch zu Auseinandersetzungen im Reich mit Herzog Lothar von Süpplingenburg gekommen, als Kaiser Heinrich V. 1123 nach dem Tode des Markgrafen von Meißen, Heinrich II. von Eilenburg, dessen beide Marken (Meißen und die Niederlausitz [Ostmark]) an den Grafen Wiprecht von Groitzsch verlehnte. Lothar griff ein und gab die Mark Meißen an Konrad von Wettin und die Ostmark an den Askanier Albrecht „den Bären" aus dem Hause Ballenstedt.

Zu einem Vergeltungsfeldzug Heinrichs V. kam es nicht mehr, denn dieser starb kinderlos am 23.5.1125 an einem Krebsleiden und wurde im Dom zu Speyer beigesetzt.

Mit Heinrich V. ging die Herrschaft der salische Könige zu Ende. Es war nicht gelungen, geschlossene Königsterritorien aufzubauen. Die unmittelbare Verfügungsgewalt des Königs über die Bistümer und Reichsabteien, welche bisher eine wesentliche Stütze des römisch-deutschen Königtums bildeten, waren mit dem Wormser Konkordat verloren gegangen. Dies nutzten jetzt weltliche und geistliche Fürsten, um ihre Territorien zu Landesherrschaften auszubauen. Damit begann der Aufstieg des Territorialfürstentums. Mit der Reichsministerialität und den Städten formierten sich neue politische Kräfte. Das Wormser Konkordat leitete rechtlich eine Trennung des deutschen Reiches von Reichsitalien sowie von Burgund ein.

Lothar III. (1125-1137) wurde am 30.8.1125 in Mainz zum König gewählt und am 13.9.1125 in Aachen gekrönt. Er hatte sich bei der Königswahl vor allem gegen den Staufer Herzog Friedrich von Schwaben durchzusetzen, wozu beitrug, dass Lothar den Herzog von Bayern, Heinrich „den Stolzen", auf seine Seite zog, indem er ihm die Vermählung mit seiner Erbtochter Gertrud versprach (Eheschließung 1127). Als Lothar das durch Friedrich von Schwaben vereinnahmte Reichsgut für die Krone zurückforderte, kam es zu kriegerischen Auseinandersetzungen mit den Staufern. Eine rechtliche Schwierigkeit bestand allerdings darin, dass man bisher zwischen Reichsgut und Hausgut keinen Unterschied gemacht hatte und es jetzt schwerfiel, beides wieder auseinanderzuhalten. Friedrich von Schwaben unterwarf sich erst 1134, dessen Bruder Konrad, der 1127 von fränkischen und schwäbischen Fürsten zum Gegenkönig gewählt worden war, gab 1135 auf und beteiligte sich 1136/37 an Lothars zweitem Italienzug. Lothars Verbündete gegen die Staufer waren neben Herzog Heinrich von Bayern, der Erzbischof Adalbert I. von Mainz, der lehnsabhängige Böhmenkönig Boleslaw, die Reichsministerialen und die von Lothar privilegierten Städte. Der Begriff „ministeriales regni" (= Dienstleute des Reiches) ist übrigens erstmals in einer Königsurkunde vom 27.12.1128 überliefert. Hervorzuheben ist das diplomatische Geschick Lothars bei der Lösung von Konflikten.

Lothar führte die deutschen Ostexpansion mit Feldzügen gegen die Slawen fort und setzte in den Grenzgebieten tatkräftige Markgrafen ein. Die 1123 (s.o.) ausgesprochenen Belehnungen mit der Mark Meißen bzw. mit der Ostmark wurden 1125 förmlich bekräftigt.

1132/1133 war Lothar nach Italien gezogen. Kaiserkrönung zusammen mit seiner Gemahlin Richenza am 4.6.1133. Zweiter Italienzug 1136/37. Auf dem Rückweg verstarb Lothar nach dem Alpenübergang am 4.12.1137 in Tirol (Beisetzung in Königslutter). Seinem Schwiegersohn, Herzog Heinrich „dem Stolzen", hatte er die Reichsinsignien übergeben und ihn auch noch mit dem Herzogtum Sachsen belehnt.

Der Gegenkönig von 1127-1135, ein Staufer, wurde als **Konrad III. (1138-1152)** unter Missachtung des für später festgelegten Wahltermins am 7.3.1138 von nur wenigen Fürsten in Koblenz zum röm.-dt. König gewählt und am 13.3.1138 durch einen Legaten der römischen Kirche in Aachen gekrönt (deshalb von seinen Gegnern als „Pfaffenkönig" bezeichnet). Dies kam einem Staatsstreich gleich. Weil abzusehen war, dass der bei der Königswahl übergangene Herzog Heinrich „der Stolze" zusammen mit seinem Bruder Welf VI. gegen Konrad vorgehen würde, setzte Konrad 1138 Heinrich „den Stolzen" als Herzog von Bayern und Sachsen ab, nachdem Heinrich zwar die Reichsinsignien herausgegeben, aber Konrad die Huldigung (Anerkennung) als König verweigert hatte. Herzog Heinrich und Welf VI. nahmen den Kampf gegen Konrad auf (Heinrich starb bereits 1139). Um eine Versöhnung mit den Welfen herbeizuführen, belehnte Konrad 1142 Heinrich „den Löwen" (Sohn Heinrichs „des Stolzen") mit dem Herzogtum Sachsen, der aber immer wieder seinen Anspruch auf das Herzogtum Bayern geltend machte, sodass die Auseinandersetzungen mit den Welfen über die gesamte Regierungszeit Konrads anhielten.

Zur Erweiterung seiner Machtgrundlage versuchte Konrad III., vom Kernbereich seiner Herrschaft in Franken ausgehend, zusammenhängende Reichs- und Königsgutbezirke aufzubauen und über thüringisches und sächsisches Gebiet dieses Königsterritorium bis nach Böhmen ins Egerland auszudehnen. Zur Sicherung dieser Gebiete setzte er königliche Amtsträger, die Reichsburggrafen, ein. Diese sind z.B. 1143 in Meißen, 1144 in Dohna, 1158 in Leisnig, um 1150 in Altenburg (Pleißenland) sowie um diese Zeit weiterhin in Döben und Groitzsch nachweisbar. Weil auch Gebiete durch Landesausbau (Rodung und Besiedlung) hinzugewonnen wurden, förderte Konrad den Zisterzienserorden, welcher den Landesausbau bereits in anderen Regionen vorangetrieben hatte. Weiterhin betrieb Konrad eine intensivere Städtepolitik, förderte auf Reichs- bzw. Königsland bestehende Städte und gründete dort neue Städte.

Der Italienpolitik Konrads diente die 1146 erfolgte Verheiratung der Bertha von Sulzbach (Schwester von Konrads Gemahlin Gertrud) mit dem oströmischen Kaiser Manuel I. (1143-1180). Ostrom hatte ebenso wie Konrad Interesse an Sizilien und Süditalien, die beide in der Hand des Normannenkönigs Roger II. waren. Ein gemeinsames Vorgehen gegen diesen war vorgesehen. Mit der genannten dynastischen Heirat nahm Konrad den Titel „Romanorum imperator augustus" an, um seinen Rang gegenüber Ostrom zu betonen, obgleich er noch nicht zum Kaiser gekrönt worden war und der erste röm.-dt. Herrscher sein sollte, der dies – bedingt durch seinen frühen Tod – nicht erreichte.

Nachdem die Moslems in Palästina vorgerückt waren und Jerusalem bedrohten, rief Papst Eugen III. zum (zweiten) Kreuzzug auf, dem sich Konrad III. im Mai 1147 anschloss, aber erfolglos und krank 1149 wieder zurückkehrte. In Vorbereitung zu diesem Kreuzzug hatte Konrad auf einem Reichstag in Frankfurt einen allgemeinen Reichsfrieden verkündet und seinen ältesten Sohn Heinrich zum Thronfolger wählen lassen. Auch der Wendenkreuzzug, der von den sächsischen Fürsten 1147 durchgeführt worden war, blieb erfolglos (der Papst hatte erlaubt, dass auch der Kampf gegen die Slawen im Rahmen der deutschen Ostexpansion ersatzweise als Kreuzzug deklariert werden durfte).

Zu einem für 1152 geplanten Italienzug kam es nicht mehr, denn Konrad III. starb am 15.2.1152 (beigesetzt im Dom zu Bamberg). Kurz vor seinem Tode hatte er durch Übergabe der Reichsinsignien seinen Neffen Friedrich III. von Schwaben, den Sohn eines staufischen Vaters und einer welfischen Mutter, zum Nachfolger bestimmt, welcher einen Ausgleich mit den Welfen herbeiführen sollte.

Der Sohn Herzog Friedrichs II. von Schwaben wurde am 4.3.1152 von zahlreichen Fürsten in Frankfurt am Main als **Friedrich I. „Barbarossa" (1152-1190)** zum König gewählt und am 9.3.1152 in Aachen gekrönt. „Barba rossa" = „Rotbart" wurde er später von den Italienern wegen seines rötlichen Bartes genannt. Der Reichsgedanke, die Wiederherstellung der „Ehre des Reiches" (honor imperii) war das Leitmotiv seines Handelns.

Bereits vor der Kaiserkrönung verwendete er in den Urkunden den Titel „Romanorum rex (augustus)“, im Sommer 1152 den Titel „Fredericus dei gratia Romanorum imperator et semper augustus“. Seine vordringliche Aufgabe bestand aber zunächst in der Überwindung der staufisch-welfischen Gegensätze. Gegenüber den Welfen war Friedrichs Machtgrundlage begrenzt. Der staufische Hausbesitz (Besitz einer herrschenden Dynastie, der nicht dem Lehnsrecht unterlag) befand sich am Mittelrhein und besonders im Elsass sowie im Neckarraum (dort stand auf dem Gipfel des Hohenstaufen bei Göppingen die Stammburg des Fürstengeschlechts der Staufer). Friedrich musste darauf hinarbeiten, die königlichen und staufischen Besitz- und Herrschaftsrechte im deutschen Reichsgebiet auszuweiten, um damit ein geschlossenes Königsterritorium aufzubauen. Priorität hatte jedoch zunächst der Italienzug mit der Kaiserkrönung und als Voraussetzung dafür die Befriedung der Welfen. So wurden im Sommer 1154 die Ansprüche Heinrichs „des Löwen“ auf das Herzogtum Bayern anerkannt.

Dem schloss sich im Herbst 1154 Friedrichs erster Italienzug an. Gegen die durch Handel und Gewerbe wirtschaftlich starken und dadurch selbstbewusst gewordenen Städte in Oberitalien, welche sich zu Stadtstaaten entwickelten und die Herrschaft des röm.-dt. Königs nicht mehr anerkannten, konnte Friedrich wenig ausrichten. Die Kaiserkrönung in Rom erfolgte am 18.6.1155. In diesem Zusammenhang hatte Friedrich zu verstehen gegeben, dass das Kaisertum auf der militärischen Macht der Deutschen beruhe und die Kaiserkrönung eine zeremonielle Handlung sei, mit der keinerlei Befugnisse übertragen würden. Ein Kriegszug gegen die Normannen in Süditalien wurde abgebrochen.

Da Friedrich im Interesse seiner Großmachtpolitik auf die Zusammenarbeit mit dem Hochadel angewiesen war, kam es im deutschen Reich zur Konzentration von Besitz- und Herrschaftsrechten in den Händen weniger Adelsfamilien und damit zur weiteren Territorialisierung. Dies zeigte sich bereits auf dem Reichstag in Regensburg (Sommer 1156), wo der Streit um das Herzogtum Bayern beigelegt wurde. Heinrich „dem Löwen“ wurde der Besitz von Bayern bestätigt. Der bisherige Herzog von Bayern, der Babenberger Heinrich Jasomirgott, behielt die bisher zu Bayern gehörende Markgrafschaft Österreich, die jetzt von Bayern getrennt und zum Herzogtum Österreich erhoben wurde. Den Herzog von Österreich stattete Friedrich mit wichtigen Privilegien aus (uneingeschränkte Erblichkeit in männlicher und weiblicher Linie; der Herzog brauchte nur an Reichsheerfahrten in benachbartes Gebiet teilzunehmen und nur die im bayerischen Gebiet stattfindenden Hoftage zu besuchen; im Herzogtum Österreich bedurfte die Ausübung jeglicher Gerichtsbarkeit der Zustimmung des Herzogs). Der Hezog von Österreich führte den Titel „Erzherzog". Im Sommer 1156 heiratete Friedrich die burgundische Grafentochter Beatrix, um seine Herrschaft im Königreich Burgund zu festigen.

Der zweite Italienzug (1158-1162) richtete sich vor allem gegen die auf ihrer Unabhängigkeit beharrenden oberitalienischen Städte, insbesondere gegen Mailand. Die Rechte des Reiches in Ober- und Mittelitalien sollten wiederhergestellt werden. Mailand wurde 1158 vollständig zerstört. 1163/1164 dritter Italienzug.

Ende Dez. 1165 erfolgte in Aachen mit Zustimmung des kaiserlichen Gegenpapstes Paschalis III. die von Friedrich I. betriebene Heiligsprechung Karls „des Großen". Damit sollte erneut klargestellt werden, dass durch diesen Herrscher der Franken das deutsche Kaisertum begründet wurde und nicht durch den Papst.

Ein vierter Italienzug (1166-1168) richtete sich gegen den Papst Alexander III., der Kaiser Friedrich I. im März 1160 mit dem Kirchenbann belegt hatte und jetzt aus Rom vertrieben, aber schließlich doch 1177 vom Kaiser anerkannt wurde, was mit der Lösung des Kirchenbanns über den Kaiser verbunden war. Große Verluste brachte dem Heer 1167 eine Malaria-Epidemie, der auch viele Adlige zum Opfer fielen. 1168 musste Friedrich fluchtartig Italien verlassen. Ab März 1167 hatten sich die italienischen Städte zum lombardischen Städtebund zusammengeschlossen.

Nach Deutschland zurückgekehrt, konnte er seinen Besitz in Schwaben vergrößern. Vor allem aber baute er seine Königsterritorien aus, errichtete hier Pfalzen und förderte die Entwicklung der auf Königsland liegenden Städte. So wurde um 1170 mit dem Bau der Pfalzanlagen in Gelnhausen, Hagenau, Eger, Wimpfen und Kaiserswerth begonnen. Die Pfalzbauten in Nürnberg und Frankfurt am Main wurden weitergeführt, die Burgen Trifels und Kyffhausen wesentlich erweitert. Bereits 1158 hatte Kaiser Friedrich I. an der westlichen Grenze der Markgrafschaft Meißen aus Königsgut das Reichsterritorium Pleißenland gebildet. Ausgangsbasis war das seit jeher in königlichem Besitz befindliche altbesiedelte Reichsland Pleißengau mit der Burg Altenburg, welches Friedrich I. jetzt um die Burgen Leisnig und Colditz sowie die Feste Lausick vergrößerte. Planmäßig ausgebaut und erweitert wurde das Pleißenland durch Gründung von Klöstern und Städten (um 1170 erhielten Chemnitz, Zwickau und Altenburg das Stadtrecht) sowie durch territorialen Zugewinn im Rahmen der in der zweiten Hälfte des 12. Jh. stattfindenden Kolonisation des bis dahin unbesiedelten Erzgebirges. An das Pleißenland schlossen die Reichsterritorien Vogtland und Egerland an.

1169 ließ Friedrich seinen dreijährigen Sohn Heinrich zum König (Heinrich VI.) wählen.

1174-78 fünfter Italienzug. Die Unterwerfung der lombardischen Städte gelang nicht. Heinrich „der Löwe" hatte 1176 dem Kaiser die militärische Unterstützung verweigert.

1180 wurde Heinrich „der Löwe" geächtet, verlor seine beiden Herzogtümer Sachsen sowie Bayern und erhielt nach seiner Unterwerfung unter den Kaiser lediglich seine Hausgüter um Braunschweig und Lüneburg zurück, wurde aber nach England in die Verbannung geschickt (1182-1185, 1188/89). Diese Entmachtung des Welfen war nur möglich, weil die beiden Herzogtümer sofort wieder an Reichsfürsten vergeben wurden. Das Herzogtum Sachsen teilte man auf; die westfälischen Gebiete erhielt der Erzbischof von Köln als Herzogtum Westfalen und Engern, während die östlichen Gebiete, das spätere Herzogtum Sachsen-Lauenburg, an einen Askanier kamen. Mit dem Herzogtum Bayern wurde Otto von Wittelsbach belehnt.

1184 stand Friedrich I. auf dem Gipfel seiner Macht. Das zu Pfingsten 1184 in Mainz gefeierte Hoffest unter Teilnahme von mindestens 40.000 Personen war Ausdruck dieses Hochgefühls.

1184 ging Friedrich I. nochmals nach Italien und vermittelte die Heirat seines Sohnes (Heinrich VI.) mit Konstanze, der Tochter König Rogers II. und Thronerbin des Königreichs Sizilien (Eheschließung am 27.1.1186 in Mailand; bei dieser Gelegenheit erhob Friedrich seinen Sohn aus eigener Machtvollkommenheit zum Mitkaiser).

Im Mai 1189 brach Friedrich I. mit einem kaiserlichen Heer zum Kreuzzug nach Palästina auf. Noch bevor Friedrich I. das Heilige Land erreichte, fand er am 10.6.1190 in Anatolien bei einem Bad im Flusse Saleph den Tod.

Kaiser Friedrich war ein tatkräftiger Herrscher, der es verstand, durch territoriale Zugeständnisse die Mehrzahl der deutschen Fürsten an sich zu binden und dem Kaisertum gegenüber der römischen Kirche wieder Geltung zu verschaffen. Von seinen 38 Regierungsjahren hielt er sich fast 12 Jahre in Italien auf. Sein politisches Hauptziel, die Durchsetzung und Bewahrung der kaiserlichen Herrschaft über Reichsitalien, erreichte er aber nicht. Darüber vernachlässigte er jedoch seine Aufgaben im deutschen Reichsgebiet, was zur Stärkung der Territorialherrschaften führte. Das 19. Jh. sah den „Kaiser Barbarossa" insbesondere im Hinblick auf die anstehende Reichseinigung als den Idealkaiser, dessen Wiederkehr man in romantischer Verklärung herbeisehnte (ursprünglich bezog sich dieses Kaiserbild auf Kaiser Friedrich II.). Architektonisch fand dies später seinen Ausdruck im Kyffhäuserdenkmal, welches 1891-1896 auf den Ruinen der Stauferburg Kyffhausen zur Verherrlichung des 1871 wiedererstandenen deutschen Kaiserreiches errichtet wurde und neben der Figur des erwachenden Kaisers Barbarossa das Reiterstandbild Kaiser Wilhelms I. zeigt.

Heinrich VI. (1190-1197), Sohn Kaiser Friedrichs I., hatte bereits 1187 den Kaiser in Italien vertreten und im Sommer 1189 die Regentschaft für den in den Kreuzzug ziehenden Vater übernommen. Um sich den Rücken für seine Italienpolitik freizuhalten, schloss er im Juli 1190 mit dem aus dem englischen Exil 1189 zurückgekehrten Heinrich „dem Löwen", dem er militärisch nicht hatte beikommen können, einen Kompromissfrieden. In Sizilien war am 18.11.1189 König Wilhelm II. ohne direkte männliche Erben verstorben, und Heinrich VI. machte als Konstanzes Gatte seinen Anspruch auf das Königreich Sizilien geltend. Der sizilianische Adel hatte jedoch den Grafen Tankred, einem außerehelichen Enkel König Roger II., zum König von Sizilien gewählt, den Heinrich 1191 nicht besiegen konnte. Kaiserkrönung am 15.4.1191 in Rom. Erst als Tankred 1194 verstorben war, konnte Heinrich seine Gegner niederwerfen und sich am 25.12.1194 in Palermo zum König von Sizilien krönen lassen. Krone und Kronschatz waren ihm von der Königin Sibylle übergeben worden. Den Kronschatz ließ Heinrich nach Burg Trifels bringen; der sizilianische Krönungsmantel wurde Bestandteil der Reichsinsignien. Wenige Tage nach der Krönung kam es zu einem Adelsaufstand gegen den Kaiser, der niedergeschlagen wurde. Heinrich setzte seine Gattin Konstanze in Sizilien als Regentin ein. Die Verwaltung durch deutsche Gefolgsleute erwies sich bald als skrupellose Fremdherrschaft. Zum Reich Heinrichs VI. gehörten nunmehr vier Königreiche (Deutschland, Burgund, Italien, Sizilien).

Bei der Eroberung Palermos befand sich dort Irene, eine Tochter des oströmischen Kaisers, die Heinrich mit seinem Bruder Philipp verlobte, um damit Erbansprüche auf das oströmische Kaiserreich zu begründen (Vermählung Pfingsten 1197). Im März 1195 verpflichtete sich Heinrich gegenüber Papst Cölestin III. zu der Teilnahme an einem Kreuzzug. Hinter dieser Verpflichtung stand wohl die Absicht Heinrichs, das oströmische Kaiserreich zu erobern, denn in seiner Maßlosigkeit hatte er sich das Ziel gesetzt, alle Reiche rings um das Mittelmeer in sein Reich einzubeziehen. Von den Byzantinern, die sich in Schwierigkeiten befanden, erpresste Heinrich hohe Tributzahlungen.

Heinrich kehrte im Juni 1195 erst einmal nach Deutschland zurück und versuchte, die deutschen Fürsten für ein politisches Projekt zu gewinnen, welches als **„Erbreichsplan"** in die

Geschichte eingegangen ist. Heinrich schlug vor, das Reich per Reichsgesetz in eine Erbmonarchie umzuwandeln. Das Königreich Sizilien sollte staatsrechtlich mit dem Alten Reich verbunden werden. Den Fürsten bot er dafür die uneingeschränkte Erblichkeit (einschließlich durch Frauen und Nebenlinien) ihrer Lehen an. Gegenüber den geistlichen Fürsten gedachte er, auf das Spolienrecht zu verzichten (Verzicht auf das bewegliche Eigentum verstorbener Kirchenfürsten). Die deutschen Fürsten stimmten zunächst mehrheitlich zu und beurkundeten dies auch.

Im Sommer 1196 ging Heinrich, der seinen Erbreichsplan durch die deutschen Fürsten als angenommen betrachtete, nach Italien, um dafür die Zustimmung des Papstes Cölestin III. zu erlangen. Der Papst lehnte trotz großzügiger Angebote ab, denn Heinrich erkannte die Lehnshoheit des Papstes über Sizilien nicht an. Außerdem stellte eine dauerhafte Verbindung des Königreiches Sizilien mit dem Reich eine Bedrohung des dann von kaiserlichen Territorien eingekreisten Kirchenstaates dar. Auch die deutschen Fürsten zogen jetzt ihre Zusage zurück, wählten aber am 25.12.1196 Heinrichs fast zweijährigen Sohn Friedrich Roger zum König (Friedrich II.), was sie bisher abgelehnt hatten.

Gegen Heinrich, der in Sizilien geblieben war, brach im Mai 1197 ein Adelsaufstand aus. Ziel war die Ermordung des Königs. Der Aufstand wurde jedoch von Heinrich mit größter Brutalität niedergeschlagen.

Als die ersten Schiffe zum Kreuzzug in See stachen, starb Kaiser Heinrich VI. am 28.9.1197 im Alter von 32 Jahren in Messina an der Malaria (beigesetzt im Dom zu Palermo neben Roger II.).

Die durch den frühen Tod Heinrichs VI. ausgelöste Reichskrise, welche durch den nachfolgenden staufisch-welfischen Thronstreit noch verstärkt worden ist, wird als die schwerste Katastrophe in der mittelalterlichen Reichsgeschichte angesehen.

Nach dem Tode Heinrichs VI. kam es zu einer **Doppelwahl**, denn Heinrichs Sohn Friedrich II. war zwar zum König gewählt, aber noch nicht gekrönt worden; er war minderjährig und lebte im weit entfernten Sizilien unter der Vormundschaft seiner Mutter Konstanze, die bereits am 28.11.1198 starb, und danach unter der des Papstes Innozenz III.

Um den Thron für die Staufer zu retten, d.h. die Thronfolge für den unmündigen Kaisersohn (Friedrich II.) zu sichern, ließ sich **Philipp von Schwaben (1198-1208)**, Bruder des verstorbenen Kaisers, im März 1198 zum König wählen. Gekrönt wurde er Anfang Sept. 1198 in Mainz, weil sich Aachen in der Hand der Gegenpartei befand. Obgleich sich Philipp im Besitz der Krönungsinsignien befand und von der Mehrheit der Fürsten gewählt worden war, wurde diese Krönung als nicht rechtmäßig angesehen, denn sie war nicht in Aachen und nicht durch den Erzbischof von Köln erfolgt. Seine Machtgrundlage waren das umfangreiche staufische Hausgut sowie das Königsgut. Seine Verbündeten waren vor allem die Reichsministerialen.

Die welfische Gegenpartei wählte am 9.6.1198 Otto, den Sohn Heinrichs „des Löwen". Gekrönt wurde **Otto IV. (1198-1218)** am 12.7.1198 in Aachen vom Kölner Erzbischof. Seine Herrschaftsrechte in Deutschland waren begrenzt und beschränkten sich auf die welfischen Hausgüter um Braunschweig und Lüneburg. Zwar wurde er von seinem Onkel, dem englischen König Richard I. „Löwenherz" (dieser starb bereits im April 1199), finanziell unterstützt, war jedoch im Wesentlichen auf das Wohlwollen seiner Wähler, der Erzbischöfe von Köln und Trier, des Bischofs von Straßburg sowie einiger lothringischer Fürsten, angewiesen und verzichtete deshalb gegenüber den geistlichen Fürsten auf sein Spolienrecht.

Beide Könige bemühten sich um ihre Anerkennung durch den Papst Innozenz III. (Papst seit 1198). Otto ließ bereits im Mai 1199 mit dem Papst verhandeln und zeigte sich kompromissbereit, indem er dem Papst den königlichen Schutz der Besitzungen der römischen Kirche sowie aller Kirchen im Reich garantierte. Dies war ein großzügiges Angebot, denn nach dem Tode Heinrichs VI. hatten die Päpste den Kirchenstaat auf Kosten mittelitalienischen Reichsbesitzes beträchtlich vergrößert. Der Papst übergab zunächst als Anwort nur ein Schreiben, in dem die territorialen Forderungen bezüglich des Kirchenstaates detailliert aufgeführt waren. Im Mai 1200 bestätigte Otto diese Gebietsansprüche des Papstes. Der Papst stellte sich jetzt offen auf die Seite Ottos und wandte sich gegen Philipp. In diesem Zusammenhang stellte der Papst gegenüber den in Rom versammelten Kardinälen klar, dass er befugt sei, die Königswahlen der deutschen Fürsten zu überprüfen, und ernannte sich damit zum Schiedsrichter im deutschen Thronstreit. Seitdem hatten die Päpste immer wieder versucht, sich massiv in die deutschen Königswahlen und damit in die deutschen Verhältnisse einzumischen. Am 3.7.1201 verkündete der päpstliche Legat öffentlich im Dom zu Köln die Anerkennung Ottos als rechtmäßigen König. Gegnern dieser päpstlichen Entscheidung wurde die Exkommunikation angedroht. Da Philipp sich jedoch in den folgenden Jahren gegen Otto militärisch durchsetzen konnte, verhandelte der Papst ab 1207 mit Philipp und versprach 1208, ihn anlässlich eines Romzuges zum Kaiser zu krönen. Dazu kam es nicht mehr, denn König Philipp wurde am 21.6.1208 von dem bayerischen Pfalzgrafen Otto von Wittelsbach aus persönlichen Gründen in Bamberg erschlagen. Die meisten Fürsten gingen nun zu König Otto über. Am 11.11.1208 wählten die Fürsten in Frankfurt Otto nochmals zum König, diesmal einhellig, und es wurde die Verheiratung Ottos mit Beatrix, der Tochter des erschlagenen Königs Philipp, beschlossen (Hochzeit am 22.7.1212; bald darauf verstorben). König Otto ersuchte 1208 beim Papst um die Kaiserkrönung und machte dem Papst mit einer am 22.3.1209 in Speyer ausgestellten Urkunde weitgehende Zugeständnisse. Otto bestätigte erneut die Grenzen des Kirchenstaates. Weiterhin verzichtete er weitgehend auf die wenigen Rechte, welche dem röm.-dt. König nach dem Wormser Konkordat noch zustanden (Verzicht auf die Einflussnahme des Königs bei Bischofswahlen; Verzicht auf das Spolienrecht; Verzicht auf das Regalienrecht, d.h. auf die Nutzung der bischöflichen Einkünfte bei Vakanz eines Bischofsstuhles). Dadurch entfielen alle Bindungen der Bischöfe und Reichsäbte an den König, was einer Beseitigung der Reste des Reichskirchensystems gleichkam. Am 4.10.1209 erfolgte die Kaiserkrönung Ottos in Rom. 1210 unternahm Otto einen Feldzug gegen die süditalienischen Gebiete, drang 1211 bis nach Süditalien vor und bereitete einen Angriff auf Sizilien vor. Damit setzte Kaiser Otto die imperiale Italienpolitik der Staufer fort, durch welche sich der Papst bedroht fühlte, welcher deshalb am 18.11.1210 den Kirchenbann über Otto verhängte. Als die deutschen Fürsten daraufhin unter päpstlichem und französischem Einfluss 1211 über die Wahl des Staufers zum röm.-dt. König verhandelten, brach Otto seinen Italienfeldzug ab und war im März 1212 wieder in Deutschland, wo er den Kampf gegen die Fürstenopposition aufnahm. Ausgespielt hatte Otto, als sich Friedrich II. (siehe unten) mit Frankreich verbündete und Otto am 27.7.1214 bei Bouvines einem französischen Heer unterlag. Otto zog sich nach Braunschweig zurück und unternahm von dort aus noch mehrere Kriegszüge. Am 19.5.1218 starb der erkrankte Kaiser auf der Harzburg. In seinem Testament empfahl der kinderlose Kaiser seinem Bruder, die Reichsinsignien nach 20 Wochen an Friedrich II. auszuliefern.

Kaiser Otto IV. hatte durch seine Italienpolitik, für die er im Reich keine ausreichende Machtgrundlage besaß, seinen Untergang selbst verschuldet. Ein Teil des umfangreichen Reichsgutes in Deutschland war im Verlauf der innerdeutschen Machtkämpfe verloren gegangen, wodurch die königliche Zentralgewalt nachhaltig eingeschränkt wurde. Das Reichskirchensystem erlitt weitere entscheidende Einbußen. Einen Machtzuwachs konnten vor allem auch die rheinischen Bischofsstädte, insbesondere Köln, für sich verbuchen. Innocenz III., der als eigentlicher Schöpfer des Kirchenstaates betrachtet werden kann, nutzte den staufisch-welfischen Thronstreit zur vollen Entfaltung der Machtstellung des Papsttums gegenüber dem röm.-dt. Königtum. Unter Innocenz III. erreichte das Papsttum seinen Höhepunkt und konnte diese Position bis zum Beginn des 14. Jh. halten. Demgegenüber gelang es in dieser Zeit den Herrschern der westeuropäischen Königreiche (Frankreich, England), die Rechte des Hochadels zu beschränken und durch den Aufbau von königlichen Zentralbehörden den Weg zu Einheitsstaaten einzuschlagen.

Friedrich II. (1211-1250), der Enkel Friedrichs I. Barbarossa, war bereits 1196 im Alter von zwei Jahren zum röm.-dt. König gewählt worden. Seine Mutter ließ ihn nach dem Tode seines Vaters (Heinrich VI.) am 17.5.1198 in Palermo unter Verzicht auf die deutsche Königskrone zum König von Sizilien krönen. Er wuchs unter oströmischen, arabischen, jüdischen und normannischen Einflüssen auf, sprach mehrere Sprachen, war wissenschaftlich vielseitig interessiert, hatte einen weiten geistigen Horizont und verfügte über diplomatische Fähigkeiten, konnte aber auch skrupellos und grausam sein. Er entwickelte sich zu einer der mächtigsten und markantesten Herrscherpersönlichkeiten des Mittelalters. Auf Betreiben des Papstes, der sich in Italien von Kaiser Otto IV. bedroht fühlte, wurde Friedrich 1211 von einer Gruppe deutscher Fürsten zum Gegenkönig ausgerufen. Als Friedrich 1212 ohne Heeresmacht in Deutschland erschien, schloss sich ihm sofort der schwäbische Adel an, und er gewann sich weitere Verbündete. Die Königskrönung erfolgte im Dez. 1212 in Frankfurt am Main und wurde am 15.7.1215 in Aachen, dem traditionellen Krönungsort der röm.-dt. Könige, wiederholt. Die Unterstützung des Papstes hatte sich Friedrich durch weitestgehende Zugeständnisse gesichert, denn in der Goldenen Bulle von Eger (12.7.1213) bestätigte er den Verzicht auf die von der Kurie in Mittelitalien beanspruchten kaiserlichen Gebiete, verzichtete auf das königliche Recht der Mitwirkung bei der Wahl der Bischöfe sowie der Reichsäbte, verzichtete auf sein Spolien- und Regalienrecht, gestattete die Appellation an die Kurie, verpflichtete sich zur Unterstützung der Inquisition (Verfolgung der Ketzer) und zur Wahrung der Rechte der Kurie im Königreich Sizilien. Um die Wahl seines minderjährigen Sohnes Heinrich (VII.) zu erreichen, machte er den geistlichen Fürsten in der **„Confederatio cum principibus ecclesiasticis“** (26.4.**1220**) weitreichende Zugeständnisse, die er **1231/1232** mit dem **„Statutum in favorem principum“** auch den weltlichen Fürsten gewährte. Damit wurden den Fürsten jene königlichen Hoheitsrechte, wie das Befestigungsrecht sowie die wirtschaftlich bedeutsamen Rechte (Münz-, Zoll- und Marktrecht), welche schon vorher in ihre Hände gelangt waren, bestätigt, und das Königtum verzichtete auf ein Zusammenwirken mit den aufstrebenden Städten, die sich wiederholt als Stütze des Königtums erwiesen hatten. Damit wurde durch diese sog. Adelsprivilegien der bereits in Gang gekommene Prozess des Ausbaus der geistlichen sowie weltlichen Fürstentümer zu Territorialherrschaften legalisiert und gefördert. Als Friedrichs Sohn Heinrich (VII.), dem er in Deutschland und Burgund die kaiserlichen Herrschaftsaufgaben übertragen hatte, gestützt auf die Reichsministerialität sowie die Städte gegen den Hochadel vorging und sich außerdem noch gegen die Auswüchse der im Interesse des Papstes liegenden Ketzerverfolgungen wandte (die entscheidenden Gesetze zur Ketzerverfolgung waren für das deutsche Reich 1232 erlassen worden), beugte sich Friedrich den Interessen des Hochadels. Er setzte 1235 seinen Sohn ab und kerkerte ihn ein (er starb 1242 im Gefängnis als Folge eines Selbstmordversuchs, wurde aber dann mit allen Ehren bestattet). 1237 ließ Friedrich seinen neunjährigen Sohn Konrad zum röm.-dt. König wählen (Konrad IV.). Ebenfalls 1235 wurde der staufisch-welfische Gegensatz beigelegt, indem aus den Haus- und Lehnsgütern der Welfen als neues Reichsfürstentum das Herzogtum Braunschweig-Lüneburg gebildet wurde, mit dem Friedrich den einzigen Enkel Heinrichs „des Löwen", Otto „das Kind", belehnte. Damit gab es jetzt anstelle des aufgeteilten Stammesherzogtums Sachsen die Herzogtümer Westfalen-Engern (1816 in die preuß. Provinz Westfalen eingegliedert), Sachsen-Lauenburg (1296 geteilt in die Herzogtümer Sachsen-Wittenberg [kam 1423 zur Markgrafschaft Meißen] und Sachsen-Lauenburg [kam 1865 an Preußen]) und Braunschweig-Lüneburg (ging nach mehreren Teilungen 1692 im Kurfürstentum Hannover auf). 1246 gelang es dem Kaiser, Österreich und die Steiermark dem königlichen Besitz zuzuschlagen. Ein Versuch, den kaiserlichen Hoheitsrechten im Reich Geltung zu verschaffen, war 1235 die Verkündung des Mainzer Reichslandfriedens; ein Reichshofrichter sollte im

Namen des Kaisers gegen das Fehde-Unwesen vorgehen und eine einheitliche Rechtsprechung im Reich durchsetzen. Der Mainzer Reichslandfrieden war übrigens das erste in deutscher Sprache verfasste Reichsgesetz. Zur Rechtssicherheit sollte auch das im gesamten Reich geltende Judenprivileg von 1236 beitragen (die Juden erhielten gegen jährliche Zahlungen an den Fiskus, die sog. königliche Kammer, Rechtsschutz, der deshalb auch als „Kammerknechtschaft" der Juden bezeichnet wurde). – Ausdruck des imperialen Strebens des Kaisers war die Unterstützung des Deutschen Ordens (1227 Goldene Bulle von Rimini).

Die Zusammenarbeit Friedrichs mit dem deutschen Hochadel und dem Papst zum Nachteil einer Straffung der Königsherrschaft im Deutschen Reich wurde betrieben, weil Friedrich seinen Herrschaftsschwerpunkt in Sizilien sowie in Italien sah. So hatte Friedrich bereits 1220 Deutschland wieder verlassen und suchte es nur noch einmal von 1235 bis 1237 kurz auf. Auf der Rückreise nach Italien war er am 22.11.1220 in Rom vom Papst zum Kaiser gekrönt worden und führte jetzt den Titel „Romanorum imperator semper augustus et rex Siciliae", womit er die feste Bindung des Königreichs Sizilien an das Reich dokumentierte, was zur Konfrontation mit dem Papsttum führen musste, denn die Territorien beider Reiche umklammerten den Kirchenstaat. Dass diese Umklammerung bestehen bleiben sollte, ergab sich aus der Krönung des Kaiser-Sohnes Heinrich zum König von Sizilien (1212) sowie seiner Wahl zum röm.-dt. König (1220). Seinen Anspruch auf die Oberherrschaft über das Papsttum brachte Friedrich durch die Siegelumschriften „Aurea Roma" bzw. „Roma caput mundi regit orbis frena rutundi" zum Ausdruck. Nach der Niederwerfung der Adelsopposition und dem Aufbau eines despotischen Herrschaftssystems errichtete er, obwohl es immer wieder zu Aufständen kam, im Königreich Sizilien eine straff organisierte Zentralverwaltung, führte staatliche Zölle und Steuern ein und brachte den einträglichen Außenhandel in seine Hand (u.a. Schaffung einer kaiserlichen Handelsflotte, staatlicher Lagerhäuser in den Hafenstädten). Den Städten wurde keinerlei Selbstverwaltung zugestanden.

An der 1224 von Friedrich gegründeten Universität in Neapel wurden vor allem Juristen und Verwaltungsbeamte ausgebildet. Den Kreuzzug 1228/1229 nutzte der Kaiser, um sich 1229 selbst zum König von Jerusalem zu krönen. Sultan Al-Kamil hatte ihm gegen die Zusicherung freien Zugangs durch Muslime auf dem Verhandlungswege Jerusalem und weitere heilige Stätten überlassen. Die 1231 hinsichtlich der Ketzerverfolgung erlassenen Gesetze hatten weniger einen religiösen Hintergrund, vielmehr sah Friedrich allein im Ungehorsam der Ketzer (insbesondere der Katharer und Waldenser) ein Staats- und Majestätsverbrechen. Als zentrale Residenz baute Friedrich das in Apulien gelegene Foggia aus, das gleichzeitig zum kulturellen Mittelpunkt des Reiches wurde. Am Hof hielten sich berühmte Gelehrte auf. Ebenso bestimmten ritterliche Bräuche (Minnesang, Turniere) das Leben am Hofe. Der im Waffenhandwerk wohlgeübte Friedrich war ein leidenschaftlicher Jäger. Sein Lehrbuch „Von der Kunst des Jagens mit Vögeln" ist eine Leistung Friedrichs von bleibendem Wert.

In der Regierungszeit Friedrichs war es immer wieder zu Zusammenstößen mit den Päpsten gekommen. Dieser Konflikt verschärfte sich, als Friedrich seine Feldzüge zur Unterwerfung der oberitalienischen Städte aufnahm, die allerdings nur zu Teilerfolgen führten. Der Papst ging nicht nur militärisch, sondern vor allem auch propagandistisch sowie mit den Mitteln des Kirchenbanns und der Absetzung gegen den Kaiser vor.

Friedrich II. verstarb am 13.12.1250 im Alter von 56 Jahren in Süditalien und wurde im Dom zu Palermo beigesetzt.

Konrad IV. (1250-1254), der übrigens nie zum König gesalbt oder gekrönt worden ist, hatte sich seit seiner Wahl zum röm.-dt. König (1237) in Deutschland aufgehalten und mit Erreichung der Volljährigkeit den Kampf gegen die deutsche Adelsopposition aufgenommen. Gegen beide Gegenkönige konnte er sich behaupten. Um sich nach dem Tode Friedrichs II. das Königreich Sizilien zu sichern, brach er 1251 nach dort auf. Die dazu erforderlichen finanziellen Mittel hatte er sich durch Vergabe und Verpfändung von Königsterritorien beschafft. In

Sizilien erwartete ihn ein zermürbender Kleinkrieg mit dem dortigen Adel. Mit dem Papst war keine Einigung zu erzielen, denn dieser strebte die völlige Vernichtung der Staufer an. Am 21.5.1254 starb Konrad IV. im Lager von Lavello an einer fiebrigen Erkrankung. Den sizilianischen Thron bestieg 1258 Konrads Halbbruder Manfred. Als dieser sich erfolgreich behauptete, belehnte Papst Urban IV. den Bruder des französischen Königs, Karl von Anjou, 1265 mit dem Königreich Sizilien.

Der 1252 geborene Sohn Konrads IV., Konradin, wurde am bayerischen Herzogshof erzogen. 1267 zog er mit einem kleinen Heer nach Italien, um den Kampf gegen Karl von Anjou aufzunehmen. Dieses wurde am 23.8.1268 bei Tagliacozzo vernichtend geschlagen, Konradin auf der Flucht gefangen genommen und am 29.10.1268 auf dem Marktplatz von Neapel zusammen mit zwölf Getreuen öffentlich enthauptet.

Der Versuch des römisch-deutschen Kaisertums, Italien in das Reich zu integrieren und damit ein Imperium aufzubauen, war endgültig gescheitert. Um diese Italienpolitik betreiben zu können, hatten die Kaiser den Ausbau geschlossener Herrschaftsgebiete in Deutschland den Fürsten überlassen müssen. Von einer wirksamen Ausübung königlicher Gewalt konnte hier nicht mehr die Rede sein. Wie sich zeigen sollte, war dieser Vorsprung der Territorialgewalten nicht mehr einzuholen und führte zur territorialen Zersplitterung Deutschlands. Das von den Staufern zu einem geschlossenen Königsland ausgebaute Herzogtum Schwaben erlosch mit dem Tode Konradins und wurde zur Beute der Territorialgewalten.

Während Kaiser und Papst um die Vorherrschaft stritten, wäre Deutschland fast von den Mongolen unter ihrem Fürsten Batu überrannt worden. Nachdem diese am 9.4.1241 bei Liegnitz die Polen geschlagen und danach einen Vorstoß in die Lausitz unternommen hatten, schwenkten sie jedoch nach Südosten ab und schlugen die Ungarn ebenfalls vernichtend. Nur ein Streit um die Nachfolge im Mongolenreich führte 1242 zum Rückzug der Mongolen.

4. Das alte Reich im Spätmittelalter

Wirtschaft und Gesellschaft

Der Übergang vom Hochmittelalter zum Spätmittelalter fällt zwar politisch mit dem Untergang der Dynastie der Staufer zusammen, stellt sich jedoch ursächlich als eine demografische, wirtschaftliche und soziale Zäsur dar.

War bereits gegen Ende des 13. Jh. das Bevölkerungswachstum zurückgegangen, so kam es ab der Mitte des 14. Jh. zu einschneidenden Bevölkerungsverlusten, die erst bis zur Mitte des 16. Jh. wieder ausgeglichen worden sind.

Einen großen Anteil an den Bevölkerungsverlusten hatte die Rückkehr der **Pest** nach Europa. Ganze Ortschaften und Landstriche sind damals nahezu entvölkert worden. Nach Schätzungen ist der ersten Welle dieser bakteriellen Infektionskrankheit in den Jahren 1347 bis 1352 im Durchschnitt etwa ein Drittel der Bevölkerung zum Opfer gefallen. Die Pest ist hinsichtlich ihrer rasanten Ausbreitung wesentlich durch die zu Beginn des Spätmittelalters einsetzende hohe Mobilität der Bevölkerung begünstigt worden und hat vor allem in den dicht besiedelten Städten mit ihren katastrophalen hygienischen Verhältnissen einen günstigen Nährboden gefunden. Die Pest blieb bis ins 17./18. Jh. hinein eine ständige Bedrohung und trat vor allem immer wieder im Zuge von Kriegen und Missernten, welche durch Unterernährung die Anfälligkeit der Bevölkerung gegenüber Krankheiten erhöhten, verstärkt in Erscheinung. Hinzu kamen weitere sich epidemisch ausbreitende Infektionskrankheiten sowie die Syphilis. Letztere war erstmals Ende des 15. Jh. in Neapel unter französischen Belagerungstruppen ausgebrochen.

Die Bedrohung durch die Pest löste irrationale Reaktionen der Bevölkerung aus. So beschuldigte man die Juden der Brunnenvergiftung und machte sie damit für das Auftreten der Pest verantwortlich. Auf Betreiben des Markgrafen von Meißen wurden daraufhin 1349 die Juden in fast allen meißnischen und thüringischen Städten getötet bzw. die Überlebenden vertrieben. Zu ähnlichen Ausschreitungen kam es in fast allen von der Pest in Mitleidenschaft gezogenen Teilen des Reiches. Mit diesen **Judenverfolgungen** verband die christliche Bevölkerung allerdings auch wirtschaftliche Ziele, indem sie sich am Eigentum der Juden bereicherte und sich damit auch Schuldforderungen von jüdischen Geldverleihern erledigte. – Weiterhin zogen durch von der Pest noch nicht betroffene Landstriche Scharen sog. **Geißler**, welche sich, Bußlieder singend, öffentlich geißelten, das heißt mit Ruten blutig schlugen, um durch diese in frenetischer Art und Weise vollzogenen Bußübungen die Pest abzuwenden. Die Geißler wurden nicht von Geistlichen, sondern von Laien angeführt und bewirkten, dass sich im Taumel religiöser Besessenheit viele Menschen dieser mystisch-religiösen Bewegung anschlossen. Am 20.10.1339 verbot Papst Clemens VI. die Geißler, weil sich diese schließlich kirchliche Rechte angemaßt hatten (z.B. das Beicht- und Predigtrecht) und Kritik an der Kirche übten.

Der **Bevölkerungsrückgang** bewirkte ein Überangebot an Getreide, welches bis zum Aufkommen des Kartoffelanbaues im 18. Jh. Hauptnahrungsmittel war. Damit sanken die Getreidepreise, wodurch eine etwa zweihundert Jahre währende Agrarkrise ausgelöst wurde. Letztere führte dazu, dass ein Teil der landwirtschaftlichen Nutzflächen und im Verlauf dieses Wüstungsprozesses auf Dauer etwa ein Viertel der ländlichen Siedlungen aufgegeben worden sind, sei es, dass die Bauern in die Städte gingen oder sich in anderen Dörfern niederließen.

Folge dieser **Agrarkrise** waren auch Rationalisierungsmaßnahmen in der Landwirtschaft. Dies betraf unter anderem die Vergrößerung der Bauernhöfe. Eine andere Rationalisierungsmaßnahme war der Trend zu Spezialkulturen, der bereits im Hochmittelalter im Zusammenhang mit der Versorgung der Städte zu beobachten war und sich auch jetzt auf den Weinanbau sowie auf den Anbau von Gewerbepflanzen bezog. Letzteres betraf z.B. den Anbau von Flachs als Rohstoffgrundlage für die Leinenweberei sowie auf den Waid- und Krapp-Anbau, der Rohstoffgrundlage für die Gewinnung von blau bzw. rot färbenden Textilfarbstoffen. Auch der verstärkte Trend zur Viehwirtschaft gehört hierher.

Die adligen Grundherrschaften, deren Einnahmen aus festgesetzten Naturalleistungen bestanden, erlitten durch den Preisverfall der landwirtschaftlichen Produkte empfindliche wirtschaftliche Einbußen, die sie durch ungerechtfertigte Erhöhung der Abgaben und die Belastung der Bauern durch Dienste unterschiedlichster Art auszugleichen versuchten. Dies führte zu wachsenden **sozialen Spannungen**, die sich schließlich später im Bauernkrieg entluden.

Das Spätmittelalter war die Blütezeit der deutschen Städte. Die Bevölkerungsverluste wurden durch Zuzüge aus dem ländlichen Umland relativ schnell ausgeglichen. Trotzdem waren gewerbliche Fachkräfte rar, sodass die Preise für gewerbliche Erzeugnisse sowie die Löhne stiegen.

Obwohl das Handwerk jetzt gegenüber dem Handel an Bedeutung gewann, bildete auch weiterhin der Handel die Grundlage des Wohlstands der großen Städte. Gegenüber dem Hochmittelalter hatte der **Handel**, begünstigt durch den jetzt aufgekommenen bargeldlosen Zahlungsverkehr, internationale Dimensionen erreicht. Die Kaufleute waren sesshaft geworden und leiteten von den Städten aus, in denen sie sich niedergelassen hatten, europaweit agierende Handelskompanien. So lebten die oberdeutschen Städte schließlich vom Italienhandel und Köln sowie Frankfurt am Main entwickelten sich zu Zentren des europäischen Handels. Diese prosperierende Handelstätigkeit führte zur Akkumulation von Kapital in den Händen weniger Familien. Dazu gehörte die Augsburger Kaufmannsfamilie der Fugger, die vor allem durch Beteiligungen an Bergbauunternehmen und durch den Überseehandel reich wurden, die Kaiserwahl Karls V. finanziell erst ermöglichten, wofür die Brüder Georg, Raimund und Anton Fugger von Kaiser Karl V. 1530 in den erblichen Reichsgrafenstand erhoben wurden und die volle Landeshoheit über ihre Besitzungen und 1534 dazu noch das Münzprivileg erhielten. Ein weiteres Augsburger Patriziergeschlecht waren die Welser, die nach der Entdeckung des Seeweges nach Indien vor allem vom Asiengeschäft profitierten, Kaiser Karl V. finanziell massiv unterstützten und dafür 1528 das Privileg des Aus- und Einfuhrmonopols für Venezuela erhielten, welches aber 1546 und endgültig 1556 widerrufen wurde (1614 Bankrott dieses Familienunternehmens). Die europa- und weltweit sich ausbreitende Handelstätigkeit erweiterte den Markt, der nun für große Warenmengen aufnahmefähig wurde und die Entwicklung von Städten zu Gewerbezentren förderte, die sich auf bestimmte Gewerbezweige spezialisierten. Derartige marktorientierte Gewerbezweige waren die Textilproduktion, die Metallgewinnung bzw. -verarbeitung, die Papierherstellung, der Schiffbau usw. und später auch der Buchdruck.

Der Wohlstand der Städte spiegelte sich in Repräsentationsbauten wider, mit denen die Förderung der Künste einherging. Dies waren neben den Sakralbauten in zunehmendem Maße Profanbauten, wie Rathäuser, Kaufhäuser (in Zentren der Textilindustrie die sog. Gewandhäuser) und Bürgerhäuser, welche den Wohlstand und die Macht des Besitzbürgertums widerspiegelten.

Auch die Wissenschaften profitierten vom Wohlstand der Städte, zumal im ausgehenden Mittelalter viele Städte zumeist auf Initiative der Landesfürsten zu Universitätsstädten wurden. Dies betraf Prag (Universitätsgründung 1348), Wien (1365/1385), Heidelberg (1386), Köln (1388), Erfurt (1392), Leipzig (1409), Rostock (1419), Löwen (1426), Greifswald (1456), Freiburg i. Breisgau und Basel (beide 1460), Ingolstadt (1472), Mainz (1476) und Tübingen (1477).

In den Städten herrschte eine schmale Schicht wohlhabender Patrizierfamilien. In den Handelsstädten waren selbst die Handwerker von der Mitwirkung an der Stadtverwaltung ausgeschlossen. Die Mehrzahl der Stadtbewohner lebte in großer Armut am Rande des Existenzminimums und hatte keine Möglichkeit zur Risiko- und Armutsvorsorge. Unter diesen Bedingungen kam es zu sozialen Spannungen und zu Verfassungskonflikten, die mehrfach zu Aufständen der Handwerker und der Stadtarmut gegen das Stadtregiment führten. In einigen

Fällen gelang es dadurch zumindest den Handwerkern, sich Mitwirkungsrechte an der Stadtverwaltung zu erkämpfen.

Am Ende des 15. Jh. gab es im Reich etwa 4000 Städte, davon etwa 2800 Städte mit weniger als 1000 Einwohnern (Zwergstädte unter 200 Einwohnern; kleinere Mittelstädte bis 500 Einwohner, mittlere Kleinstädte bis 1000 Einwohner), etwa 900 Städte mit 1000 bis 2000 Einwohnern (ansehnliche Kleinstädte), etwa 200 Städte mit 2000 bis 10.000 Einwohnern (Mittelstädte) und nur wenige Großstädte mit über 10.000 Einwohnern, wie Köln (zu Beginn des 14. Jh. 35.000 bis 40.000 Einwohner), Frankfurt am Main, Straßburg, Ulm, Basel, Augsburg, Nürnberg, Hamburg, Lübeck, Rostock, Danzig, Breslau, Ypern, Brügge. Außer Brügge reichte keine dieser deutschen Städte in Größe und Bedeutung an die großen und politisch mächtigen italienischen Handelsstädte, wie Venedig, Mailand, Florenz, Genua und Neapel heran, die sich immer wieder erfolgreich den politisch und wirtschaftlich motivierten Herrschaftsansprüchen der röm.-dt. Kaiser entzogen.

Eine besondere Bedeutung im Handel erlangte der Städtebund der **Hanse** (althochdeutsch: „hansa" = „bewaffnete Schar"). Es handelte sich dabei zunächst nur um einzelne genossenschaftliche Zusammenschlüsse deutscher Kaufleute im Ausland zwecks Sicherung von Rechtsschutz und Handelsfreiheit. Auf Initiative dieser Kaufleute wurden der Nord- und Ostseeraum mit dem entsprechenden Hinterland von Brügge im Westen bis nach Nowgorod im Osten zu einem überregionalen, von herrschaftlichen Grenzen unabhängigen Wirtschaftsraum zusammengeschlossen und damit die Süd-Nord-orientierten Handelswege längs der schiffbaren Flüsse (Rhein, Elbe, Oder) miteinander verbunden. Die Warenströme von Ost nach West bestanden vor allem aus Naturgütern (Pelze, Wachs und Honig aus den russischen Waldgebieten; Getreide, Holz und Bernstein aus den Ostsiedelgebieten v.a. des Deutschen Ordens), die Warenströme von West nach Ost vor allem aus gewerblichen Gütern (z.B. Tuche aus dem flandrisch-rheinischen Gebiet, zu dessen Ausfuhrhafen später Brügge wurde) sowie nach dem

Osten weitergeleiteten Importen aus dem Orient. Aus dem norwegischen Bergen kam billiger Stockfisch als Fastenspeise; nach Bergen gingen Salz, Korn und Bier. Nach der Gründung der Stadt Lübeck (1158), die mit ihrem zentral gelegenen Hafen und ihren seetüchtigen, ladefähigen Koggen bald eine führende Stellung einnahm, schlossen sich Ende des 12. Jh. die Kaufleute Norddeutschlands zur Gemeinschaft der deutschen Gotlandfahrer zusammen; ihr Stütz- und Treffpunkt war Visby auf der schwedischen Insel Gotland. Diese Gemeinschaft erneuerte um 1200 einen Handelsvertrag mit Nowgorod und gründete dort mit dem Petershof eine eigene Handelsniederlassung. 1229 schlossen die Gotlandfahrer in Riga einen Handelsvertrag mit dem Fürsten von Smolensk. Von Visby und von Lübeck aus wurden neu gegründete Städte, wie Riga (gegr. 1201), Rewal und Dorpat als Stützpunkte für den Handel mit Russland erschlossen sowie kurz hintereinander fast ein Dutzend deutscher Städte von Wismar bis Memel gegründet. Die durch diese Städte über den Seeweg vermittelten Getreide-Exporte aus den deutschen Ostsiedelgebieten nach Skandinavien, Flandern, England und Spanien trugen wesentlich zur wirtschaftlichen Förderung der im Ostseeraum vor allem durch den Deutschen Orden vorangetriebenen Ostsiedlung bei. Ab der Mitte des 13. Jh., als die Kaufleute sesshaft geworden waren, gingen die Kompetenzen der Gotländer Genossenschaft an die einzelnen Handelsstädte über, unter denen Lübeck die Führung übernahm. 1293 übernahm Lübeck die Leitung des Petershofes in Nowgorod, und 1299 wurde die Gotländer Genossenschaft aufgelöst. Erst ein halbes Jahrhundert später schlossen sich die Kaufmanns-Hansen der einzelnen Städte unter der Führung Lübecks zu einem Städtebund, der deutschen Städtehanse, zusammen, deren erste Statuten 1347 aufgezeichnet wurden. Beschlüsse fasste man auf den Hansetagen in Lübeck. Einen großen politischen Erfolg konnte dieser wirtschaftlich ausgerichtete Städtebund gegen Dänemark erringen, welches den Sund blockiert und Handelsschiffe der Hanse aufgebracht hatte. Die Hanse brachte ein Bündnis (Kölner Konföderation) der Städte zwischen Livland und Niederrhein zusammen, dem sich auch Schweden, Holstein und Mecklenburg anschlossen. Der Flotte der Kölner Konföderation gelang es, 1368 Kopenhagen zu erobern und die meisten Befestigungen am Sund sowie Schonen zu besetzen (das südschwedische Schonen war bis 1479 das Zentrum des Heringsfanges; Hering war eine begehrte Fastenspeise). Dänemark musste im Stralsunder Frieden (24.5.1370) die althergebrachten Rechte der Hanse in Schonen und Dänemark bestätigen, der Hanse für 15 Jahre die Befestigungen am Sund als Pfand überlassen und der Hanse auch ein Zustimmungsrecht bei der dänischen Thronfolge zugestehen, wovon die Hanse allerdings niemals Gebrauch machte. 1401/02 gelang es der Flotte der Hanse, die Anführer der Vitalienbrüder, welche durch ihre Freibeuterei den Handel schwer schädigten, Klaus Störtebeker und Godeke Michels gefangen zu nehmen (Hinrichtung in Hamburg zusammen mit einer großen Zahl der Seeräuber). Im 15. Jh. gehörten der Hanse bis zu 160 deutsche Städte an, davon allerdings nur etwa 70 bis 80 aktive Mitglieder, welche die Hansetage beschickten und Umlagen zahlten. Auch Binnenstädte gehörten der Hanse an. Mitgliedsstädte, die außerhalb des Reiches lagen, waren die Ausnahme (z.B. Breslau, Krakau, Visby, Stockholm). Das Einzugsgebiet der Hanse erstreckte sich vom Zuidersee im Westen bis nach Reval im Osten und nach Süden ins Binnenland bis nach Köln, Braunschweig, Magdeburg, Breslau und Krakau. Im Atlantik wurden Handelsfahrten, sog. Baienfahrten, ab 1350 mit Höhepunkt im 15. Jh. bis nach La Rochelle und Bourgneuf sowie im 16. Jh. bis nach Spanien und Portugal unternommen. Abgesetzt wurden dort Getreide, Heringe und Pelze; aufgekauft wurden Weine sowie das gegenüber dem Steinsalz wesentlich billigere Meersalz (Baiensolt). 1557 versuchten 64 Städte, die Hanse zu reorganisieren, allerdings ohne Erfolg. Ursachen des Niedergangs der Hanse waren das Eindringen der Holländer in den Ostseehandel, das eigensüchtige Verhalten der Hanseaten, die aufkommende nationalstaatliche Wirtschaftspolitik (z.B. 1494 Schließung des Nowgoroder Kontors und 1603 des Londoner Kontors durch die Gastländer) sowie die eigene merkantilistische Wirtschaftspolitik der deutschen Territorialfürsten, welche teilweise die Mitgliedschaft ihrer Städte in der Hanse verboten.

Weiterhin erlangten die West-Ost-Handelswege im Binnenland eine immer größere Bedeutung (z.B. entwickelte sich Leipzig statt Lübeck zum Pelzmarkt und zur Messestadt; Augsburg und Nürnberg wurden bedeutende Wirtschaftszentren und Finanzmärkte). Auf dem letzten Hansetag (1669) waren nur noch Köln, Braunschweig und Danzig sowie Lübeck, Hamburg und Bremen vertreten. Die letztgenannten drei Städte hatten bereits 1630 ein separates Schutzbündnis geschlossen und führten die Tradition der Hanse fort. Davon sind Hamburg und Bremen bis heute im rechtlichen Rahmen von Bundesländern politisch selbstständig geblieben.

Trotz der dargestellten positiven Tendenzen war die deutsche Wirtschaft des Mittelalters gegenüber der oberitalienischen und der flämisch-brabantischen Wirtschaft durch Rückständigkeit gekennzeichnet. Lediglich punktuell konnten im Spätmittelalter einige Regionen, wie z.B. Oberdeutschland (hier z.B. Nürnberg), aufschließen. So wie bei der Herausbildung moderner Staatlichkeit ging auch in der Wirtschaft die Initiative von den Territorialstaaten aus und verlief entsprechend unterschiedlich. Insgesamt blieb Deutschland bis ins 19. Jh. auf dem Weltmarkt lediglich Exporteur von Lebensmitteln, Rohstoffen und gewerblicher Massenware.

Die politische Entwicklung im Spätmittelalter

Nach dem Aussterben der Dynastie der Staufer kam es durch die Wahl machtloser Könige, die anfangs auch noch in Italien politisch tätig wurden, zur weiteren Schwächung der königlichen Zentralgewalt und zum Aufstieg der Territorialgewalten. Nur Kaiser Karl IV. konnte dieser Entwicklung durch den Aufbau einer starken luxemburgischen Hausmacht Paroli bieten, den Gang der Dinge aber letztlich nicht aufhalten. Gewinner der Schwächung des Königtums waren die Habsburger, welche sich bis zum Ausgang des Spätmittelalters eine starke Hausmacht aufbauen konnten, welche die Grundlage für das österreichische Hausmacht-Königtum bildete, welches sich bis zum Ende des

Alten Reiches behaupten konnte und darüber hinaus den Verlauf der deutschen Geschichte bis 1866 wesentlich mitbestimmte.

Die Reichsreform führte zu einer weiteren Schwächung des Königtums, indem sich der Reichstag als zweite Zentralgewalt etablierte.

Die Städte wurden zwar den politischen Zielen der Herrscher wirtschaftlich dienstbar gemacht, jedoch in ihren politischen Spielräumen bis zur Bedeutungslosigkeit eingeschränkt. Die Städtebünde haben mit Ausnahme der Hanse politisch immer nur kurzzeitig eine Rolle gespielt.

Die deutsche Ostsiedlung kam durch den drastischen Bevölkerungsrückgang zum Stillstand.

Die Italienpolitik wurde schließlich aufgegeben. Der direkte Einfluss des Papsttums auf die Reichspolitik spielte kaum noch eine Rolle. Die Wahl des röm.-dt. Königs wurde mit der Annahme des Kaisertitels verbunden, ohne dass dafür noch eine Krönung durch den Papst erforderlich war.

Eine Bedrohung des Reiches von außen war nach der Eroberung Konstantinopels (1453) durch die Osmanen deren Vordringen im Südosten Europas.

Das Interregnum (1254-1273)

Darunter versteht man die Zeit zwischen dem Erlöschen des staufischen und der Etablierung des habsburgischen Herrscherhauses, welche durch Thronstreitigkeiten gekennzeichnet war und zur weiteren Destabilisierung des Reiches beitrug.

Diese Destabilisierung hatte jedoch bereits ein Jahrzehnt früher eingesetzt. Nach der Absetzung Kaiser Friedrichs II. durch den Papst (1245) wählten die deutschen Fürsten auf Betreiben des Papstes, der auch finanziell nachhalf, nacheinander zwei Gegenkönige. So wählten die Erzbischöfe von Mainz, Köln und Trier sowie einige Bischöfe am 22.5.**1246** den thüringischen Landgrafen **Heinrich Raspe** zum König, der aber bereits am 16.2.1247 auf der Wartburg verstarb. Daraufhin wählten am 3.10.1247 der Herzog von Brabant und einige niederrheinisch-westfälische Kirchenfürsten den 19-jährigen Grafen **Wilhelm von Holland** (Krönung am 1.11.**1248** in Aachen durch den

Erzbischof von Köln). 1252 wurde diese Wahl durch den Herzog von Sachsen und den Markgrafen von Brandenburg bestätigt, nachdem der König die mit vorgenannten Fürsten verwandte Tochter des Herzogs von Braunschweig geheiratet hatte.

Mit dieser Königswahl begannen die von der Mitte des 13. Jh. bis zur Mitte des 14. Jh. währende Periode der sog. **„springenden Grafenwahlen"**, bei denen weniger mächtige Grafen gewählt wurden, welche den mächtigen Territorialfürsten nicht gefährlich werden konnten, zumal auch noch laufend die Dynastie wechselte. So lösten die Grafenhäuser von Holland, Habsburg, Nassau, Luxemburg und Schwarzburg einander ab.

Erst mit dem Abzug Konrads IV. (1251) nach Sizilien konnte König Wilhelm von Holland, dessen Einfluss bis dahin über das Mittelrheingebiet nicht hinausgekommen war, seine Position in Deutschland verbessern und bisher staufertreue Städte und Fürsten für sich gewinnen. Nach dem Tod Konrads IV. (1254) kam es vor allem zur Zusammenarbeit mit den Städten, die sich zwecks Abwehr der Übergriffe durch die Territorialherren, die z.B. willkürlich neue Zölle einführten, am 13.7.**1254** zum **Rheinischen Bund** zusammenschlossen, dem 1256 über 70 Städte angehörten. Den Kern bildeten die Rheinstädte von Köln bis Basel. Die Außenposten des Bundes waren Aachen, Bremen, Lübeck, Mühlhausen/Thür., Würzburg, Nürnberg, Regensburg und Zürich. Auch zahlreiche Erzbischöfe, Bischöfe und Fürsten schlossen sich an. Dieser Zusammenschluss war ein Akt der Selbsthilfe, denn in Anbetracht der unwirksamen Reichsgewalt galt es, Ruhe und Ordnung im Lande wiederherzustellen und damit Handel und Verkehr zu sichern. König Wilhelm von Holland erkannte im Febr. 1255 den Städtebund an und versuchte, diesen in die Reichsverfassung einzugliedern, indem er wieder einen Reichshofrichter einsetzte, der bei Streitigkeiten zwischen Städten und Fürsten vermitteln sollte. Dies kam der Anerkennung der Städte als neuer gesellschaftlicher Kraft gleich, welche hinsichtlich ihrer Frontstellung gegen die Fürsten die gleichen Ziele wie der König verfolgten. – Um die Interessen seiner Grafschaft Holland zu wahren, die in Streitigkeiten mit Flandern und Friesland verstrickt war, nahm Wilhelm 1256 den Kampf gegen die Friesen auf und fiel am 28.1.1256 in der Schlacht bei Alkmaar.

Zum gefährlichen Konkurrenten um den röm.-dt. Königsthron wurde König Ottokar II. von Böhmen. Er hatte den Tod Kaiser Friedrichs II. und den Abzug Konrads IV. genutzt, um Ende 1251 Österreich und die Steiermark in seine Gewalt zu bringen. Die Heirat mit der Witwe König Heinrichs (VII.) sollte diesen Raub legitimieren; außerdem ließ er sich 1262 durch Richard von Cornwall mit diesen Territorien belehnen. Die Steiermark ging zwar 1253 an die Ungarn verloren, wurde aber 1261 wieder durch Ottokar II. zurückerobert. Ottokar gewann durch Erbfall 1269 außerdem noch Kärnten, Krain und die Windische Mark. Damit reichte sein Königreich vom Erzgebirge bis zur Adria. Als König Wilhelm von Holland den deutschen Fürsten zu mächtig wurde und auch schon einen Romzug zwecks Kaiserkrönung in Erwägung zog, brachte der Kölner Erzbischof 1254/1255 Ottokar als Kandidaten für den röm.-dt. Königsthron ins Gespräch, was jedoch nicht die Zustimmung der Kurie fand. Ottokar beteiligte sich erst einmal zusammen mit dem Deutschen Orden an zwei Kreuzzügen zur Unterwerfung der Preußen und gründete dort 1255 die Stadt Königsberg. Die von ihm angestrebte Unterstellung der von ihm eroberten (ost)preußischen Gebiete unter böhmische Herrschaft scheiterte zunächst, blieb aber Fernziel.

Nach dem Tode Wilhelms von Holland kam es zur **Doppelwahl** von **1257**, in der zwei Ausländer zu röm.-dt. Königen gewählt wurden, die sich kaum um das Reich kümmerten, sondern den röm.-dt. Königstitel wohl nur als Mittel zur Erlangung der Kaiserwürde ansahen. Dies waren Richard von Cornwall (Bruder des englischen Königs, Vetter Kaiser Ottos IV. und Schwager Kaiser Friedrichs II.; er galt als einer der reichsten Fürsten Europas) und Alfons von Kastilien (Enkel Philipps von Schwaben; König von Kastilien und Leon; fühlte sich als Erbe der Staufer.

Richard von Cornwall (1257-1272) wurde am 13.1.1257 mit den Stimmen der Erzbischöfe von Köln und Mainz sowie des Pfalzgrafen bei Rhein zum röm.-dt. König gewählt; König Ottokar II. von Böhmen gab nachträglich seine Zustimmung. Zu Himmelfahrt 1257 ließ sich Richard vom Kölner Erzbischof in Aachen krönen. Am 1.4.1257 vollzog der Erzbischof von Trier, der dazu von Brandenburg und Sachsen ermächtigt worden war, die Wahl des **Alfons von Kastilien (1257-1275)** zum Gegenkönig, dem sich ebenfalls König Ottokar II. von Böhmen anschloss. Obgleich zur Wahl auch noch andere Fürsten eingeladen worden waren, galten seit dieser Doppelwahl nur noch die Kurfürsten als Königswähler. Alfons von Kastilien war niemals in Deutschland; Richard von Cornwall war immerhin viermal in Deutschland (insgesamt vier Jahre), hat aber niemals seinen Fuß auf rechtsrheinisches Gebiet gesetzt, sodass die deutschen Territorialfürsten ungestört ihre eigenen Ziele verfolgen konnten. Die Fürsten profitierten außerdem noch davon, dass 1257 der Rheinische Bund zerfiel, weil sich die am Englandhandel interessierten Städte (insbesondere die Hansestädte) auf die Seite Richards schlugen und von diesem Förderung erhofften.

Richard von Cornwall starb am 2.4.1272. Alfons von Kastilien verzichtete erst 1275 auf den röm.-dt. Königsthron.

Rudolf I. von Habsburg (1273-1291)

Auf Drängen des Papstes kam es 1273 zur Königswahl, denn Alfons von Kastilien hatte kaum noch Anhang und drohte den französischen Machtgelüsten zu erliegen. Der Papst wünschte hingegen ein Gleichgewicht der Kräfte im Abendland, um einen Kreuzzug beginnen zu können.

Am 1.10.1273 entschieden sich sechs Kurfürsten und der Herzog von Niederbayern einstimmig für den Grafen Rudolf von Habsburg. Die Krönung erfolgte bereits am 24.10.1273 in Aachen. Ein im Febr. 1273 entstandener Städtebund, dem Mainz, Frankfurt am Main, Worms, Oppenheim, Gelnhausen, Friedberg und Wetzlar angehörten, hatte signalisiert, dass man nur einen einstimmig gewählten König anerkennen würde, denn gerade die Städte hatten immer unter den Begleiterscheinungen von Doppelwahlen besonders zu leiden (Störungen des Handels durch Fehden, Raubzüge, Kriege usw.). Ottokar II. von Böhmen protestierte gegen diese Wahl, denn er wollte selbst deutscher König werden.

Der tatkräftige Rudolf von Habsburg gehörte zwar nicht zum Reichsfürstenstand, war aber der erfolgreichste und begütertste Territorialherr im deutschen Südwesten. Die Stammburg der Habsburger war die Habsburg (Habichtsburg) bei Brugg nahe dem Zusammenfluss von Aare und Reuß. Seine Stammlande lagen im Aargau (heute Kanton Aargau/Schweiz) sowie im Elsass; hiervon ausgehend, erstreckten sich die von den Habsburgern zusammengebrachten Besitzungen von Straßburg bis zum Alpenrand und von der Aare bis zum Bodensee. Rudolfs Aufgabe als deutscher König bestand vor allem in der Wiedergewinnung der verloren gegangenen Königsterritorien sowie in der Wiederherstellung von Ruhe und Ordnung im Reich, denn während des Interregnums konnte davon keine Rede sein. Bei seiner Thronbesteigung war Rudolf bereits 55 Jahre alt und nach damaligem Verständnis ein alter Mann. Er galt als fromm, leutselig, witzig-humorvoll und sparsam bis geizig. Ihm war es lieber, eine feindliche Burg durch Aushungern zu gewinnen, als das Leben seiner Leute aufs Spiel zu setzen.

Auf einem Hoftag im Dez. 1273 verkündete Rudolf, dass alle seit der Absetzung (1245) Kaiser Friedrichs II. von den Fürsten vereinnahmten Territorien und Rechte des Reiches wieder zurückgegeben werden müssten. Dies betraf auch die königlichen Rechte in den Reichsstädten. Die in den folgenden Jahren zurückgewonnenen Reichsterritorien fasste Rudolf in Reichslandvogteien zusammen, deren Verwaltung besoldeten Beamten oblag. Es war allerdings nicht mehr möglich, geschlossene Königsterritorien zu bilden. Auch die Wiederherstellung des Herzogtums Schwaben scheiterte am Widerstand der Partikulargewalten, insbesondere der Württemberger.

Diese Reichslandpolitik richtete sich aber insbesondere gegen Ottokar II. von Böhmen, denn dieser hatte gewaltsam oder unter fadenscheinigen Rechtstiteln die Herzogtümer Österreich, Steiermark und Kärnten, das Land Krain, die Windische Mark (im Südosten des Landes Krain) sowie das Reichsland um Eger an sich gebracht. Bereits 1276 begann Rudolf den Krieg gegen

Ottokar II., der mit einem Friedensschluss zu Wien endete, an dessen Bestimmungen sich jedoch Ottokar nicht hielt. Ottokar II. wurde schließlich am 26.8.1278 in der Schlacht auf dem Marchfeld bei Dürnkrut nordöstlich von Wien von Rudolf besiegt und Ottokar selbst auf der Flucht von österr. Adligen aus persönlicher Feindschaft erschlagen. Die Verbindung zwischen dem Hause Habsburg und dem Königreich Böhmen festigte man 1278 durch eine Doppelhochzeit.

Rudolf residierte mit kurzen Unterbrechungen von Nov. 1276 bis Mai 1281 in Wien. Die Bürger der Stadt Wien sowie weiterer österr. Städte bedachte Rudolf mit großzügigen Privilegien, um sich deren Wohlverhalten zu sichern.

Im Sommer 1282 wurden die Söhne Rudolfs, Albrecht und Rudolf, gemeinsam mit den zurückgewonnenen Reichslehen Österreich, Steiermark, Kärnten und Krain belehnt und damit in den Reichsfürstenstand erhoben. Albrecht (Albrecht von Österreich) übernahm nach einer am 1.6.1283 erlassenen habsburgischen Hausordnung die alleinige Herrschaft über die genannten Reichslehen; Rudolf wurde anderweitig abgefunden. Durch alle diese Erwerbungen hatte sich der erste deutsche König aus dem Hause Habsburg eine starke Hausmacht an der Südostflanke des Reiches geschaffen und damit die territoriale Grundlage für den Aufstieg des Hauses Habsburg zur europäischen Großmacht gelegt.

Die besondere Fürsorge Rudolfs galt den Reichsstädten, deren wirtschaftliche Ressourcen er für die Reichspolitik nutzte. 1273 hob er alle Zölle auf, die seit 1245 von den Fürsten eingeführt worden waren. Viele Städte wurden mit einträglichen Rechten (Messe- und Marktrechte usw.) privilegiert. Als Aufenthaltsorte bei seinen Reisen durch das Reich nutzte er weniger die Pfalzen als vielmehr die Städte. Besonders oft besuchte er Wien und Basel.

Weiterhin verfolgte Rudolf eine Friedenspolitik und galt deshalb als „Friedenskönig". So erneuerte er bereits 1273 den Mainzer Reichslandfrieden von 1235, ließ territorial und zeitlich begrenzte Landfriedenseinigungen beschwören (1276 für Österreich, 1278 für Thüringen, 1281 für Franken und die Rheinlande,

Bayern und Schwaben), die 1287 auf dem Würzburger Reichstag im allgemeinen Landfrieden zusammengefasst wurden. So ließ Rudolf nach Verkündung des rheinischen Landfriedens 1282 im Zusammenwirken mit einem Aufgebot der Städte die Raubritterburgen Reichenstein und Sooneck bei Bingen zerstören. Nach dem Erfurter Reichstag (1289) blieb Rudolf noch fast ein Jahr in Thüringen, das seit dem Tode von Heinrich Raspe (1247) besonders stark von Fehden und Friedensstörungen heimgesucht worden war, und ließ dort mit Unterstützung der Bürger 66 Raubritterburgen zerstören sowie viele Raubritter aburteilen und hinrichten.

Rudolf I. verstarb am 15.7.1291, ohne die Kaiserkrönung und die gewünschte Regelung seiner Nachfolge erreicht zu haben. Beigesetzt wurde er im Kaiserdom zu Speyer. Die realistische Darstellung Rudolfs auf der Grabplatte (Bildrelief) gilt als das erste wirkliche Porträt eines röm.-dt. Königs.

Adolf von Nassau (1292-1298)

Am 5.5.1292 wählten die Erzbischöfe von Mainz und Köln sowie der König von Böhmen mit stillschweigender Duldung der anderen Kurfürsten den 40-jährigen Grafen Adolf von Nassau zum König (Krönung am 24.6.1292 in Aachen). Damit war die Entscheidung gegen eine Erbmonarchie der Habsburger gefallen. Der tapfere und kriegsgeübte Adolf von Nassau beherrschte nur die südliche Hälfte der unbedeutenden mittelrheinischen Grafschaft Nassau, konnte also den Reichsfürsten aller Voraussicht nach nicht gefährlich werden. Außerdem hatte er den Kurfürsten, insbesondere dem Erzbischof von Köln, einem Verwandten, weitgehende Versprechungen gemacht. Albrecht von Österreich lieferte die Reichsinsignien aus; seine Reichslehen wurden ihm bestätigt.

Die Verlobung seines Sohnes Ruprecht mit Agnes, der Tochter König Wenzels II. von Böhmen, brachte Adolf als im Voraus gezahlte Mitgift 10.000 Mark ein, wofür er dem Böhmenkönig das Pleißenland mit den Städten Altenburg, Chemnitz und Zwickau sowie das Egerland bis zur Vermählung (1296) verpfändete.

Der Geldbeschaffung dienten ihm weitere Verpfändungen von Reichsgut.

Adolf war gezwungen, sich eine Hausmacht aufzubauen. Dazu ergab sich eine günstige Gelegenheit, denn die Wettiner hatten nach dem Tode Friedrich Tutas (1291), der keine männlichen Erben hinterließ, in der königslosen Zeit zwischen Rudolf von Habsburg und Adolf von Nassau eine Aufteilung ihrer Territorien vorgenommen, die Adolf von Nassau nicht bestätigte, sondern die Markgrafschaft Meißen sowie das Osterland (südlich von Leipzig) als erledigte Reichslehen an sich nahm. Weiterhin kaufte er 1293 dem Wettiner Albrecht „dem Entarteten" für 12.000 Mark Silber die Landgrafschaft Thüringen ab, womit allerdings dessen Erben (Diezmann und Friedrich „der Freidige") nicht einverstanden waren. Adolf von Nassau unternahm 1294/1295 zwei Kriegszüge gegen die Wettiner und besetzte Thüringen, das Osterland sowie die Markgrafschaft Meißen und unterstellte diese Gebiete, welche in unvorstellbarer Art und Weise verwüstet worden waren, königlicher Verwaltung (Einsetzung des Landrichters Heinrich von Nassau, eines Verwandten des Königs).

Den Fürsten wurde Adolf dadurch zu mächtig. Insbesondere fühlte sich der Erzbischof von Mainz hinsichtlich seiner Interessen in Thüringen bedroht, sodass sich 1297 unter Führung Albrechts von Österreich eine Verschwörung gegen den König zusammenfand, der auch der König von Böhmen und die Wettiner angehörten. Am 23.6.1298 wurde Adolf von Nassau durch die Kurfürsten als König abgesetzt, weil er sich als untauglich erwiesen habe, und man wählte den 43-jährigen Albrecht von Österreich zum neuen König (Albrecht I.). Adolf von Nassau suchte die Entscheidung gegen Albrecht I. und fiel am 2.7.1298 in der Schlacht bei Göllheim in der Pfalz. Seine Beisetzung in der Königsgruft des Doms zu Speyer erfolgte auf Veranlassung Heinrichs VII. erst 1309.

Albrecht I. (1298-1308)

Als der Habsburger Albrecht von Österreich am 23.6.1298 zum König gewählt wurde, war er Herrscher über den gesamten habsburgischen Besitz. Bereits seit dem Tode seines Vaters regierte er dort mit großer Härte, Rücksichtslosigkeit und Konsequenz. Dies führte zur Verfeindung mit dem Adel und den Städten, zumal Albrecht landfremde, meist schwäbische Beamte (Ministeriale) bevorzugt, die österr. Landesvertretung, den geschworenen Rat, abgesetzt, das Gerichtswesen zentralisiert, landesfürstliche Güter zurückerobert und die österr. Städte zwar wirtschaftlich gefördert, aber rechtlich und politisch seiner Hoheit als Landesherr unterworfen hatte. Vor allem seine rücksichtslose Territorialpolitik war die Ursache vieler Auseinandersetzungen. Seine Wahl zum König hatte er sich etwas kosten lassen. Nutznießer waren die rheinischen Kurfürsten, vor allem aber der Böhmenkönig Wenzel II., denn Letzterer erhielt für eine Pfandsumme von 50.000 Mark Silber das Eger- und das Pleißenland sowie für 40.000 Mark Silber 1298 die Markgrafschaft Meißen zum Pfand; die böhmischen Eroberungen in Polen wurden anerkannt. Die Krönung Albrechts erfolgte am 24.8.1298 in Köln. Den Fortbestand der habsburgischen Hausmacht sicherte Albrecht, indem auf dem Hoftag von Nürnberg (Nov. 1298) seine Söhne Rudolf, Friedrich und Leopold sowie deren noch minderjährige Brüder mit Österreich, der Steiermark, Krain sowie der Windischen Mark belehnt wurden.

Nachdem Albrecht um 1300 daranging, nach dem Aussterben der Grafen von Holland, Seeland und Friesland dort Fuß zu fassen, verbündeten sich die Kurfürsten von Köln, Mainz und Trier sowie der Pfalzgraf bei Rhein gegen ihn. Albrecht nahm, gedeckt durch ein Bündnis mit Frankreich, im Mai 1301 den Kampf gegen diese auf und unterwarf seine Gegner bis Nov. 1302. Möglich war dies vor allem dadurch geworden, dass sich Albrecht mit den Städten arrangiert hatte (städtefreundliche Zollpolitik) und die Kurfürsten von Brandenburg und Sachsen neutral blieben. Nach diesem Sieg wandte sich Albrecht 1304 gegen Böhmen, das nach Polen sowie nach Ungarn ausgriff und damit zu mächtig wurde (König Wenzel II. von Böhmen war seit 1300 auch König von Polen), hatte jedoch zunächst keinen Erfolg. Als Wenzel II. im Jahre 1305 starb, gelang es Albrecht, von Wenzel III. die Herausgabe des Egerlandes zu erreichen. Durch diesen Erfolg angeregt, wandte er sich nun gegen Thüringen, brach diese Aktion aber ab, weil Böhmen nach der Ermordung Wenzels III. (4.8.1306) als leichte Beute lockte, denn mit Wenzel war die Dynastie der Premysliden ausgestorben. Es gelang Albrecht, seinen Sohn Rudolf als König von Böhmen (Rudolf III.) auf den Thron zu bringen und mit der Witwe Wenzels II. zu verheiraten.

Das Jahr 1307 brachte für Albrecht zwei Rückschläge. Einmal wurden seine Truppen von dem Wettiner Friedrich „dem Freidigen" am 31.5.1307 bei Lucka in Thüringen geschlagen, und zum anderen starb am 3.7.1307 Rudolf III. von Böhmen. Zum König von Böhmen wurde Herzog Heinrich von Kärnten gewählt. Als sich Albrecht zum Kampf gegen die Thüringer und die Böhmen rüstete, wurde er am 1.5.1308 aus privaten Gründen von seinem Neffen ermordet. Die Beisetzung erfolgte erst später im Dom zu Speyer.

Heinrich VII. (1308-1313)

Geboren 1274 oder 1275, war Heinrich am französischen Hof aufgewachsen und auch Vasall des franz. Königs Philipps IV. Von seinem in der Schlacht bei Worringen gefallenen Vater hatte Heinrich 1288 die finanziell geschwächte Grafschaft Lützelburg (Luxemburg) übernommen, die zwar damals wesentlich größer war als das heutige Großherzogtum Luxemburg, aber trotzdem nur eine Grafschaft mittlerer Bedeutung im deutsch-französischen Grenzgebiet darstellte. 1289 musste er sich gegen einen Aufstand der Bürger der Stadt Luxemburg durchsetzen.

Politisch ins Spiel kamen die Luxemburger, als Heinrichs Bruder Balduin mit Unterstützung des französischen Königs 1308 Erzbischof von Trier und damit Kurfürst wurde. Die Königskandidatur Heinrichs unterstützten die drei rheinischen Erzbischöfe, welche eine neuerliche Machtübernahme durch die Habsburger verhindern wollten, und wählten ihn am 27.11.1308 in Frankfurt am Main zum röm.-dt. König. Die Krönung Heinrichs VII. erfolgte am 6.1.1309 in Aachen. Das Verhältnis Heinrichs zu den Kurfürsten gestaltete sich einvernehmlich.

Um als deutscher König bestehen zu können, musste Heinrich seine Hausmacht durch Neuerwerbungen stärken. Dabei kam ihm ein Zufall zu Hilfe. Heinrich von Kärnten hatte in Böhmen die Opposition der dortigen Geistlichkeit und des Adels herausgefordert. Letztere sahen einen Ausweg darin, die jüngste Tochter Wenzels I, Elisabeth, mit dem einzigen Sohn Heinrichs VII., Johann von Luxemburg, zu verheiraten, um Letzteren für die Krone Böhmens zu legitimieren. Der Erzbischof von Mainz scheint diese Eheverbindung vermittelt zu haben. Böhmen wurde auf dem Frankfurter Reichstag (Juli 1310) Heinrich von Kärnten entzogen. Im August 1310 belehnte man in Speyer den 14-jährigen Königssohn Johann von Luxemburg mit Böhmen und vermählte ihn mit Elisabeth. Nachdem Heinrich von Kärnten durch die Truppen des Mainzer Erzbischofs aus Böhmen vertrieben worden war, krönte Letzterer Johann von Luxemburg am 7.2.1311 in Prag zum König von Böhmen. Damit verschob sich der Herrschaftsschwerpunkt der Luxemburger von Luxemburg nach Böhmen.

Um sich den Rücken im Reich freizuhalten, hatte sich Heinrich mit den Habsburgern und den Wettinern verständigt und 1310 auf dem Frankfurter Reichstag einen Landfrieden verkündet. Im Herbst 1309 bestätigte Heinrich in Speyer die Habsburger im Besitz ihrer Reichslehen und ihrer Pfandschaft über Mähren; Albrecht I. und Adolf von Nassau wurden in der Kaisergruft des Doms zu Speyer feierlich beigesetzt und das Urteil über den Mörder Albrechts I. gesprochen. Den Wettiner Friedrich „den Freidigen" belehnte Heinrich VII. 1310 mit der Markgrafschaft Meißen und der Landgrafschaft Thüringen. Im Jahre 1311 folgte die Verpfändung des Reichsterritoriums Pleißenland mit den Reichsstädten Altenburg, Chemnitz und Zwickau an die Wettiner (diese Pfänder wurden nie mehr eingelöst und verblieben in der Hand der Wettiner). Damit hatte das römisch-deutsche Königtum auf seine Ansprüche im meißnisch-thüringischen Raum verzichtet und zu seinem Nachteil die Existenzkrise der wettinischen Herrschaft beendet.

Heinrich konnte jetzt an die Durchführung des Romzuges gehen. Von einer aktiven Kaiser- und Italienpolitik versprach er sich Macht und Ansehen. Auch der 1309 auf französischen Druck nach Avignon übergesiedelte Papst (sog. „Babylonische Gefangenschaft der Kirche", die bis 1377 währte) hatte Interesse an einer Zusammenarbeit mit Heinrich, um sich der Kontrolle des französischen Königs zu entziehen und wieder nach Rom zurückkehren zu können. Im Okt. 1310 brach Heinrich mit einem kleinen Heer nach Italien auf. Er verfolgte das Ziel, zwischen den verfeindeten Stadtstaaten zu vermitteln, in denen sich verschiedene Interessengruppen im Kampf um die Macht gegenüberstanden, und zur Kaiserkrönung nach Rom weiterzuziehen. Der Dichter Dante Alighieri begrüßte Heinrich begeistert als Friedenskaiser. – Die verfeindeten Parteien waren vor allem die „Ghibellinen" und die „Guelfen". Diese beiden Bezeichnungen gehen auf die Machtkämpfte zwischen den Staufern und den Welfen zurück, als die Ghibellinen (soll von dem staufischen Besitz „Waiblingen" abgeleitet worden sein) die Interessen der Staufer und die Guelfen (abgeleitet von „Welfen") die Partei der Welfen vertraten. Später vertraten die Ghibellinen die Interessen des Kaisers, die Guelfen die Interessen des Papstes, bzw. beide Bezeichnungen waren nur Namen für rivalisierende Parteien.

Anfangs hatte diese Politik des Ausgleichs Erfolg, und Heinrich konnte sich am 6.1.1311 in Mailand zum lombardischen König krönen lassen. Bald jedoch geriet er zwischen die Parteien und stellte sich schließlich auf die Seite der Ghibellinen. Die Folge war ein grausamer Städtekrieg, der unter anderem zur Zerstörung von Cremona und Brescia führte. Kämpfend gelangte Heinrich nach Rom, konnte jedoch nicht die gesamte Stadt erobern, sodass die Kaiserkrönung nicht im Petersdom, sondern am 29.6.1312 von zwei Kardinälen in der Basilika des Lateran vorgenommen wurde.

Am 24.8.1313 verstarb Heinrich auf einem Kriegszug gegen den König von Neapel in Buonconvento bei Siena an der Malaria. Beigesetzt wurde er im Dom zu Pisa.

Heinrich VII. war der Begründer der luxemburgischen Königs- und Kaiserdynastie. Er scheiterte an seiner unrealistischen Italienpolitik. Reichsitalien war in mehr oder weniger selbstständige Herzogtümer, Markgrafschaften und Stadtrepubliken zerfallen. Zwar gehörten die in sich zerstrittenen Fürstentümer und Stadtstaaten im Norden Italiens auch weiterhin zum Alten Reich, aber es erwies sich als praktisch unmöglich, dort die Oberhoheit des Reiches auf Dauer zur Geltung zu bringen.

Ludwig der Bayer (1314-1347)

Der bereits 55-jährige Ludwig von Wittelsbach war Sohn des Herzogs von Oberbayern und Pfalzgrafen bei Rhein. Seine Wahl zum König verlief dramatisch. Kandidat der Gegenpartei war der Habsburger Friedrich „der Schöne", der zweite Sohn König Albrechts I. Zwischen Ludwig und Friedrich hatte es schon kriegerische Auseinandersetzungen um Niederbayern gegeben. Beide Parteien trafen vor Frankfurt am Main, dem traditionellen Königs-Wahlort, aufeinander, und die Anhänger Ludwigs besetzten sofort die Wahlstatt am rechten Mainufer; die Gegenpartei schlug gegenüber bei Sachsenhausen ihr Lager auf, denn die Tore der Stadt blieben nach altem Herkommen während des Wahlaktes geschlossen. Am 19.10.1314 wurde Friedrich zum König gewählt, einen Tag später Ludwig. Weil für Ludwig die Majorität der Kurfürsten gestimmt hatte, öffnete die Stadt Frankfurt diesem ihre Tore, und Ludwig wurde auf den Altar der Bartholomäuskirche gehoben und damit als neuer König präsentiert. Jetzt setzte der Wettlauf zur Königskrönung ein. Am 25.11.1314 wurde Friedrich vom Kölner Erzbischof gekrönt, allerdings in Bonn, denn Köln hatte ihn nicht eingelassen. Am selben Tag wurde Ludwig im traditionellen Krönungsort Aachen gekrönt, aber nicht, wie es dem Herkommen entsprach, vom Kölner, sondern vom Mainzer Erzbischof. Insgesamt war Ludwig besser als König legitimiert, aber die Habsburger vertrauten auf ihre militärische Überlegenheit, welche sie aber nicht gegen Ludwig voll zur Geltung bringen konnten, weil sie in Auseinandersetzungen mit den um ihre Unabhängigkeit kämpfenden Eidgenossen verwickelt waren und gegen diese schließlich am 15.11.1315 bei Morgarten eine empfindliche Niederlage hinnehmen mussten. Am 28.9.1322 wurde das Heer der Habsburger bei Mühldorf durch das Heer Ludwigs, der Böhmen und des niederbayerischen Herzogs Heinrich unter Führung

König Johanns von Luxemburg vernichtend geschlagen. Die Führer des habsburgischen Heeres, unter diesen der Gegenkönig Friedrich, gerieten in Gefangenschaft. Seine Hausmacht konnte Ludwig stärken, indem er nach dem 1320 erfolgten Aussterben der Askanier in Brandenburg 1323 seinen 8-jährigen Sohn Ludwig mit dem Kurfürstentum Brandenburg belehnte und 1324 in zweiter Ehe die Tochter des Grafen von Holland heiratete.

Alle diese Vorteile konnte Ludwig nicht nutzen und weiter ausbauen, weil wieder einmal das Papsttum in die Angelegenheiten des Reiches eingriff. Anlass dazu war ein 1323 nach Italien abgesandter Generalvikar, welcher dort im Auftrage Ludwigs die Reichsrechte wahrnehmen sollte. Papst Johannes XXII. eröffnete daraufhin einen Prozess gegen Ludwig und bedrohte ihn mit dem Kirchenbann, falls er nicht die Krone niederlegen würde, denn seine Wahl zum König sei ungültig, weil ihm deren Anerkennung (Approbation) durch den Papst fehle. Außerdem beschuldigte er Ludwig der Ketzerei, weil dieser die Franziskaner unterstützte, deren Generalkapitel 1322 in Perugia als Schlussfolgerung aus der Armut Christi und der Apostel das Armutsgebot als Grundregel des Ordenslebens der Franziskaner proklamiert und sich damit die Feindschaft des Papstes zugezogen hatte. Als Ludwig dagegen protestierte, verkündete der Papst im März 1324 den Kirchenbann über Ludwig sowie gegen alle, welche ihn unterstützen würden. Ludwig erklärte daraufhin, dass die Rechtmäßigkeit seines Königtums allein auf der Wahl durch die Kurfürsten beruhe (Appellation von Sachsenhausen). Das Verhalten des Papstes führte zu einer breiten, gegen die Kurie gerichteten Protestbewegung, welche vom Städtebürgertum, vor allem von den Franziskanern (darunter der italienische Gelehrte Marsilius von Padua sowie der englische Gelehrte Wilhelm von Ockham) getragen wurde. Zu dieser Protestbewegung gehörten aber auch Geistliche, wie z.B. die Erzbischöfe von Mainz und Trier, sowie Weltgeistliche und Benediktiner. Diese missliche Situation Ludwigs nutzten seine Gegner, und es kam zu einem Bündnis zwischen dem König von Böhmen (der gern in den Besitz der Markgrafschaft

Brandenburg gekommen wäre), den Habsburgern, dem franz. König sowie der Kurie. In dieser bedrohlichen Situation nutzte Ludwig nicht etwa die antikuriale Stimmung, um seine Position in Deutschland zu festigen, sondern nahm die verhängnisvolle Italienpolitik der röm.-dt. Könige wieder auf und zog 1327 nach Italien. Dies war der letzte Kriegszug (Reichsheerfahrt) eines röm.-dt. Königs nach Italien. Zunächst hatte er Erfolg, denn die kaiserfreundliche Partei, die Ghibellinen, ermöglichte die zu Pfingsten 1327 vorgenommene Krönung Ludwigs zum König Italiens. Den Weg nach Rom versperrte ihm aber König Robert von Neapel, sodass Ludwig erst mit Unterstützung der Bevölkerung der Stadt Rom nach dort gelangen konnte. Am 17.1.1328 ließ er sich in Rom auf völlig unübliche Art und Weise zum Kaiser krönen (Salbung durch den Bischof von Arezzo; Krönung durch den Repräsentanten des römischen Volkes Sciarra Colonna, also durch einen Laien). Am 12.5.1328 setzte Ludwig im Zusammenwirken mit dem römischen Volk einen Gegenpapst (Nikolaus [V.]) ein. Papst Johannes XXII., der in Avignon die Unterstützung des französischen Königs genoss, erkannte diese Kaiserkrönung nicht an, erklärte Ludwig für abgesetzt und bannte erneut diesen sowie dessen Anhänger. Alle Vermittlungsversuche mit Johannes XXII. bzw. dessen Nachfolger Papst Benedict XII. (seit 1334) scheiterten. Als 1334 der Hundertjährige Krieg zwischen Frankreich und England begann, nutzte dies Ludwig, indem er sich auf die Seite Englands stellte, um König Philipp VI. unter Druck zu setzen.

Im Mai **1338** erließ Ludwig das **Reichsgesetz „Fidem catholicam“**, in dem festgestellt wird, dass das Kaisertum direkt von Gott übertragen worden sei und nicht vom Papst, Letzterer also in weltlichen Dingen keine Oberhoheit gegenüber dem Kaiser beanspruchen könne. Deshalb seien die Maßnahmen des Papstes gegen den Kaiser ungerechtfertigt. Ludwig verbot deshalb auch die Befolgung des Interdikts.

Um die politische Initiative wiederzugewinnen, trafen sich die Kurfürsten am 15.7.1338 in Oberlahnstein, um über den Streit zwischen König und Papst zu beraten. Am 16.7.1338 schlossen sie sich im gegenüberliegenden linksrheinischen

Rhens zum **Kurfürstenverein** zusammen und erklärten vor allem zwecks Wahrnehmung ihrer Rechte, dass ein von den Kurfürsten einstimmig oder mehrheitlich gewählter König unabhängig von der Bestätigung (Approbation) durch den Papst seine Herrschaftsrechte im Reich ausüben dürfe. Dem Papst stünde nur die Kaiserkrönung zu. Namensnennungen wurden vermieden. Damit handelte es sich um eine grundlegende reichsrechtliche Entscheidung, mit der sich die Kurfürsten gegen die Einmischung des Papstes in die Königswahl ein für alle Mal verwahrten. König Johann von Böhmen, der nicht an dieser Versammlung teilgenommen hatte, bestätigte nachträglich diese Festlegungen.

Auf dem Reichstag in Frankfurt (Aug. 1338), an dem auch viele Reichsstädte teilnahmen, verkündete Ludwig das **Reichsgesetz „Licet juris"** vom 8.8.**1338**, welches über das Weistum von Rhens noch hinausgeht und festschreibt, dass die königlichen und kaiserlichen Rechte deutscher Herrscher identisch sind, das deutsche Kaisertum also vom römischen Papsttum unabhängig ist.

Indem Ludwig gegenüber den massiven Einmischungsversuchen des Papsttums in die deutschen Angelegenheiten Standhaftigkeit bewies und diese beiden Reichsgesetze erließ, sind zukunftsweisende staatsrechtliche Klarstellungen in die Wege geleitet worden.

In der Folgezeit traf Ludwig mehrere folgenschwere Fehlentscheidungen. 1339 kündigte Ludwig das Bündnis mit England auf und trat 1341 in ein solches mit Frankreich ein, um die Aussöhnung mit dem unter französischem Einfluss stehenden Papst zu erreichen. Der Papst ging nicht darauf ein. Den nächsten Fehlgriff leistete sich Ludwig, indem er nach der Erbschaft des Herzogtums Niederbayern (1340) die Grafschaft Tirol an sein Haus brachte, denn als die von der Erbin der Grafschaft Tirol, Margarete Maultasch, gewünschte Scheidung von einem der Söhne König Johanns von Böhmen durch die Kirche abgelehnt wurde, erklärte Kaiser Ludwig diese Ehe für nichtig und verheiratete seinen Sohn Ludwig, den Markgrafen von Brandenburg, mit Margarete Maultasch. Damit machte sich

Ludwig den König Johann von Böhmen sowie den Erzbischof von Trier zu Feinden. Weiterhin übertrug Ludwig 1345 seiner Gemahlin, der Schwester des verstorbenen Grafen Wilhelm IV. von Holland-Hennegau, des Letzteren erledigte Reichslehen (die Grafschaften Holland, Seeland und Hennegau sowie Friesland). Jetzt belegte Papst Clemens VI. 1346 Kaiser Ludwig erneut mit dem Bann. Daraufhin erklärten fünf der sieben Kurfürsten Ludwig für abgesetzt und wählten auf Betreiben des Papstes am 11.7.1346 den 30-jährigen Markgrafen Karl von Mähren, den ältesten Sohn König Johanns von Böhmen, zum röm.-dt. König (Karl IV.). Zu einem Entscheidungskampf zwischen Ludwig und Karl kam es nicht mehr, denn Kaiser Ludwig der Bayer verstarb am 11.10.1347 während einer Jagd bei München an den Folgen eines Schlaganfalls. Beigesetzt wurde er in der Frauenkirche zu München.

Unter Ludwig dem Bayern war es zum letzten großen Kampf zwischen Kaisertum und Papsttum gekommen. Die Kurfürsten ergriffen hierbei die Partei des Kaisers. Mit ihrem Rechtsanspruch auf die Königswahl stellten die Kurfürsten auch ihre Rechte hinsichtlich der Mitwirkung in Reichsangelegenheiten klar.

Karl IV. (1346-1378)

Karl von Luxemburg war bis 1330 am französischen Königshof erzogen worden (die Schwester seines Vaters war die Gemahlin des französischen Königs, Karls IV.). Prägend für ihn wurde sein dortiger Lehrer, der Abt Peter Roger von Fécamp (seit 1342 Papst Clemens VI.). Von 1331-1333 nahm Karl an der Seite seines Vaters an den Kämpfen in Norditalien teil und sammelte dort seine ersten militärischen und politischen Erfahrungen. Ab 1333 war er wieder in seinem Geburtsland Böhmen, wurde Markgraf von Mähren und übernahm nach der Erblindung seines Vaters Johann 1340 die Regentschaft im Königreich Böhmen, wo er selbstständig, eigenwillig und machtbewusst agierte. Karl sprach deutsch, französisch, italienisch und latein, nach seiner Rückkehr nach Prag erlernte er wieder die tschechische Sprache. Diese Fremdsprachenkenntnisse bildeten die Grundlage seines

Herrschaftsstils, denn der persönlichen Verhandlung und dem Suchen nach Ausgleich gab er vor kriegerischen Auseinandersetzungen den Vorzug. Dies entsprach auch seiner tiefen Frömmigkeit. Er war fest von der göttlichen Herkunft seines Herrscheramtes überzeugt und verband den Herrscherkult mit einer gesteigerten Marien-, Heiligen- und Reliquienverehrung, was auch in den von ihm initiierten Bauwerken zum Ausdruck kommt (z.B. St. Veitsdom in Prag).

1344 erreichte er beim Papst die Erhebung des Bistums Prag zum Erzbistum.

Der Königswahl in Rhens (11.7.1346) folgte am 26.11.1346 die Königskrönung in Bonn, nachdem Papst Clemens VI. am 6.11.1346 unaufgefordert die Approbation erteilt hatte. Die Herrschaft über Böhmen hatte er nach dem Tode seines Vaters (gefallen in der Schlacht bei Crécy am 26.8.1346) angetreten. Der von den Wittelsbachern, zu deren Dynastie Kaiser Ludwig der Bayer gehört hatte, aufgestellte machtlose Gegenkönig Graf Günther von Schwarzburg (gewählt am 30.1.1349) bedeutete für Karl keine Gefahr. Dieser verzichtete bereits im Mai 1349 gegen eine beträchtliche Abfindung auf die Krone. Geld war übrigens neben Diplomatie, Privilegienvergaben, dynastischen Heiraten und Erbschaftsverträgen bevorzugtes Mittel der Herrschaftspraxis Karls. In seiner Politik konzentrierte sich Karl auf die Kurfürsten, die großen Dynastien, v.a. auf die Habsburger und die Wittelsbacher, sowie auf den Papst. Zwecks Geldbeschaffung verpfändete Karl in großem Stil Reichsstädte und Reichsrechte. Auch von der Beschlagnahme von jüdischem Eigentum nach Judenpogromen profitierte Karl. Die Städte spielten für ihn politisch keine Rolle, waren allerdings als Wirtschaftsfaktor und damit als Geldgeber für Karls weitgesteckte politische Ziele interessant und wurden entsprechend durch Zollprivilegien usw. gefördert.

Bevor Karl gegen die Wittelsbacher in Brandenburg vorging (Belehnung des falschen, vorgeblich askanischen Markgrafen Woldemar mit Brandenburg), neutralisierte er 1348 die Habsburger durch Geldzahlungen sowie eine Heiratsverbindung. 1349 heiratete Karl in zweiter Ehe die einzige Tochter des wittelsbachischen Kurfürsten von der Pfalz, spaltete dadurch die Partei der Wittelsbacher und einigte sich mit den übrigen Wittelsbachern, indem er sie im Besitz ihrer Länder und Lehen bestätigte. Nachdem Karl dadurch seine Herrschaft konsolidiert hatte, ließ er sich am 25.7.1349 ein zweites Mal zum röm.-dt. König krönen, diesmal vorschriftsmäßig „am rechten Ort" in Aachen.

Im Oktober 1354 trat Karl seinen Romzug an, ließ sich 1354 in Mailand zum König von Italien sowie am Ostertag 1355 in Rom zum Kaiser krönen. Bereits Ende Juni 1355 verließ er Italien. In die Rivalitäten zwischen den italienischen Städten ließ er sich nicht ein. Ihm genügten die Anerkennung seiner Oberhoheit und die Steuergeld-Zahlungen der italienischen Städte. Damit wurde die staufische Italienpolitik, welche Italien zum Zentrum des Reiches machen wollte, endgültig aufgegeben.

Erfolgreich war Karl hinsichtlich einer Reichsreform zwecks Regelung des Königswahlrechts, der 1355/56 umfangreiche Verhandlungen mit den Kurfürsten, weiteren Fürsten, Grafen und Herren sowie den süd- und südwestdeutschen Reichs- und Freistädten vorausgegangen waren. Das Ergebnis war die **Goldene Bulle** Karls IV., ein Reichsgesetz, in dem erstmals und abschließend der Modus der Königswahl festgelegt wurde. Verkündet wurde es am 10.1.**1356** auf dem Reichstag zu Nürnberg. Seinen Namen hat es nach dem goldenen Siegel, welches in der kaiserlichen Kanzlei gelegentlich verwendet wurde. Wahlberechtigt waren danach nur die sieben Kurfürsten, d.h. die Erzbischöfe von Mainz, Köln und Trier, der König von Böhmen, der Pfalzgraf bei Rhein, der askanische Herzog von Sachsen-Wittenberg und der Markgraf von Brandenburg. Sie entschieden nach Stimmenmehrheit. Als Letzter gab bei der Wahlhandlung der Erzbischof von Mainz als Erzkanzler für Deutschland (höchste Würde im Alten Reich nach dem König) seine Stimme ab und konnte dadurch möglicherweise den Ausschlag geben. Übergangen wurde das Approbationsrecht des Papstes; vorausgesetzt wurde das Recht des gewählten Königs auf die Kaiserwürde. Im Gegenzug erhielten die Kurfürsten für ihre Territorien wichtige Rechte, wie das Recht der ausschließlichen Gerichtsbarkeit (Immunität), das Berg-, Salz-, Juden- und Münzregal (Regal = Recht) sowie die römisch-rechtliche Würde der Majestät. Das einträgliche Judenregal beinhaltete den Schutz der Juden, wofür diese entsprechende Zahlungen zu leisten hatten. Städtefeindlich war die Bestimmung, dass die Städte keine Pfahlbürger aufnehmen durften. Jeder der Kurfürsten verwaltete eines der Erzämter. Die Kurlande durften nicht geteilt werden; die Primogenitur (Nachfolge nach Erstgeburtsrecht) wurde festgesetzt.

Als Karl zum König gewählt wurde, herrschte er bereits über Böhmen, Mähren, fast ganz Schlesien, einen Teil der Lausitz (1329 Erwerb des Landes Bautzen; 1346 Erwerb des Landes Görlitz), das Egerland sowie Luxemburg. Nach 1348 sicherte sich Karl im Markmeißnischen als Lehnsherr weitere Territorien, so die Herrschaften Colditz, Eilenburg, Waldenburg und Schönburg sowie Plauen, Mühlberg und Strehla. 1356 wurde auf Betreiben Karls das Bistum Meißen kurzzeitig dem Erzbistum Prag unterstellt. 1353/1358 schuf er zwischen Böhmerwald und Nürnberg ein Königsterritorium, welches eine zentralistische moderne Ämterverwaltung erhielt. Nachdem Karl 1353 in dritter Ehe Anna von Schweidnitz-Jauer geheiratet hatte, kam 1368 der Rest Schlesiens unter seine Herrschaft. 1367 erwarb er durch Kauf von den Wittelsbachern die Niederlausitz und 1370 Fürstenberg an der Oder. Um den Erwerb der Mark Brandenburg führte Karl 1371 und 1373 zwei Kriegszüge gegen die Wittelsbacher, welche schließlich 1373 die Mark Brandenburg für 500.000 Gulden an Karl verkauften; Tangermünde wurde zur Residenz der Mark Brandenburg ausgebaut. Mit Rudolf IV. von Habsburg schloss Karl 1364 einen Erbvertrag, wodurch die Streitigkeiten mit den Habsburgern beendet wurden. Dieser Vertrag sah die gegenseitige Erbeinigung vor, falls eine der beiden Dynastien aussterben sollte, wobei allerdings in Bezug auf Österreich der König von Ungarn zuerst erbberechtigt sein sollte.

Böhmen war das Kernland des Hausmachtkomplexes der Luxemburger. Die Territorien seiner Hausmacht, die sog. Länder der Krone Böhmens, unterstanden einer Reichsregierung mit Hof, Kanzlei und Rat. Ziel war die Schaffung einer straffen

Zentralverwaltung auf der Grundlage einer Verständigung mit den Ständen (ständischer Konsens). Die Friedenswahrung durch Landfriedenseinigungen innerhalb seiner Länder sah Karl als eine der wichtigsten Aufgaben seiner Herrschaft an. In große Konflikte griff er selbst ein und setzte zu deren Schlichtung sein Hofgericht ein, welches ihn auf allen seinen Reisen begleitete. Ergänzt wurde das System der königlichen Rechtspflege und Friedenswahrung durch die Einsetzung von Reichsvikaren in den westlichen Landesteilen sowie die Entsendung königlicher Kommissionen zur Schlichtung von bedeutenderen Steitigkeiten. Prag war die erste kaiserliche Residenzstadt des Alten Reiches nördlich der Alpen und wurde zu dessen politischem und geistigem Zentrum ausgebaut (1348 in Prag Gründung der ersten deutschen Universität nördlich der Alpen; Gründung der Prager Neustadt; Bau des St. Veitsdoms auf dem Hradschin; Umbau der Prager Burg nach französischem Vorbild; Entwicklung einer Hofkultur; Förderung von Kunst und Wissenschaft).

1368/69 zweiter Romzug. Karl hatte die Rückkehr des Papstes von Avignon nach Rom erreicht. Papst Urban konnte sich dort jedoch nicht halten, sodass die päpstliche Residenz erst wieder 1377 nach Rom verlegt werden konnte.

Der 1361 geborene älteste Sohn Karls, Wenzel, wurde bereits am 15.6.1363 zum König von Böhmen (Wenzel IV.) gekrönt. Indem Karl als König von Böhmen sowie als Markgraf von Brandenburg selbst über zwei Kurstimmen verfügte und sich die übrigen Kurfürsten durch Bestechung gefügig gemacht hatte, erreichte er am 10.6.1376 in Frankfurt am Main die Wahl seines Sohnes Wenzel zum röm.-dt. König (Krönung am 6.7.1376), ohne die Zustimmung des Papstes hierzu eingeholt zu haben. So konnte seit dem Untergang der Staufer seit über 150 Jahren erstmals wieder die Thronfolge nach dem Willen eines röm.-dt. Königs gesichert werden.

Als Karl die Kosten für diese Königswahl den Reichsstädten auferlegen wollte und zu diesem Zweck unter anderem Donauwörth verpfändete, schlossen sich am 4.7.**1376** unter Führung von Ulm 14 schwäbische Reichsstädte zu einem **Städtebund** zusammen, welcher die Anerkennung Wenzels vom Verzicht Karls auf weitere Verpfändungen und Geldforderungen abhängig machte. Als Karls militärische Interventionen erfolglos blieben, kam es im Mai 1377 in Rothenburg zu einem Kompromiss mit dem hier erstmals als König agierenden Wenzel. Die Städte erkannten König Wenzel an, und Karl bestätigte die Privilegien der Städte und entsprach ihren vorgenannten Forderungen, lehnte aber die Anerkennung des Städtebundes ab. Die vom Städtebund ausgehandelten Vergünstigungen gewährte Karl auch anderen Städten, um diese vom Beitritt zum Städtebund abzuhalten.

Kaiser Karl IV. verstarb am 29.11.1378 in Prag und wurde im Veitsdom auf dem Hradschin beigesetzt. Noch vor seinem Tode hatte Karl 1377 seinen luxemburgischen Besitz aufgeteilt. Den Hauptteil des Hausmacht-Komplexes erhielt König Wenzel. Sein zweiter Sohn Sigmund erhielt die Mark Brandenburg bis zur Oder auf der Grundlage einer Erbeinigung mit Böhmen. Karls dritter Sohn Johann erhielt das Herzogtum Görlitz als böhmisches Lehen. Um seinem Sohn Sigmund die Anwartschaft auf Polen und Ungarn gegen ein Eingreifen Frankreichs zu sichern (Sigmund war mit der Tochter Ludwigs, des Königs von Polen und Ungarn, verheiratet), einigte er sich mit dem König von Frankreich und verlieh 1378 dem französischen Thronfolger das Reichsvikariat im Arelat auf Lebenszeit, womit faktisch dieses Territorium dem Reich verloren ging (noch 1365 hatte sich Karl IV. zum König von Arelat krönen lassen; die Grafschaft Savoyen und die Grafschaft Genf hatte Karl bereits 1361 vom Arelat getrennt und dem Reich einverleibt). Die Markgrafschaft Mähren, mit der Karl seinen Bruder Johann Heinrich belehnt hatte und der 1375 verstorben war, verblieb bei den Neffen Karls (Jobst von Mähren und dessen Brüdern).

Karl IV. war der bedeutendste deutsche König im späten Mittelalter. Ihm war es gelungen, die Großdynastien der Habsburger und der Wittelsbacher in ihrem Einfluss zu begrenzen, die luxemburgische Hausmacht auszuweiten und seine Stellung als Reichsoberhaupt gegenüber den Fürsten verstärkt zur Geltung zu bringen. Mit Italien befasste er sich in realistisch motivierter Zurückhaltung nur so weit als unbedingt erforderlich.

Wenzel (1378-1400)

Im Nov. 1378 übernahm Wenzel die Alleinherrschaft. Die Zeit seiner Regentschaft fiel in die Periode der abendländischen Kirchenspaltung (Schisma), die von 1378 bis 1417 währte. In dieser Zeit gab es immer zwei Päpste, von denen der eine in Rom und der andere unter französischem Einfluss in Avignon residierte. Diese Spaltung in zwei Lager setzte sich in den weltlichen Bereich hinein fort, indem die weltlichen Herrscher entweder den Papst in Rom oder den Papst in Avignon unterstützten. Von König Wenzel wurde nun erwartet, dass er das Schisma beenden und dem Papst in Rom zur alleinigen Anerkennung verhelfen würde. Wenzel unterstützte ebenso wie sein Vorgänger Karl IV. den römischen Papst Urban VI. Der 1379 auf Initiative der rheinischen Kurfürsten, der Erzbischöfe von Köln, Mainz und Trier, gebildete Urbansbund sowie der 1380 begründete Weseler Bund, dem der Kurfürst der Pfalz sowie die Erzbischöfe von Trier und Köln angehörten, wollten die Anerkennung Urbans VI. in Deutschland durchsetzen. Die Gewinnung der rheinischen Städte für den Weseler Bund scheiterte. Auf Drängen Urbans VI. hatte Wenzel die Politik des Ausgleichs mit Frankreich aufgegeben und sich England angenähert, was 1382 in der Vermählung seiner Schwester Anna mit dem König von England, Richard II., seinen Ausdruck fand. Als jedoch 1382 die Übernahme der Herrschaft seines Bruders Sigmund in Ungarn und Polen gefährdet war und Wenzel diesen unterstützte, näherte er sich wieder Frankreich an, um dessen Eingreifen in Ungarn und Polen zu verhindern. Dies hatte zur Folge, dass Wenzel jetzt auch die Anerkennung des Papsten von Avignon, Clemens VII., ins Auge fasste.

Ein weiteres Problemfeld waren für Wenzel die wirtschaftlich erstarkenden Städte, welche sich verbündeten, um erfolgreich gegen das Raubrittertum vorgehen zu können, gegen welches Wenzel nichts unternahm. So schlossen sich **1381** die Städte Mainz, Straßburg, Worms, Speyer, Frankfurt, Hagenau und Weißenburg zum **rheinischen Städtebund** zusammen, der sich noch im selben Jahr mit dem **1376** gegründeten **schwäbischen Städtebund** vereinigte. Diesem Bund traten bis 1383 fast alle

Städte südlich des Mains bei, weil Wenzel einen Landfrieden verkündet hatte, welcher die Städte gegenüber den Fürsten benachteiligte. Das militärische Gegengewicht der Fürsten bildete der im März **1383** gegründete **Herrenbund**. Zwischen beiden Lagern kam es 1384 zum Abschluss eines Waffenstillstandes (Heidelberger Stallung), weil Wenzel angesichts seines Engagements in Ungarn und Polen einen Städtekrieg abwenden wollte. Außerdem erlaubte Wenzel, der ja eigentlich als König für den Schutz der Juden zuständig war, durch ein Abkommen (sog. Judenschuldentilgung) mit dem rheinisch-schwäbischen Städebund diesen Städten eine Konfiszierung jüdischen Eigentums, was 1385 erfolgte. 1387 kam es sogar zum Abschluss eines gegenseitigen Beistandspaktes zwischen Wenzel und den Städten.

Dadurch bekam Wenzel den Rücken für ein militärisches Eingreifen in Ungarn frei, wodurch im März 1387 die Krönung Sigmunds zum ungarischen König möglich wurde. Auch hier widmete sich Wenzel wiederum mehr den luxemburgischen Hausmachtinteressen als den Interessen des Reiches.

Der Krieg zwischen den Fürsten und den Städten brach 1388 aus und führte am 23.8.1388 zu einer Niederlage der Städte bei Pfeddersheim. Auch Wenzel stellte sich jetzt gegen die Städte. Im Mai 1389 verkündete er einen für die Städte nachteiligen Landfrieden und verbot alle Städtebünde. Dies war der Preis für die Heirat mit Sophie, der Tochter des städtefeindlichen Bayern-Herzogs. Aber bereits 1390 gründeten die schwäbischen Städte einen neuen Städtebund, der sich 1394 mit dem habsburgischen Herzog Albrecht III. von Österreich verbündete.

Auch in Böhmen konnte sich Wenzel nicht durchsetzen. So kam es zu Streitigkeiten mit dem böhmischen Hochadel, den er zugunsten des niederen Adels weitgehend aus den Verwaltungsgeschäften verdrängt hatte, sowie mit dem Erzbischof von Prag, dessen Vertrauten, den erzbischöflichen Generalvikar Johann Nepomuk, Wenzel 1393 in der Moldau ertränken ließ. Sein Vetter Jobst von Mähren verbündete sich mit dem böhmischen Hochadel gegen Wenzel, nahm 1394 Verbindung zu Herzog Albrecht III. von Österreich auf und setzte am 8.5.1394

Wenzel gefangen. Wenzel kam jedoch auf Druck der rheinischen Kurfürsten und der militärischen Intervention seines Bruders, des Herzogs Johann von Görlitz, wieder frei.

Diese Schwächung der Position Wenzels in den Ländern der Krone Böhmens nahmen die Kurfürsten, insbesondere die rheinischen Kurfürsten, zum Anlass, um König Wenzel am 20.8.1400 in Oberlahnstein wegen Unfähigkeit (insbes. im Hinblick auf die Beendigung des Kirchenspaltung), Untätigkeit bei Verletzungen des Landfriedens, persönlicher Grausamkeiten usw. abzusetzen. Wenzel hatte sich in zunehmendem Maße den Regierungsgeschäften entzogen, frönte der Jagd und ergab sich der Trunksucht; gefürchtet war er wegen seiner Tobsuchtsanfälle.

Gewählt wurde am 21.8.1400 in Rhens als neuer König der 48-jährige pfälzische Kurfürst Ruprecht III. (als König Ruprecht I.) Die Königswähler waren die drei rheinischen Kurfürsten und Ruprecht selbst. Wenzel entsagte jedoch nicht dem röm.-dt. Königsthron. Als 1410 nach dem Tode Ruprechts sowohl Jobst von Mähren als auch Sigmund zu röm.-dt. Königen gewählt wurden, gab es kurzzeitig drei aus dem Hause Luxemburg stammende miteinander konkurrierende deutsche Könige. Den böhmischen Königsthron konnte Wenzel bis zu seinem Tode (16.8.1419) behaupten.

Ruprecht I. (1400-1410)

Dieser am 21.8.1400 gewählte deutsche König hatte von seinem am 6.1.1398 verstorbenen Vater ein politisch und wirtschaftlich starkes Fürstentum (Pfalz) übernommen und war am 18.1.1398 von König Wenzel mit diesem Kurfürstentum belehnt worden. Als Gegenleistung für die Königswahl hatte er den rheinischen Kurfürsten weitgehende Zugeständnisse machen müssen. Seine Krönung musste am 6.1.1401 in Köln erfolgen, weil ihm die Aachener Bürger den Zutritt zur Stadt verweigerten. Weil Ruprecht in Deutschland keinen Erfolg hatte, strebte er zwecks Prestigegewinn die Kaiserkrönung an und unternahm 1401/1402 einen Romzug, der jedoch bereits in Oberitalien mit dem verlustreichen Gefecht bei Brescia am

24.10.1401 erfolglos endete, denn der mit König Wenzel verbündete Herzog von Mailand hatte sich Ruprecht mit einem Heer entgegengestellt, und Herzog Leopold von Österreich sowie Erzbischof Friedrich von Köln hatten mit ihren Aufgeboten Italien vorzeitig verlassen.

Die Anerkennung (Approbation) Ruprechts als König durch den Papst erfolgte am 1.10.1403. Ruprecht legte sich dafür auf die Unterstützung des römischen Papstes fest.

Gegen die Landfriedenspolitik Ruprechts, seine Hausmachtpolitik und seine Geldforderungen gegenüber den Städten schlossen sich am 14.9.**1405** unter der Führung des Erzbischofs von Mainz der Markgraf von Baden, der Graf von Württemberg sowie 17 Reichsstädte zum **Marbacher Bund** zusammen, den Ruprecht auch aus reichsrechtlichen Gründen nicht anerkannte, denn das Recht der Landstände, Bündnisse abzuschließen, war noch umstritten. Ruprecht gelang es, dieses gegen ihn gerichtete Bündnis unwirksam zu machen, indem er mit einzelnen Bündnispartnern Einzelabmachungen traf. Gelehrte der von Ruprecht 1386 mitbegründeten Heidelberger Universität unterstützten diesen propagandistisch.

Zu weiteren Differenzen zwischen den Fürsten und Ruprecht kam es durch das 1409 in Pisa zusammengetretene Konzil, welches die beiden Päpste absetzte und einen neuen Papst (Alexander V.) wählte, um das Schisma zu beenden. Während der größte Widersacher Ruprechts, der Erzbischof von Mainz, und die meisten deutschen Fürsten auf der Seite des neu gewählten Papstes standen, hielt Ruprecht an dem abgesetzten, immer noch in Rom residierenden Papst Gregor XI. fest. Weiterhin hatte das Konzil von Pisa Wenzel als röm.-dt. König anerkannt. Zu einer militärischen Auseinandersetzung mit dem Mainzer Erzbischof kam es nicht mehr, denn Ruprecht starb plötzlich am 18.5.1410 auf Schloss Landskron bei Oppenheim. Ebenso wie die Regentschaft von Wenzel hatte auch die von Ruprecht zu weiteren Machteinbußen der königlichen Zentralgewalt geführt.

Während König Wenzel vor allem an seiner Unfähigkeit als deutscher König scheiterte, war es bei Ruprecht dessen unzureichende Hausmacht-Basis, sodass Letzterer auf Bündnispartner angewiesen war.

Sigmund (1410-1437)

Der 1368 geborene Sigmund (Sohn Kaiser Karls IV.) hatte eine gediegene Ausbildung erhalten und beherrschte mehrere Sprachen (Deutsch, Tschechisch, Polnisch, Ungarisch, Französisch, Italienisch und Latein). Mit Maria, der Tochter des Königs von Ungarn und Polen Ludwig, verlobt, ging Sigmund 1380 nach Ungarn, um sich dort mit den Verhältnissen im Lande vertraut zu machen. Als König Ludwig 1382 verstarb, begann Sigmunds Kampf um Ungarn und Polen. Während Polen aufgegeben werden musste, wurde Sigmund 1387 zum König von Ungarn gekrönt. Für die militärische Unterstützung durch seinen Vetter Jobst von Mähren musste er diesem 1388 die Mark Brandenburg verpfänden.

Im Jahre 1410 kam es in Deutschland zu einer Doppelwahl. Am 20.9.1410 wurde Sigmund und am 1.10.1410 Jobst von Mähren zum röm.-dt. König gewählt. Auch der 1400 abgesetzte Wenzel beanspruchte jetzt wieder die röm.-dt. Krone. Jobst von Mähren starb bereits am 18.1.1411. Daraufhin entschieden sich die Kurfürsten in einer erneuten Wahl am 21.7.1411 diesmal einstimmig für Sigmund. Sigmund einigte sich mit Wenzel.

Durch den Tod des Jobst von Mähren wurde das Kurfürstentum Brandenburg frei und musste wieder verlehnt (vergeben) werden. Weil Sigmund sich als König nicht selbst belehnen konnte und keine Söhne hatte, die er mit Brandenburg hätte belehnen können, vergab Sigmund 1411 zunächst die Verweserschaft über die Mark Brandenburg an seinen treuen Gefolgsmann, den Burggrafen Friedrich VI. von Nürnberg aus dem Geschlecht der Hohenzollern (deren Stammburg ist das später mehrfach umgebaute Bergschloss auf dem 855 m hohen Zollernberg südlich von Hechingen; bis zur Mitte des 14. Jh. war „Zollern“ der Name für dieses Geschlecht). Am 30.4.1415 wurden Friedrich von Hohenzollern die Mark Brandenburg, die Kurwürde und das Reichskämmereramt erblich übertragen; die förmliche Belehnung Friedrichs erfolgte am 18.4.**1417**. Dies war die wohl folgenreichste Entscheidung eines röm.-dt. Königs für den weiteren Verlauf der deutschen Geschichte, denn das Kurfürstentum Brandenburg war die territoriale Basis für den Aufstieg der **Hohenzollern-Dynastie** zur mitteleuropäischen Großmacht und zur Hegemonialmacht im röm.-dt. Kaiserreich.

Erst 1414 war Sigmund nach Deutschland gekommen und am 8.11.1414 in Aachen zum röm.-dt. König gekrönt worden. Danach begab er sich nach Konstanz, wo am 5.11.1414 ein allgemeines Konzil eröffnet worden war, dessen Schirmherrschaft Sigmund übernommen hatte und auf dessen Verlauf er entscheidenden Einfluss nahm.

Das **Konstanzer Konzil (5.11.1414 - 22.4.1418)** war die bedeutendste mittelalterliche Kirchenversammlung. Daran beteiligten sich 600 bis 700 Theologen und etwa ebenso viele Fürsten bzw. Gesandte. Es gelang, die Kirchenspaltung (Schisma) zu beenden (am 11.11.1417 Wahl des allgemein anerkannten Papstes Martin V.). Hinsichtlich der Kirchenreform kam man nicht voran. Der Führer der religiös-nationalen Reformbewegung in Böhmen, **Jan Hus**, wurde als Ketzer verurteilt und am 6.7.1415 auf dem Scheiterhaufen verbrannt. Es ist unklar, ob König Sigmund dem Jan Hus auch für den Fall einer Verurteilung mündlich freies Geleit zugesichert hatte.

Jan Hus, ein Mann von großer sittlicher Strenge und tiefer Frömmigkeit, seit 1402 Rektor der Prager Universität, hatte sich gegen die Verweltlichung der Kirche, die Laster des Klerus und nach seiner 1411 erfolgten Exkommunikation auch gegen den Ablass gewandt. Er berief sich dabei auf die Heilige Schrift. In nationaler Hinsicht betrieb er eine Tschechisierung der Prager Universität, woraufhin der Auszug der deutschen Professoren und Studenten aus der Universität Prag und 1409 die Gründung der Universität Leipzig erfolgten, und wurde zum Begründer der tschechischen Schriftsprache.

Die Verbrennung des Jan Hus, für die man König Sigmund verantwortlich machte, löste eine gewaltige nationale und religiöse Volksbewegung in Böhmen aus. Weil eine geistig überragende Führerpersönlickeit, welche das reformatorische

Werk von Jan Hus hätte fortsetzen können, fehlte, glitt diese Volksbewegung ins Tschechisch-Nationale ab, richtete sich zunächst gegen die deutschen Geistlichen sowie die deutsche Oberschicht in Böhmen, unter denen es viele Todesopfer gab, und und wurde schließlich radikal-militant, nachdem der Papst am 1.3.1420 zu einem Kreuzzug gegen die Hussiten aufgerufen hatte. Diese Radikalisierung wurde noch dadurch begünstigt, dass sich vor allem im tschechischen Landvolk mit dieser Bewegung sozialrevolutionäre Gedanken verbanden. König Sigmund stellte sich an die Spitze des Kreuzzug-Heeres, welches aber gegen die Hussiten unter ihrem militärischen Führer Jan Ziska und später unter Prokop „dem Großen" eine Niederlage nach der anderen hinnehmen musste (am 1.11.1420 am Wyschehrad; 1421 bei Habern; 8.1.1422 bei Deutschbrod). Sigmund, der am 28.7.1420 zum König von Böhmen gekrönt worden war, wurde bereits am 7.7.1421 in Tschaslau wieder abgesetzt.

Für die Unterstützung Sigmunds im Kampf gegen die Hussiten wurde am 6.1.1423 der Markgraf von Meißen, Friedrich IV. „der Streitbare", mit dem nach dem Aussterben der Askanier (1422) freigewordenen Herzogtum Sachsen-Wittenberg belehnt, mit dem die Kurwürde und das Erzmarschallamt verbunden waren (förmliche Belehnung am 1.8.1425).

Am 16.6.1426 wurde ein überwiegend sächsisches Ritterheer von den Hussiten unter Prokop bei Aussig vernichtend geschlagen.

Im Rahmen der Geldbeschaffung für die Hussitenbekämpfung setzte sich die Auffassung durch, dass das Reich über regelmäßige Steuereinnahmen verfügen müsse, und man führte als Reichssteuer den „gemeinen Pfennig" ein, der zwischen 1422 und 1451 elf mal ausgeschrieben wurde.

Ab 1427 gingen die **Hussiten** zum Gegenangriff über und unternahmen insbesondere 1429/30 verheerende Einfälle nach Schlesien, Österreich, Franken, Sachsen sowie Brandenburg und zogen 1433/34 bis vor Danzig. Die Hussiten verbreiteten Angst und Schrecken. Alles was sich ihnen entgegenstellte, wurde niedergemacht. Mehrfach ergriffen zahlenmäßig überlegene Reichsheere die Flucht, bevor es zum Kampf kam, und erlitten dann auf der Flucht doch noch schwere Verluste. Zerstört wurden in Deutschland etwa 100 Städte und etwa 1500 sonstige Ortschaften, dazu gehörten 1430 die Städte Colditz, Oschatz, Altenburg, Crimmitschau, Plauen, Werdau, Reichenbach, Schmölln und Oelsnitz. Nachteilig war, dass die Türken 1425 an der Südostgrenze des Reiches wieder aktiv geworden waren und sich Sigmund deshalb von März 1426 bis Ende 1428 bei seinem Heer in Ungarn aufhielt.

Nachdem Sigmund eine Landfriedensordnung erlassen hatte, begab er sich nach Italien und wurde im Herbst 1431 zum König der Langobarden gekrönt; erst am 31.5.1433 erreichte er die Kaiserkrönung in Rom. Es war seit der Kaiserkrönung Friedrichs II. die erste Krönung, die wieder vom Papst persönlich vorgenommen wurde.

Nachdem 1431 das 5. Kreuzzug-Heer von den Hussiten vernichtend geschlagen worden war, setzte sich bei Sigmund die Erkenntnis durch, dass die in sich gespaltene Hussitenbewegung nur auf dem Verhandlungswege zu neutralisieren war. Nachdem das Heer der radikalen Hussiten, der Taboriten, unter Prokop „dem Großen" 1434 vernichtend geschlagen worden war, kam es am 5.7.1436 zu einem Vertrag (Iglauer Kompaktaten) zwischen Sigmund und Vertretern des böhmischen Landtages, wonach der Laienkelch gestattet wurde und Sigmund den neuen Erzbischof von Prag akzeptierte. Im Gegenzug wurde Sigmund als König von Böhmen anerkannt. Bereits 1437 formierte sich in Böhmen erneut eine Oppositionsbewegung, welche einen Übergang der böhmischen Krone an die Habsburger nach dem Tode Sigmunds verhindern wollte und stattdessen den polnischen König Wladislaw II. als Nachfolger favorisierte.

Kaiser Sigmund verstarb auf der Rückreise nach Ungarn am 9.12.1437 im mährischen Znaim. Damit war die Dynastie der Luxemburger im Mannesstamm erloschen. Sigmunds einzige Tochter, Elisabeth, war seit 1421 mit Albrecht von Habsburg verheiratet.

Albrecht II. (1438-1439)

Der 1397 als Sohn des habsburgischen Herzogs Albrecht IV. von Ober- und Niederösterreich geborene Albrecht wurde am 7.10.1411 mit der erst zweijährigen Tochter Elisabeth König Sigmunds verlobt (Vermählung am 28.9.1421) und übernahm anstelle seines 1404 verstorbenen Vaters aufgrund einer Entscheidung König Sigmunds Ende 1411 als Albrecht V. die Herrschaft als Herzog von Österreich. Während der Hussitenkriege kämpfte er an der Seite seines Schwiegervaters König Sigmund.

Bereits wenige Tage nach dem Tode König Sigmunds wurde Albrecht am 18.12.1437 von den ungarischen Ständen zum König von Ungarn gewählt und am Neujahrstag 1438 mit der Stephanskrone gekrönt. Als schwierig erwies sich jedoch der Erwerb der böhmischen Wenzelskrone. Zwar wurde Albrecht bereits am 27.12.1438 entsprechend dem Brünner Erbvertrag von 1364 von den böhmischen Ständen zum König gewählt, die böhmische Adelsopposition wollte jedoch den Bruder des polnischen Königs, Kasimir, als böhmischen König. Albrecht besetzte hingegen am 13.6.1438 Prag und ließ sich am 29.6.1438 im St. Veitsdom krönen. Am 18.3.1438 war Albrecht von sechs Kurfürsten zum röm.-dt. König gewählt worden und hatte am 29.4.1438 die Wahl angenommen; zur Krönung in Aachen kam es nicht mehr. Die Finanzen des Reiches waren zerrüttet. So musste Albrecht während seines Aufenthaltes in Breslau (18.11.1438 - 4.3.1439) mit weniger komfortablen Unterkünften vorliebnehmen, und zur Weihnachtsmesse 1438 soll er nur 2 Gulden gespendet haben. Albrechts Bemühungen um eine wirksame Reichsfriedensordnung führten nicht zum Ziel.

Mitte 1439 wurde am Zusammenfluss von Donau und Theiß das königliche Heer für den Kampf gegen die anrückenden Türken aufgestellt. König Albrecht II. erkrankte dort an der Ruhr, starb auf der Rückreise nach Wien am 27.10.1439 in dem Dorf Langendorf (Neszmély) an der Donau und wurde im Stephansdom in Wien beigesetzt. Albrechts Gemahlin war schwanger und gebar am 22.2.1440 den Sohn Ladislaus Postumus.

Albrecht war voll mit seinen Hausmachtangelegenheiten befasst und hat während seiner kurzen Regentschaft für das Reich kaum etwas bewirkt.

Friedrich III. (1440-1493)

Friedrich, der Vetter Herzog Albrechts V. (später König Albrecht II.), wurde 1415 geboren und war der Sohn des Herzogs Ernst „des Eisernen", der über die Steiermark, Kärnten und Krain herrschte. Letzterer verstarb bereits 1424. Die Herrschaft in seinen Erblanden konnte er auf Intervention seines Vetters Herzog Albrecht erst 1435 antreten, musste diese allerdings mit seinem Bruder teilen. 1436/37 unternahm Friedrich eine Pilgerfahrt ins Hl. Land.

Das Jahr 1439 brachte für Friedrich durch einige Todesfälle in der Familie einen bedeutenden Machtzuwachs. Am 24.6.1439 starb sein Onkel Friedrich IV. von Tirol; dessen Sohn Sigmund von Tirol war noch unmündig. Am 27.10.1439 starb sein Vetter (König Albrecht II.) zwar ohne Hinterlassung männlicher Erben, aber dessen Gemahlin war schwanger. Zunächst übernahm Friedrich zwar nur die Regentschaft über die Territorien der beiden Verstorbenen, war aber zum Chef des Hauses Habsburg avanciert und beherrschte die Territorien aller drei Linien des Hauses Habsburg. Durch die Geburt des Ladislaus Postumus ergab sich sogar eine Anwartschaft auf Böhmen und Ungarn. Friedrich verfügte allerdings direkt nur über den geringsten und dazu noch in Randlage liegenden Teil der habsburgischen Länder. Die hinsichtlich der Regentschaft hinzugewonnenen Territorien waren durch die vorausgegangenen Kriege wirtschaftlich geschwächt.

Wohl deshalb wurde Friedrich am 2.2.1440 von den Kurfürsten einstimmig zum röm.-dt. König gewählt. In Anknüpfung an das staufische Kaisertum nannte er sich Friedrich III., obgleich ihm zur Fortführung dieses imperialen Kaisertums die Mittel und wohl auch die Herrschereigenschaften fehlten. Friedrich war ernst, wortkarg, zurückhaltend, sehr sparsam und zäh in der Verfolgung seiner Ziele, jedoch außerordentlich phlegmatisch. Viele Probleme während seiner langen Regierungszeit lösten sich so von selbst, und er hatte auch insofern Glück, als gefährliche Konkurrenten immer zur rechten Zeit starben. Kriegerischen Auseinandersetzungen ging er möglichst aus dem Wege, denn diese waren mit Mühe und hohen Kosten verbunden. Viel Geld wurde jedoch ausgegeben, wenn es um die herrschaftliche Präsentation ging.

An die Königskrönung war zunächst nicht zu denken (sie erfolgte erst am 17.6.1442 in Aachen). Zuvor mussten Konflikte mit dem Hochadel in den österreichischen, böhmischen und ungarischen Erblanden beigelegt werden. Während Friedrich in Österreich auch weiterhin die Regierung für Ladislaus Postumus, der sich als Pfand in seiner Gewalt befand und den er auch nicht herausgab, ausüben konnte, musste er 1446 Tirol an sein Mündel Sigmund von Tirol abtreten, und in Ungarn bzw. Böhmen hatte der einheimische Adel aus den eigenen Reihen die Reichsverweser Hunyadi (seit 1446) bzw. Georg von Podiebrad (seit 1444) eingesetzt, welche dort während der Minderjährigkeit von Ladislaus die Herrschaft ausübten.

Friedrich kam mit der Reichsreform nicht voran und erlitt auch Niederlagen gegen die Schweizer Eidgenossenschaft.

Andererseits kam es zu einer Verständigung mit dem Papst, und zwar gegen das Baseler Konzil. So erreichte Friedrich im Sept. 1445 vom Papst die Übertragung des Nominationsrechtes auf Lebenszeit in sechs österr. Bistümern sowie die Verfügung über 100 Benefizien und weitere kirchliche Vorrechte in seinen Erblanden. In dem zwischen Friedrich und Papst Nikolaus V. am 17.2.1448 besiegelten und am 19.3.**1448** einseitig vom Papst als päpstliches Privileg verkündeten **Wiener Reichskonkordat**, welches bis zum Ende des Alten Reiches das Verhältnis zwischen Kirche und Staat regelte, wurden die Eingriffsmöglichkeiten des Papstes in Reichsangelegenheiten eingeschränkt, indem man z.B. die Besetzungsrechte hinsichtlich der Reichsbistümer zwischen dem Papst, den Domkapiteln und den Landesherren aufteilte, wobei künftige Separatabkommen (Einzelkonkordate) zwischen dem Papst und einzelnen Landesherren nicht ausgeschlossen wurden. Durch derartige Einzelkonkordate gelangten in zunehmendem Maße kirchenhoheitliche Befugnisse an die

Landesfürsten, aber auch an die Reichsstädte. Derartige Befugnisse bestanden in der personellen Besetzung von Bistümern sowie in der Vergabe von sonstigen Pfründen, in Aufsichtsrechten gegenüber Klöstern, in der Beschränkung der geistlichen Gerichtsbarkeit usw. Dies bedeutete eine zunehmende Loslösung der Landeskirchen von der päpstlichen Zentralgewalt. Zu diesen Einzelkonkordaten zählt auch eine Vereinbarung, wonach Friedrich 1478 vom Papst das Besetzungsrecht für 17 Bistümer in Deutschland erhielt.

Durch das Wiener Konkordat war auch die Kaiserkrönung Friedrichs möglich geworden, welche am 19.3.1452 in Rom erfolgte. Es war die letzte Kaiserkrönung eines röm.-dt. Königs in Rom.

Von Rom zurückgekehrt, musste Friedrich auf Drängen der österr. Stände Ladislaus Postumus aus seiner Obhut entlassen. Ladislaus wurde am 28.10.1453 zum böhmischen König gekrönt (die Krönung zum König von Ungarn war bereits am 15.5.1440 erfolgt). Ladislaus hat aber niemals diese Herrscherämter ausüben können. Am 23.11.1457 verstarb er in Prag an der Pest. Auch jetzt konnte Friedrich seine Herrschaftsansprüche auf Ungarn und Polen nicht durchsetzen. Am 2.3.1458 wählten die böhmischen Stände Georg Podiebrad zum König von Böhmen; ebenfalls 1458 wurde Matthias Corvinus (Sohn von Hunyadi) von den ungarischen Magnaten (Angehörige des ungarischen Hochadels) zum König von Ungarn gewählt. Die Herrschaft über Österreich musste Friedrich 1462 seinem Bruder Erzherzog Albrecht VI. überlassen, der mit Waffengewalt gegen ihn vorgegangen war. Dieser starb jedoch am 2.12.1463, sodass Friedrich jetzt die alleinige Herrschaft im Erzherzogtum Österreich übernehmen konnte.

Während Friedrich in seinen Erblanden gebunden war, kam es im Reich zu unhaltbaren Zuständen. Es herrschte das Fehde-Recht, sodass das königl. Hofgericht, welches nicht mehr angerufen wurde, 1451 seine Tätigkeit eingestellt hatte. Besonders der Hohenzoller Albrecht Achilles III. wollte in Franken seine Hausmachtposition ausbauen, wogegen sich die süddeutschen Reichsstädte zur Wehr setzten (Städtekrieg von

1448-1453). Friedrich unternahm nichts zur Friedenswahrung im Reich, sondern beschränkte sich auf seine Erblande. Dort wurde Wiener Neustadt zur Residenz und zum repräsentativen Mittelpunkt eines österr. Kaisertums ausgebaut. Bei einer neuerlichen Romfahrt (1468) erreichte Friedrich die Errichtung des Bistums Wiener Neustadt. Erst als die Türkengefahr unübersehbar wurde, verkündete Friedrich auf Drängen der Fürsten 1467 einen Reichsfrieden (verlängert auf dem Regensburger Reichstag 1471), der ein absolutes Fehdeverbot einschloss und Übertretungen als Majestätsverbrechen wertete.

Weitere Gefahr ging im Westen von dem zur Großmacht aufgestiegenen Burgund aus. Herzog Karl der Kühne fiel 1477 in einer Schlacht gegen die Eidgenossen. Erst jetzt gelang es Friedrich, seinen Sohn Maximilian mit der Tochter Karls des Kühnen, welche einzige Erbin des Herzogtums Burgund war, zu verheiraten. Friedrich hatte bereits ab 1473 mit Karl dem Kühnen diesbezügliche Verhandlungen geführt, die jedoch gescheitert waren, weil Karl die burgundische und die deutsche Königskrone gefordert hatte und damit die Kurfürsten nicht einverstanden waren.

Zur nächsten Krise kam es, als Matthias Corvinus, der eine Großmachtstellung in Südosteuropa anstrebte, 1480 Friedrich den Krieg erklärte und bis 1485 große Teile der österr. Erblande einschließlich der Stadt Wien besetzte.

In dieser Notlage bat Friedrich den Reichstag 1486 um Unterstützung, und es kam zur Verkündung eines auf 10 Jahre befristeten Frankfurter Landfriedens. Im Zusammenhang damit wurde zum Reichstitel „Heiliges Römisches Reich" der Zusatz „deutscher Nation" verwendet. Seit dieser Zeit erlangte der Reichstag zunehmende Bedeutung, ohne dass Friedrich etwas dagegen unternahm. Garant des Frankfurter Landfriedens sollte der **1488** auf Drängen Friedrichs begründete **Schwäbische Bund** sein, dem die Rittergesellschaft Sankt Jörgenschild (1422 reichsrechtlich anerkannter Zusammenschluss reichsfreier Adliger aus dem Hegau, dem Allgäu und dem Gebiet der oberen Donau, dem auch der Bischof und das Domkapitel von Augsburg, zahlreiche oberschwäbische Reichsabteien sowie einzelne Fürsten angehörten), 20 schwäbische Reichsstädte, Herzog Sigmund von Tirol und Eberhard V. von Württemberg, später auch noch zahlreiche Fürsten sowie der spätere Kaiser Maximilian beitraten. Der bis 1496 befristete Bund wurde 1496, 1500, 1512 und 1522 bei sich ändernder Zielsetzung erneuert und 1534 aufgelöst.

Die Wahl seines Sohnes Maximilian zum römisch-deutschen König konnte Friedrich 1486 durchsetzen.

Nachdem Matthias Corvinus am 6.4.1490 ohne Erben verstorben war, konnten die Ungarn schnell aus den habsburgischen Ländern vertrieben werden. Die Hoffnungen auf die ungarische Krone erfüllten sich hingegen für Friedrich nicht, denn die Ungarn wählten 1490 den König von Böhmen, Wladislaw aus der Dynastie der Jagellonen, zu ihrem König. Wladislaw und Friedrich einigten sich 1491 mittels eines Erbvertrages. Danach sollte die Herrschaft über Böhmen und Ungarn nach einem Aussterben der Jagellonen im Mannesstamm an die Habsburger fallen (dies trat 1526 ein). 1490 hatte Sigmund von Tirol sein Land an Friedrichs Sohn Maximilian übertragen.

Kaiser Friedrich III. verstarb am 14.8.1493 in Linz.

Maximilian I. (1493-1519)

Der 18-jährige Maximilian, einziger Sohn Kaiser Friedrichs III., wurde am 19.8.1477 mit Maria, der Erbtochter des am 5.1.1477 vor Nancy im Kampf gegen die Eidgenossen gefallenen Herzogs von Burgund, Karl des Kühnen, verheiratet. Die unzusammenhängenden Territorien des Herzogtums Burgund erstreckten sich von den Grenzen der Eidgenossenschaft bis zur Nordsee. Dazu gehörten das Herzogtum Bourgogne, die Freigrafschaft Burgund (später als „Franche Comté“ bezeichnet), das Herzogtum Luxemburg sowie die wirtschaftlich starken Niederlande mit den Provinzen Flandern, Brabant, Hennegau und Holland. Aus der Ehe mit Maria von Burgund gingen Philipp „der Schöne“ (geb. 1478) und Margarete (geb. 1480) hervor.

Burgund musste von Maximilian vor allem gegen die französischen Ansprüche verteidigt werden. Er besiegte am 7.8.1479 bei Guinegate im Artois ein Heer Ludwigs XI. von Frankreich. Dabei stützte er sich, wie auch später, auf gut ausgebildete Söldner. Als Maximilians Gemahlin Maria am 27.3.1482 an den Folgen eines Jagdunfalls verstorben war, begann der **Kampf um Burgund**, denn Maximilian wurde dort nicht als Herrscher anerkannt, obgleich vormundschaftlich dessen 4-jähriger Sohn Philipp regierte. Im Rahmen dieser Auseinandersetzungen um das burgundische Erbe wurde Maximilian durch die niederländischen Stände im Frieden von Arras (23.12.1482) gezwungen, einer Vermählung seiner Tochter Margarete mit dem französischen Thronfolger Karl zuzustimmen sowie als Mitgift die Bourgogne, die Freigrafschaft Burgund und Artois sofort an Frankreich abzutreten. Die Auseinandersetzungen gingen jedoch weiter. Mittels eines Söldnerheeres zwang Maximilian im Sommer 1485 die Städte Brügge und Gent zur Anerkennung der vormundschaftlichen Regierung seines Sohnes Philipp. Diese Vorteile gingen jedoch bereits 1488 wieder verloren, nachdem sich die Bürger von Brügge gegen Maximilian erhoben hatten, diesen gar gefangen nahmen und erst am 16.5.1488 wieder gegen entsprechende Zusicherungen im Vertrag von Gent freiließen.

Am 16.2.1486 wurde Maximilian durch die Kurfürsten zum römisch-deutschen König gewählt. Die Krönung erfolgte am 9.4.1486 in Aachen.

Am 16.3.1490 wurde sein Onkel Sigmund veranlasst, als Herzog von Tirol abzudanken und sein Herzogtum an Maximilian abzutreten. Tirol war wichtig als Verbindung zwischen Österreich und Burgund sowie nach Italien und verfügte mit seinen reichen Kupfer-, Silber- und Eisenerzvorkommen über einen florierenden Bergbau. Innsbruck wurde zum Herrschafts- und Wirtschaftszentrum ausgebaut (Geschützgießereien, Waffenschmieden usw.).

Nach dem Tode des Ungarnkönigs Matthias Corvinus (6.4.1490) vertrieb Maximilian die Ungarn aus Österreich, konnte sich aber nicht durchsetzen. Im Friedensschluss zu Pressburg (7.11.1491) musste Maximilian den vom ungarischen Adel zum ungarischen König gewählten böhmischen König Wladislaw aus der Dynastie der Jagellonen Ungarn überlassen, erlangte aber die Nachfolgerechte an den Königreichen Böhmen und Ungarn, falls das Geschlecht der Jagellonen aussterben sollte.

Im Westen gelang es Maximilian im Frieden von Senlis (23.5.1493), die Freigrafschaft Burgund sowie Artois zurückzugewinnen, nachdem Karl VIII. von Frankreich Maximilians Tochter Margarete mit päpstlicher Zustimmung verstoßen hatte. Damit war der Kampf um das burgundische Erbe zwar zunächst beendet, die Rivalität zwischen dem Alten Reich und Frankreich blieb jedoch weiterhin bestehen und hat das deutsch-französische Verhältnis letztlich bis ins 20. Jh. belastet.

Mit dem Tode Kaiser Friedrichs III. (1493) vereinigte Maximilian die burgundischen und habsburgischen Territorien unter seiner Herrschaft. Er nahm dies zum Anlass, um auch in den habsburgischen Ländern die in Burgund bestehende königliche Zentralverwaltung einzuführen. – Maximilian förderte Handel und Gewerbe. Zwecks Geldbeschaffung verpfändete Maximilian die Bergwerke in der Steiermark und in Tirol an die Kaufmannsdynastie der Fugger in Augsburg.

Um seine imperialen Italien-Pläne gegen Frankreich verfolgen zu können, verbündete sich Maximilian mit Spanien. Die Grundlage dieses Bündnisses bildete eine dynastische Doppelhochzeit. 1496 wurde Maximilians Tochter Margarete mit dem spanischen Thronfolger Don Juan verheiratet; 1497 heiratete der Sohn Maximilians, Philipp „der Schöne" von Burgund, die Erbtochter Ferdinands „des Katholischen" von Aragonien und Isabellas von Kastilien, Johanna „die Wahnsinnige" (so genannt wegen ihrer später sich einstellenden psychischen Erkrankung).

Eine weitere Voraussetzung für Maximilians Italienpolitik war die Einigung mit den deutschen Fürsten. Als Reaktion auf die Geldforderungen Maximilians hatten die Fürsten, angeführt von dem Mainzer Erzbischof Berthold von Henneberg, auf dem Reichstag von Worms eine Fortführung der Reichsreform gefordert. So kam es zum **Wormser Reichstagsabschied** vom 7.8.**1495** (Verkündung eines **ewigen Landfriedens**, Bildung eines Reichskammergerichts, Zustimmung zu einer ständigen Reichssteuer). Trotzdem konnte das Fehde-Unwesen nicht unter Kontrolle gebracht werden; das Reichskammergericht musste wegen fehlender finanzieller Mittel erst einmal seine Tätigkeit einstellen.

Maximilian konnte hinsichtlich einer Durchsetzung der Reichsreform nicht eingreifen, weil er wieder einmal in kriegerische Unternehmung verwickelt war, und zwar zunächst in einen Reichskrieg gegen die Eidgenossen, welcher vom Schwäbischen Bund begonnen worden war (sog. **„Schwabenkrieg"**), denn der süddeutsche Adel fürchtete, dass die in der Eidgenossenschaft den Bauern gewährten Freiheiten beispielgebend für das Reich werden könnten. Das Reichsheer wurde geschlagen. Mit dem **Friedensschluss von Basel** (22.9.**1499**) schieden die Eidgenossen, d.h. die Schweiz, bereits faktisch aus dem Verband des Alten Reiches aus.

Diese Niederlage Maximilians nutzte der Adel auf dem Reichstag zu Augsburg (1500) aus, um weitere Zugeständnisse hinsichtlich der Reichsreform zu erreichen. Maximilian musste jetzt die Reichspolitik (auch hinsichtlich militärischer Aktionen) mit dem Reichstag abstimmen und der Einsetzung eines aus 20 Personen bestehenden Reichsregiments (Reichsregierung) zustimmen, welches sich im Herbst 1500 zusammen mit dem reorganisierten Reichskammergericht in Nürnberg etablierte. Bereits 1501 erreichte jedoch Maximilian die Auflösung der Reichsregierung; das Siegel der Reichskanzlei übergab er seinem Hofrat.

Durch Erbschaft gelangte Maximilian 1500 in den Besitz der Grafschaft Görz sowie von Linz und dem Pustertal (wichtig als Landbrücke zwischen Tirol und den österr. Territorien).

Kriegerische Auseinandersetzungen um das ledig gewordene Herzogtum Bayern-Landshut entschied Maximilian für sich und teilte auf dem Reichstag zu Köln (Sommer 1505) dieses Herzogtum unter den bayerischen und pfälzischen Wittelsbachern auf, ohne den eigenen Vorteil aus dem Auge zu verlieren, indem er Teile dieses Herzogtums seinen Besitzungen im Elsass, in Schwaben und in Tirol zuschlug.

Umdispositionen erforderte der frühe Tod Philipps „des Schönen" am 25.9.1506 in Burgos. Philipp „der Schöne" hatte zuletzt die Regentschaft in Kastilien für seine geistesgestörte

Frau sowie die Regentschaft in den Niederlanden ausgeübt. Die Regentschaft in Kastilien übernahm jetzt König Ferdinand von Aragon, der seinen und Maximilians Enkel Ferdinand (geb. 10.3.1503 in Alcala de Henares/Spanien; später als Ferdinand I. deutscher König und Kaiser) bei sich behielt; die Regentschaft in den Niederlanden sowie die Vormundschaft über seinen Enkel Karl (geb. 24.2.1500 in Gent; seit 1515 Regent der Niederlande; seit 1516 König von Spanien und seit 1519 deutscher König und Kaiser) übertrug Maximilian seiner verwitweten Tochter Margarete.

Jetzt sah Maximilian die Zeit gekommen, seine verloren gegangenen Reichslehen in Italien wiederzugewinnen. Anfang 1508 brach Maximilian nach Italien auf. Die Truppen Venedigs verlegten ihm den Weg nach Rom. So wurde Maximilian am 4.2.1508 im Dom zu Trient vom Fürstbischof von Gurk mit päpstlicher Zustimmung zum „Erwählten Römischen Kaiser" proklamiert. Zu einer Kaiserkrönung Maximilians in Rom sollte es nicht mehr kommen. Dies war der letzte Versuch eines röm.-dt. Königs, durch eine Handlung des Papstes den Kaisertitel zu erlangen. Künftig nahmen die römisch-deutschen Könige gleichzeitig mit der Königskrönung in Aachen den Kaisertitel an. Maximilians Italienpolitik scheiterte 1516 endgültig. Das einzige Ergebnis von Maximilians kostspieliger Italienpolitik war der Gewinn einiger unbedeutender, an Tirol grenzender Landstriche.

Eine Doppelhochzeit sollte zur weiteren Sicherung der habsburgischen Ansprüche auf Böhmen und Ungarn beitragen. Am 22.7.1515 wurde Ludwig, der Sohn des böhmischen und ungarischen Königs Wladislaw, mit Maria, der siebenjährigen Enkelin Maximilians, verheiratet. Am 20.7.1516 kam die Heirat zwischen Anna, der Tochter Wladislaws, und dem Kaiserenkel Ferdinand (später Kaiser Ferdinand I.) zustande.

Zwecks Sicherung der Nachfolge unterstützte er die Wahl seines Enkels Karl zum römisch-deutschen König. Gegenkandidat war der französische König Franz I. Maximilian bestach die Kurfürsten zugunsten seines Enkels.

Noch bevor es zur Wahl gekommen war, verstarb Kaiser Maximilian I. am 12.1.1519 auf Burg Wels in Oberösterreich und wurde zunächst unter dem Hochaltar der St. Georgenkirche in Wiener Neustadt beigesetzt. In seinem Testament hatte er seinen Enkeln Karl und Ferdinand die habsburgische Landesherrschaft übertragen. Den größten Teil seines Testaments widmete Maximilian den Erinnerungsmalen, welche das Gedenken an seine Person wachhalten sollten. Sein gigantisches Grabmal, an dessen künstlerischer Gestaltung unter anderem Albrecht Dürer, Peter Fischer d. Ä. und Veit Stoß mitwirkten, hatte er bereits zu Lebzeiten in Auftrag gegeben. Zur Aufnahme desselben wurde später vor den Toren Innsbrucks eine Kirche errichtet. Maximilian I. ist der Nachwelt als der „letzte Ritter" und als „Vater der Landsknechte" in Erinnerung geblieben. Er war vielseitig begabt und geistig interessiert sowie wagemutig und ein leidenschaftlicher Jäger, Turnierreiter und Heerführer. Er förderte Künstler, Musiker, Humanisten und Techniker. Maximilian verstand es, den Aufstieg Habsburgs zur europäischen Großmacht weiter voranzutreiben. Ein wichtiges Mittel der im großen Stil betriebenen dynastischen Expansionspolitik waren die von Maximilian in die Wege geleiteten dynastischen Eheverbindungen.

Im Reich hingegen konnten die Fürsten ihre Positionen gegenüber dem König weiter ausbauen. Weiterhin hatten soziale Probleme zu Bauernunruhen geführt. Dies waren die Aufstandsbewegungen des **„Armen Konrad"** (Mai bis August **1514**) als Folge einer indirekten Steuererhöhung im Herzogum Baden-Württemberg und des **„Bundschuh" (1493-1517)**. Letztere umfasste das gesamte Oberrheingebiet von Basel bis in den Kraichgau. Die Bauern erhoben Forderungen nach göttlicher Gerechtigkeit und verlangten die Abschaffung der Leibeigenschaft, der herrschaftlichen Abgaben und der Beschränkungen zur Nutzung der Allmende.

5. Das Alte Reich in der Frühen Neuzeit

Das Zeitalter der Reformation (1500-1555)

Mit Reformation bezeichnet man jene Reformbewegung, welche zur Herausbildung des protestantischen Christentums führte, wodurch die kirchliche Einheit des Abendlandes zu Ende ging. Künftig standen sich der Katholizismus und der Protestantismus (Luthertum und Calvinismus) gegenüber (Konfessionalisierung der Gesellschaft).

Ausgangspunkt der Reformation war die Kritik an der Verweltlichung und den unchristlichen Praktiken der vom Papst geführten Kirche. Wegen der im Mittelalter engen Verflechtung von Welt und Kirche strahlte diese konfessionelle Spaltung auf alle Bereiche des weltlichen Geschehens aus und führte auch dort zu tiefgreifenden Veränderungen. Dies betraf die Politik ebenso wie die Wirtschaft und die Kultur. So standen sich die konfessionellen Parteien in den politischen Gremien (Kurfürstenkolleg, Reichstag) gegenüber bzw. gingen im Kampf um die Macht konfessionsorientierte Bündnisse miteinander ein. Damit wurde die Einheit des Alten Reiches, welche schon an den traditionellen Konflikten zwischen Kaiser und Reichsfürsten zu zerbrechen drohte, zusätzlich belastet.

Obwohl man sich im Hinblick auf die Periodisierung der Geschichte geeinigt hat, die „Neuzeit" mit dem eindeutig datierbaren Ereignis „Reformation" beginnen zu lassen, reichen die für den Aufbruch in die Neuzeit bestimmenden Veränderungen bis mindestens in die Mitte des 15. Jh. zurück. War der mittelalterliche Mensch fest in die Kirche und in das Feudalsystem eingebunden, so kam es jetzt zur Lockerung dieser Bindungen. Dies betraf nicht die Masse des Volkes, wohl aber bestimmte Eliten. Dazu gehörten die Fernhandels-Kaufleute, welche schon seit Langem von der feudalen Naturalwirtschaft auf die neuzeitliche Geldwirtschaft umgestiegen waren und Wege gefunden hatten, um das kirchlich festgesetzte mittelalterliche kanonische Zinsverbot zu umgehen, sowie moderne Handelstechniken, wie z.B. den bargeldlosen Zahlungsverkehr, nutzten, mit denen die regionale und geistige Enge mittelalterlicher Verhältnisse überwunden wurde. Die Schriftlichkeit war Voraussetzung für einen erfolgreichen Handel (Buchführung, Geschäftskorrespondenz). All dies erforderte eine diesseitsorientierte Lebensauffassung, Erziehung und Bildung. Bildung wurde anfangs noch in den Klosterschulen, seit der Mitte des 15 Jh. aber schon in städtischen Schulen vermittelt. Handel und Gewerbe bildeten die wirtschaftliche Grundlage für das Aufblühen der Städte, welche sich zwar im Zeitalter des Feudalismus entwickelt hatten, aber von Anfang an antifeudal orientiert waren. Die rechtlichen, wirtschaftlichen und sozialen Strukturen der Städte wurden zum Modell für den frühneuzeitlichen Staat und für das Wirtschaftsleben in der Neuzeit.

Die **geistig-kulturellen Erneuerungsbewegungen**, welche der gesellschaftlichen Entwicklung Rechnung trugen, waren der Humanismus und die Renaissance, welche beide in Italien, der wirtschaftlich und kulturell führenden europäischen Region, ihren Ursprung hatten und sich an der Kultur der Antike orientierten (Renaissance = Wiedergeburt). Während der **Humanismus** die wissenschaftlich-geistige Komponente dieser Erneuerungsbewegung darstellt, bezieht sich der Begriff **„Renaissance"** auf den gesamten kulturellen Bereich. Die Renaissance stellte den Menschen, die Menschenwürde und die freie Persönlichkeitsentfaltung in den Mittelpunkt ihrer Weltanschauung. Der kritisch eingestellte, rational handelnde Mensch wurde zum Maß aller Dinge, und dies auf der Grundlage einer diesseitigen Erziehung und Bildung. Die Bildungsziele und -methoden formulierten die Humanisten.

Humanismus und Renaissance waren nicht die Auslöser der Reformation. Die reformatorische Lehre Martin Luthers ist aus rein theologischen Überlegungen heraus konzipiert worden. Humanismus und Renaissance hatten aber die geistigen Grundlagen (Bildung, kritische Einstellung zur Kirche) für die rasante Ausbreitung der Reformation gelegt, welche vom Bildungsbürgertum der Städte getragen wurde, aber auch unter gebildeten Adligen und den Bildungsträgern des Mittelalters, dem hohen Klerus sowie den Mönchen, Anhänger fand. Die reformatorischen Ideen Luthers wurden vor allem durch Schriften verbreitet, deren massenhafte Herstellung durch den erst um 1450 erfundenen Buchdruck möglich geworden war. Weil humanistische Bildung vor allem eine Angelegenheit des Bürgertums in den Städten war, setzte sich die Reformation dort zuerst durch.

Ansatzpunkt für die Reformation waren die als skandalös empfundenen **Missstände in der Kirche.** Die Kirche hatte sich in eine von der römischen Kurie verwaltete fiskalische Einrichtung verwandelt, welche die zum Heil der Menschen erforderlichen Gnadengüter verwaltete und nur gegen hohe Gebühren weitergab. Ausgenutzt wurde hier die tiefe Frömmigkeit des mittelalterlichen Menschen. Selbst bei geringfügigen Anlässen setzte die Kirche ihre Forderungen mittels schwerster Kirchenstrafen, wie Kirchenbann und Interdikt, durch. Die Kirche war unermesslich reich. Zeitweise gehörte ihr etwa ein Drittel des Grundbesitzes im Lande. Das kanonische Armutsgebot wurde nur noch von den Reform-Orden der Bettelmönche befolgt (Franziskaner, Dominikaner, Karmeliter, Augustiner-Eremiten). Das Einkommen vieler Geistlicher war durch Ämterhäufung und damit verbundener Pfründenhäufung unverhältnismäßig hoch. Dies führte zur Vernachlässigung der geistlichen Pflichten. Insbesondere wurde die zur reinen Routine gewordene Seelsorge vernachlässigt. Viele Pfründeninhaber und Klosterinsassen führten ein beschauliches, sattes Leben. Hinzu kam in vielen Fällen ein unsittlicher Lebenswandel. Die einträglichen Pfründe dienten vielfach der Versorgung der Söhne und Töchter des Adels, indem diese geistliche Ämter erhielten oder in der Klosterhierarchie aufstiegen. Die Geistlichkeit hatte einen eigenen Gerichtsstand und war von allen öffentlichen Abgaben befreit. Die Gewerbebetriebe der Geistlichkeit, z.B. die Kloster-Brauereien, traten in Konkurrenz zum städt. Gewerbe. Die Erzbischöfe und Bischöfe waren gleichzeitig Landesherren und damit weltliche Herrscher. Alle Reformversuche, welche von der Geistlichkeit sowie von weltlichen Herrschern bisher angeregt worden waren, hatten nur zu Teilerfolgen geführt. Reformer wurden als Ketzer verfolgt und endeten vielfach auf dem Scheiterhaufen, so auch Jan Hus.

Anlass für den Beginn der Reformation war der **Ablassstreit** von **1517**.

Nach der kirchlichen Lehre war es möglich, einem bußfertigen Menschen die Sündenschuld, welche er durch sündigen Lebenswandel auf sich geladen hatte, und die er normalerweise im Leben durch Buße und nach dem Tode durch das Erleiden des Fegefeuers abzutragen hatte, teilweise oder vollständig zu erlassen. Ein derartiger, möglichst vollständiger Erlass der Sündenstrafen war durchaus erstrebenswert, denn die Menschen lebten in ständiger Angst vor den Qualen des Fegefeuers, die ihnen von der Kirche immer wieder in Wort und Bild plastisch vor Augen geführt wurden. In welchem Maße diese Sündenschuld erlassen wurde, hing von der Höhe einer an die Kirche zu zahlenden Gebühr ab. Das Ausmaß der jeweils erlassenen Sündenschuld (deshalb „Ablass" genannt) wurde durch die Ausstellung eines Ablassbriefes bestätigt. Ablässe wurden nur zu bestimmten kirchlichen Anlässen erteilt und vom Papst verkündet, das heißt ausgeschrieben. Derartige Anlässe wurden immer häufiger gefunden, um den steigenden Finanzbedarf der Kurie zu decken.

Der zur Finanzierung des Baues der Peterskirche in Rom vom Papst 1507 verkündete und sehr weitgehende Ablass (z.B. konnte auch Ablass für bereits Verstorbene erwirkt werden) war 1517 erneuert worden. Erzbischof Albrecht von Brandenburg erlaubte daraufhin gegen eine 50%ige Provision den Verkauf der Ablassbriefe in seinen Erzbistümern Mainz und Magdeburg sowie in der Diözese Halberstadt und in Preußen. In Kursachsen war dieser Ablasshandel durch Kurfürst Friedrich „den Weisen" (1486-1525) verboten worden. Die Provision benötigte Albrecht zur Abtragung seiner Schulden bei dem Handelshaus der Fugger in Augsburg. Diese Schulden (30.000 Gulden) hatte Albrecht

1514 aufnehmen müssen, um sich beim Papst die Genehmigung für die mit seiner Person verbundene, nach kanonischem Recht unzulässige Ämterhäufung zu erkaufen (Albrecht war Erzbischof von Mainz, Erzbischof von Magdeburg und Administrator des Bistums Halberstadt). Dieser Ablasshandel wurde insbesondere von dem Pirnaer Dominikanermönch Johannes Tetzel in marktschreierischer Art und Weise betrieben (später wurde diesbezüglich der Reim „Wenn das Geld im Kasten klingt, die Seele aus dem Fegefeuer springt!" in Umlauf gebracht). Auch Albrechts Instruktion für die Ablassprediger war eine rein geschäftliche Anweisung. Dieser Gnadenschacher musste Kritik herausfordern.

Martin Luther (geb. 10.11.1483 in Eisleben; verstorben 18.2.1546 in Eisleben), seit 1505 Mönch der Augustiner-Eremiten, seit 1512 Professor für Theologie an der kursächsischen Landesuniversität in Wittenberg, predigte seit 1516 vergeblich gegen diese Art des Ablasshandels. Auch seine mehreren Bischöfen vorgetragene Bitten, dagegen einzuschreiten, blieben erfolglos. So wandte er sich am **31.10.1517** direkt an Erzbischof Albrecht von Brandenburg und legte diesem Brief seine in Latein verfassten **95 Thesen gegen die Missbräuche des Ablasses** bei und bat um deren Abstellung, um Schaden von der Kirche abzuwenden. Als Luther keine Antwort erhielt, schickte er diese Ablassthesen an Freunde und Gelehrte und forderte zur Diskussion auf. Ohne dass Luther dies autorisiert hätte, erschienen seine 95 Thesen bald im Druck und lösten eine breite Diskussion aus, in deren Verlauf sich Luther immer mehr von der geltenden Kirchenlehre entfernte. Ein Thesenanschlag an die Tür der Schlosskirche zu Wittenberg am 31.10.1517, wie ihn erstmals Melanchthon 1546 beschrieb, hat wohl niemals stattgefunden.

Luther wurde durch die Dominikaner als Ketzer denunziert. Im Sommer 1518 eröffnete man in Rom das Inquisitionsverfahren gegen Luther, der jedoch nicht zum Verhör erschien. Sein Landesherr, Kurfürst Friedrich „der Weise", dessen Schutz Luther angerufen hatte, unternahm nichts gegen ihn, denn in einer noch zweifelhaften Angelegenheit wollte der vorsichtige und in allen Dingen auf rechtliche Korrektheit bedachte Friedrich keine voreilige Entscheidung treffen. Der Papst musste sich bereit erklären, Luther in Deutschland durch den Kardinal Cajetan in Augsburg verhören zu lassen (12. bis 14.10.1518). Luther widerrief jedoch nicht, sondern forderte die Entscheidung eines Konzils, dem sich auch der Papst zu unterwerfen habe, womit Luther dessen Autorität infrage stellte. Über Nacht floh Luther aus Augsburg und begab sich wieder nach Wittenberg. Gegenüber den päpstlichen Ermahnungen, Luther aus Wittenberg zu vertreiben, blieb Friedrich „der Weise" standhaft. Jetzt wurde der Prozess gegen Luther erst einmal ausgesetzt, denn die Wahl des röm.-dt. Kaisers stand bevor, und der Papst brauchte den Kurfürsten Friedrich, um die Wahl des Habsburgers Karl, der dem Papst zu mächtig war, zu verhindern. Damit wurde der Fall Luther zum Gegenstand der Reichspolitik.

Kaiser Maximilian I. hatte es nicht mehr vermocht, seine Nachfolge zu regeln und seinen Enkel Karl von Burgund zum röm.-dt. König krönen zu lassen. Karl hatte 1506 das Königreich Kastilien mit dessen Kolonien in Amerika geerbt. 1515 volljährig und Regent der Niederlande geworden, übertrug ihm 1516 sein Großvater Ferdinand „der Katholische" sein Königreich Aragon mit Neapel und Sizilien. Mit dem Tode Maximilians erbte Karl zusammen mit seinem Bruder Ferdinand die österr. Erbländer sowie die Erbansprüche auf Böhmen und Ungarn. Karl fehlte nur noch die Herrschaft über die Lombardei mit dem Herzogtum Mailand, einem Reichslehen, um territorial den Ring um Frankreich zu schließen und den Zugang zu seinen Herrschaftsgebieten in Süditalien (Neapel, Sizilien) zu sichern. Die Kontrolle über das Reichslehen Mailand konnte er nur über die Kaiserkrönung erreichen. In diesem Falle wäre der Kirchenstaat von habsburgisch kontrollierten Territorien eingekreist gewesen. Deshalb hatten weder der französische König Franz I. noch Papst Leo X. ein Interesse an der Wahl Karls von Burgund zum Kaiser.

Vor diesem machtpolitischen Hintergrund vollzog sich der Wahlkampf. Als Gegenkandidat zu Karl von Burgund war Franz I. von Frankreich angetreten. Beide Parteien buhlten um die Stimmen der Kurfürsten. Das Hauptinstrument dieses Wahlkampfes, für den allein Karl 852.000 Gulden ausgab, war Bestechung. Diese Summe hatte sich Karl von dem Handelshaus der Fugger in Augsburg geliehen. Als die besseren Aussichten Karls auf die Kaiserkrone offenkundig geworden waren, schaltete sich noch acht Tage vor der Wahl Papst Leo X. ein und versuchte, den Kurfürsten Friedrich „den Weisen" für eine Kandidatur zu gewinnen. Auch die anderen Kurfürsten schwenkten darauf ein und drängten Friedrich zur Annahme der Kandidatur. Friedrich aber blieb standhaft und lehnte ab. Ihm war bewusst, dass er mit seiner geringen Hausmacht und seinem persönlichen Herrschaftsstil einer solchen Herausforderung nicht gewachsen war.

Am 28.6.**1519** wurde Karl von Burgund von den Kurfürsten einstimmig als **Karl V.** zum römisch-deutschen König und Kaiser gewählt. Diese Einstimmigkeit konnte jedoch nicht darüber hinwegtäuschen, dass die Kurfürsten misstrauisch gegenüber Karl waren, dessen Machtgrundlage und Weltherrschaftspläne sie als Bedrohung empfanden. Auch war der am 24.2.1500 in Gent geborene Karl kein Deutscher, sondern von Geburt und Herkunft Burgunder und mit Burgund und Spanien stärker verbunden als mit Deutschland. Deshalb formulierten die Kurfürsten erstmals eine Wahlkapitulation (Wahlversprechen), welche Karl noch vor seiner Krönung anerkennen musste. Formuliert hatte es der rechtskundige Kurfürst Friedrich „der Weise". Mit dieser Wahlkapitulation wurden die kaiserlichen Rechte zugunsten des Mitspracherechts der Stände wesentlich eingeschränkt. So verpflichtete sich Karl zur Einsetzung eines Reichsregiments und zur Anerkennung aller Privilegien der Reichsfürsten. Weiterhin verpflichtete sich der Kaiser, sich in wichtigen Reichsangelegenheiten mit den Kurfürsten zu beraten, so vor einem Bündnisabschluss mit auswärtigen Mächten, vor einem Angriffskrieg und vor der Einberufung eines Reichstages sowie zur ausschließlichen Berufung Deutscher in die Reichsämter und zum ausdrücklichen Verzicht auf die Erblichkeit des Kaisertums. Außerdem durfte der Kaiser keine ausländischen Truppen im Reich halten. Karl V. war bei der

Wahl nicht anwesend. Seit 1517 hielt er sich in Spanien auf, um dort gegen beträchtlichen Widerstand seine Anerkennung durchzusetzen.

In der Zeit der Abwesenheit des Kaisers von Deutschland wurde aus dem Ablassstreit eine umfassende nationale Bewegung. Durch Luthers Stellungnahmen aus konkreten Anlässen wurde Luther in seinen Aussagen immer weiter getrieben.

Einer dieser Anlässe war die Leipziger Disputation (27.6.-16.7.1519) zwischen Luther und Johann Eck, der auch Herzog Georg „der Bärtige" von Sachsen zuhörte. In Vorbereitung auf diese Disputation war Luther zu der Erkenntnis gekommen, dass der Herrschaftsanspruch des Papstes nicht aus der Heiligen Schrift ableitbar, sondern eine Schöpfung der letzten Jahrhunderte sei. Luther wollte die Kirche aber auch jetzt noch nicht spalten, sondern reformieren. In der Disputation selbst ließ er sich zu der Aussage hinreißen, dass Päpste und Konzilien irren könnten und dies bei der Verurteilung von Jan Hus der Fall gewesen sei.

Zu Verfechtern der Sache Luthers wurde ein großer Teil der Humanisten, unter ihnen der streitbare Publizist und Dichter Ulrich von Hutten, welcher den Söldnerführer Franz von Sickingen dafür gewann, Luther seine Ebernburg als sicheres Domizil anzubieten. Ulrich von Hutten strebte letztlich ein Bündnis des niederen Adels, dessen Einfluss durch die Reichsfürsten immer weiter zurückgedrängt worden war, mit den Städten gegen die Fürsten und die Geistlichkeit an und glaubte, für dieses Ziel in den Lehren Luthers Anknüpfungspunkte zu finden.

Die Universität in Wittenberg entwickelte sich zum geistigen Mittelpunkt der Reformation. 1518 erfolgte die Berufung **Philipp Melanchthons**, des künftig wichtigsten Mitstreiters von Luther. Durch die Studenten der Wittenberger Universität wurde die Lehre Luthers in alle Teile des Reiches getragen. Ein weiteres Mittel zur Popularisierung der reformatorischen Ideen waren die zahlreichen Publikationen Luthers, meist schnell skizzierte Streitschriften, welche dank des Buchdrucks in kürzester Zeit eine weite Verbreitung fanden. Bereits 1518 erschien eine Gesamtausgabe von Luthers Schriften, der bis 1520 vier weitere Auflagen folgten. 1520 erschienen Luthers grundlegende reformatorische Schriften, in denen er seine Reform-Ideen zusammenfasste: „Von der Freiheit eines Christenmenschen" (Luther meinte die innere Freiheit des Christen, während dies die 1524/26 in den Bauernkrieg ziehenden Bauern als politische Freiheit missverstanden), „An den christlichen Adel deutscher Nation" (erstmals Reformvorschläge für Kirche und Welt), „Von der Babylonischen Gefangenschaft der Kirche" (Sakramentslehre Luthers).

Alle Versuche der Kurie, Friedrich „den Weisen" zum Vorgehen gegen Luther zu veranlassen, scheiterten. Auf Betreiben von Johann Eck erfolgte am 9.1.1520 die Wiederaufnahme des Verfahrens gegen Luther. Am 15.6.1520 erging die päpstliche Bannandrohungsbulle. Alle Christen wurden aufgefordert, die ketzerischen Schriften zu verbrennen. Luther und seine namentlich genannten Anhänger sollten innerhalb von 60 Tagen widerrufen. Am 10.12.1520 verbrannte Luther in Wittenberg im Beisein von Kollegen und Studenten einen Plakatdruck der päpstlichen Bulle sowie einige kanonische Rechtsbücher, womit Luther in aller Form den Bruch mit der römischen Kirche vollzog. Daraufhin wurde am 3.1.1521 der Kirchenbann und damit die Exkommunikation über Luther und seine Anhänger verkündet. Daraufhin hätte automatisch die Reichsacht und damit die Vollstreckung des Urteils gegen Luther folgen müssen. Aber auch hier musste der Kaiser wieder auf die Kurfürsten Rücksicht nehmen.

Erst im Okt. 1520 kam Kaiser Karl nach Deutschland und wurde am 23.10.1520 im Dom zu Aachen gekrönt (die Kaiserkrönung durch den Papst erfolgte erst am 24.2.1530 in Bologna; es war die letzte Kaiserkrönung eines röm.-dt. Königs).

Am 27.1.**1521** eröffnete Karl seinen ersten **Reichstag in Worms**. Hauptanliegen des Kaisers war die Bewilligung von Geld. Dieses benötigte er dringend für die Niederschlagung der Aufstände in Spanien, für den bevorstehenden Krieg gegen Frankreich und seine Italienpolitik. Luther war nach Worms befohlen worden, um dort seine ketzerische Lehre nicht etwa zu verteidigen, sondern zu widerrufen. Seine Reise nach Worms war ein Triumphzug, auf dem ihm allerorten Sympathie entgegengebracht wurde, obgleich jene Orte, welche den gebannten Luther aufnahmen, mit dem Interdikt rechnen mussten. Ein päpstlicher Gesandter meldete nach Rom, dass in Deutschland 90 % für Luther eintreten würden und die restlichen 10 % zumindest entschieden gegen den Papst seien. Luther wurde am 17./18.4.1521 im Beisein des Kaisers zum Widerruf aufgefordert. Luther lehnte ab, es sei denn, man könne seine Thesen durch die Heilige Schrift oder klare Vernunftgründe widerlegen. Am 25.4.1521 reiste Luther mit der Zusicherung eines dreiwöchigen freien Geleits ab.

Am 25.5.1521 unterzeichnete Kaiser Karl das auf den 8.5.**1521** rückdatierte **Wormser Edikt**. Es beinhaltete die Reichsacht gegen Luther und seine Anhänger. Jeder, welcher der Geächteten habhaft werden konnte, war verpflichtet, diese gefangen zu nehmen und an den Kaiser auszuliefern. Verboten wurde die Lektüre und Verbreitung von Luthers Schriften. Die Herstellung und der Vertrieb aller Bücher sollten künftig der Zensur der Bischöfe unterliegen; für die Zensur der den Glauben betreffenden Bücher sollten die theologischen Fakultäten zuständig sein. Praktisch waren zur damaligen Zeit derartige Bestimmungen schon nicht mehr durchsetzbar.

Bevor der Kaiser das Reich wieder verließ, ordnete er die Reichsangelegenheiten. Im Vertrag von Worms (28.4.1521) übertrug Karl seinem jüngeren Bruder Erzherzog Ferdinand zu erblichem Lehen den gesamten habsburgischen Besitz in Deutschland (das Erzherzogtum Österreich sowie die Herzogtümer Steiermark, Kärnten und Krain; 1522 kamen Tirol und Vorderösterreich hinzu) sowie das seit 1519 unter habsburgischer Verwaltung stehende Herzogtum Württemberg. Nur das habsburgische Elsass sollte als strategisch wichtige Verbindung zwischen Italien und den Niederlanden nach dem Tode Ferdinands wieder an die burgundische Linie des Hauses Habsburg zurückfallen. Außerdem war Erzherzog Ferdinand während der Abwesenheit des Kaisers dessen Statthalter in Deutschland, blieb jedoch in wichtigen Entscheidungen vom Kaiser abhängig. Ein dauerndes Reichsregiment, wie es Karl in der Wahlkapitulation zugestanden hatte, konnten die Reichsstände auf dem Wormser Reichstag nicht durchsetzen.

Nach dem Reichstag von Worms begab sich Kaiser Karl außerhalb des Reiches, denn der Krieg mit Frankreich hatte bereits begonnen und zog sich mit kurzen Unterbrechungen bis 1544 hin, sodass sich Karl in dieser Zeit nicht den konfessionellen Angelegenheiten im Reich widmen konnte und sich die Reformation in Deutschland ungehemmt ausbreitete.

Auf seiner Rückreise von Worms wurde Luther bei Eisenach auf Anweisung des Kurfürsten Friedrich „des Weisen" aufgegriffen und auf die **Wartburg** in Sicherheit gebracht, um ihn vor der Reichsexekution zu schützen. Friedrich wollte Luthers Versteck gar nicht wissen. Luthers Vertraute waren in diese Aktion eingeweiht und standen während der Zeit, als Luther unter dem Namen „Junker Jörg" auf der Wartburg lebte, mit diesem in Verbindung. Dazu gehörte Georg Spalatin, der Verbindungsmann zwischen Luther und dem Kurfürsten, denn Letzterer ist wohl niemals mit Luther persönlich bekannt geworden. Auf der Wartburg übersetzte Luther innerhalb von nur zehn Wochen das Neue Testament ins Deutsche. Die gesamte **Bibelübersetzung** lag erst 1534 vor, denn dazu bedurfte Luther der Hilfe der Wittenberger Theologen, insbesondere des Professors für Griechisch, Melanchthon. Es handelt sich dabei weniger um eine philologische als um eine sprachschöpferische Übersetzung, deren Sprache durch ihre Kraft und Anschaulichkeit überzeugt. Die Lutherbibel war über Jahrhunderte das meistgelesene Buch, welchem in Zeiten staatlicher Zersplitterung eine nationale Integrationsfunktion zukam.

Auf der Wartburg schrieb Luther auf Anregung des Kurfürsten auch seine „Hauspostille" (Sammlung von Luther-Predigten zum Vorlesen vor der Gemeinde oder im häuslichen Kreis) sowie eine große Zahl von Flugschriften, die eine reichs- und europaweite Verbreitung fanden.

Inzwischen führte die Lehre Luthers zu praktischen Veränderungen. Gepredigt wurde in Deutsch, Mönche verließen in Scharen ihre Klöster, Priester heirateten, und in der Liturgie kam es zu Veränderungen (z.B. Abendmahl in beiderlei Gestalt). Die Predigt wurde zum Schwerpunkt des Gottesdienstes und trat damit ins Zentrum der Gemeindearbeit. In Wittenberg kam es unter dem Einfluss radikaler Reformer (z.B. Andreas Bodenstein, genannt Karlstadt) zu Auswüchsen (Zerstörung von Bildern, Heiligenstatuen und Marienfiguren; Abbruch von Nebenaltären usw.). Luther kehrte im März 1522 nach Wittenberg zurück und schuf hier Ordnung. Unruhen löste auch das Auftreten von **Thomas Müntzer** in Zwickau **1520/21** aus, welcher zu sozialrevolutionären Schlussfolgerungen gekommen war und das Reich Gottes schon auf Erden verwirklicht wissen wollte. Aus Zwickau vertrieben, gründete Müntzer in Allstedt den geistig-revolutionären Bund der „Auserwählten", welche nicht dem Wort der Heiligen Schrift, sondern einer inneren Offenbarung, dem inneren Wort, folgten. Aus Allstedt vertrieben, ging Müntzer nach Mühlhausen.

Bauernkrieg

Diese größte politisch-soziale revolutionäre Massenbewegung der deutschen Geschichte stand hinsichtlich ihrer Forderungen zunächst in der Tradition der vorangegangenen Bauernaufstände, war jedoch nicht mehr lokal begrenzt, sondern breitete sich, im Süden und Südwesten beginnend, als eine Aufeinanderfolge vielfach sporadischer Einzelaktionen fast über ganz Deutschland aus. Verschont blieben Bayern und Böhmen sowie der Norden und der Nordwesten Deutschlands.

Die Bauern wandten sich vor allem gegen ungerechtfertigte Erhöhungen der Abgaben und Dienste, Einschränkungen der bäuerlichen Selbstverwaltung sowie der Nutzung des Gemeinbesitzes hinsichtlich Waldnutzung, Fischfang, Jagd usw. Dies sind alles Forderungen des besitzenden Bauerntums, nicht der bäuerlichen Unterschichten. Dabei berief man sich zunächst auf das „gute alte Recht". In dem Manifest der **„Zwölf Artikel der Bauernschaft in Schwaben"** (Febr./März 1525; im Druck erschienen am 19.3.**1525**) wurden die Forderungen der Bauern verallgemeinert. Man verlangte die Aufhebung der Leibeigenschaft, die freie Nutzung des Gemeindelandes (Allmende) und die Einschränkung der Abgaben an die Grundherren. Neu war die Forderung nach dem Recht der freien Pfarrerwahl. Der Einfluss der Reformation zeigte sich darin, dass man sich nicht mehr auf „das gute alte Recht", sondern auf das „göttliche Recht" berief. Bei jeder der aufgestellten Forderungen wies man auf deren Übereinstimmung mit dem Wort Gottes hin.

Als Beginn des Bauernkrieges gilt der Aufstand der Bauern in der Herrschaft Stühlingen (am Südostrand des Schwarzwaldes) am 23.6.1524 unter Führung des ehem. Landsknechts Hans Müller von Bulgenbach. Die Hauptlast zur Niederschlagung der Aufstände trug der Schwäbische Bund. Die wohl vernichtendste Niederlage erlitten die Haufen der meist thüringischen Bauern in der **Schlacht bei Frankenhausen (15.5.1525)** gegen das vereinigte hessisch-braunschweigisch-sächsische Heer unter Landgraf Philipp von Hessen, Herzog Heinrich von Braunschweig und Herzog Georg „dem Bärtigen" von Sachsen. Etwa 6000 Bauern und Angehörige der städt. Unterschichten wurden grausam niedergemetzelt. Der gefangen genommene Thomas Müntzer wurde am 27.5.1525 hingerichtet. Die Bauernaufstände dauerten noch bis Mitte 1526 an.

Die Bauern und die mit ihnen verbündeten städt. Unterschichten erlitten eine totale Niederlage, der sich ein grausames Strafgericht anschloss. Etwa 100.000 Bauern kamen um. Ursachen dieser Niederlage waren die Spontaneität der Aufstände, das Fehlen politischer und militärischer Führerpersönlichkeiten sowie das Fehlen einer zentralen Leitung. Die Teilnahme einzelner Adliger (Florian Geyer, Götz von Berlichingen) an den Aufständen aufseiten der Bauern blieb eine Ausnahme. Auch das Besitzbürgertum der Städte verbündete sich nur in einigen Fällen mit den Aufständischen. Luther, der anfangs mit den Bauern sympathisierte, wandte sich bald vehement von ihnen ab, stellte sich vorbehaltlos auf die Seite der Obrigkeit und dokumentierte dies mit seiner Schrift „Wider die räuberischen und mörderischen Rotten der Bauern".

Die Bauern waren durch ihre Niederlage als politische Kraft ausgeschaltet worden. Indem die Bauern vor allem die Schlösser des niederen Adels zerstörten und dessen letzte wirtschaftliche Grundlagen ruinierten, hatten sie die Position der Landesfürsten gestärkt, was dem Ausbau der Landesherrschaften zugutekam.

Bis zur Schlacht bei Frankenhausen hatten die Fürsten unabhängig von ihrer Konfession gemeinsam gegen die aufständischen Bauern gekämpft. Danach brachen die konfessionellen Gegensätze wieder auf.

Am 19.7.**1525** kam auf Initiative Herzog Georgs von Sachen in Dessau ein Bündnis (**Dessauer Bündnis**) zustande, dem als Exponenten des alten Glaubens neben Herzog Georg von Sachsen noch der Erzbischof von Mainz (Albrecht von Brandenburg), Kurfürst Joachim I. von Brandenburg, Herzog Heinrich von Braunschweig-Wolfenbüttel, Herzog Erich von Braunschweig-Calenberg sowie die Bischöfe der Mainzer Kirchenprovinz angehörten. Sie stellten sich das Ziel, „die verdammte lutherische Sekte als Wurzel dieses Aufruhrs auszuroden", und forderten von Kaiser Karl die Durchsetzung des Wormser Edikts. Dieses Bündnis löste sich bald wieder auf.

Als Gegenmaßnahme zum Dessauer Bündnis schlossen sich die evangel. Reichsstände auf Initiative Landgraf Philipps von Hessen, der im Sommer 1524 durch Melachthon für den neuen Glauben gewonnen worden war, am 4.5.**1526** zu einem Defensivbündnis (**Torgauer Bündnis**) zusammen, falls sie aus Gründen der Religion angegriffen werden sollten. Diesem Bündnis zwischen dem Kurfürsten Johann „dem Beständigen" von Sachsen und Landgraf Philipp von Hessen traten am 12.6.1526 die Herzöge Ernst und Franz von Braunschweig-Lüneburg, Albrecht von Mansfeld, Heinrich von Mecklenburg, Philipp von Braunschweig-Grubenhagen, Wolfgang von Anhalt und die Stadt Magdeburg bei; am 29.9.1526 folgte der Beitritt Albrechts von Preußen (nach der Niederlage gegen Polen und dem Abschluss des Friedens von Krakau am 8.4.1525 war der Hochmeister des Deutschen Ordens, Albrecht von Brandenburg, der Reformation beigetreten und hatte das Ordensland in das weltliche Herzogtum Preußen umgewandelt, welches er vom König von Polen zu Lehen nahm). Das Torgauer Bündnis bildete die Grundlage aller nachfolgenden protestantischen Bündnisse.

Auf dem **Reichstag zu Speyer** (eröffnet 25.6.**1526**) einigte man sich hinsichtlich der Religionsfrage bis zur endgültigen Lösung durch ein Konzil auf einen Kompromiss (27.8.1526). Man wollte „mit den Untertanen also leben, regieren und sich halten, wie ein jeder solches gegen Gott und kaiserliche Majestät hoffe und vertraue zu verantworten". Dieser Beschluss wurde zum Ausgangspunkt für die Entwicklung der Landeskirchen („landesherrliches Kirchenregiment").

Nach dem Reichstag von Speyer konnte sich Erzherzog Ferdinand wegen der **Türkengefahr** nicht mehr mit den Religionsangelegenheiten befassen. 1526 näherten sich die Türken unter Sultan Suleiman den österr. Grenzen. König Ludwig II. von Böhmen und Ungarn stellte sich den Türken entgegen und fiel in der **Schlacht bei Mohács** (29.8.**1526**). Am 10.9.1526 besetzten die Türken Ofen (heute zum Stadtgebiet von Budapest gehörig).

Weil Ludwig kinderlos gestorben war, traten jetzt die Erbverträge in Kraft, nach denen Erzherzog Ferdinand Anspruch auf die Kronen von Böhmen und Ungarn hatte. Von den böhmischen Ständen wurde Erzherzog Ferdinand am 22.10.1526 zum König von Böhmen gewählt (Krönung in Prag am 24.2.1527). In Ungarn konnte sich Ferdinand nicht durchsetzen. Zum König wurde dort im Nov. 1526 der Woiwode von Siebenbürgen, Johann Zapolya, gekrönt, jedoch von Ferdinand bei Tokay geschlagen. Ferdinand ließ sich daraufhin im Dez. 1526 von einer Minderheit des ungarischen Adels zum König erheben. Am 24.2.1538 einigte sich Ferdinand mit Zapolya und erkannte Letzteren auf Lebenszeit als König von Ungarn an. Ferdinand konnte jedoch auch nach dem Tode Zapolyas in Ungarn die Herrschaft nicht antreten, weil sich der ungarische Hochadel mit den Türken verbündete, welche ab 1541 den größten Teil Ungarns für die nächsten 150 Jahre besetzten.

Luther hatte der Organisation des kirchlichen Lebens zunächst wenig Beachtung geschenkt. Er betrachtete die Gemeinden als freiwillige Zusammenschlüsse von Gläubigen mit großen Freiräumen für die Mitarbeit der Laien. Die Beschäftigung mit der Heiligen Schrift würde den Gemeinden schon den rechten Weg weisen. Der Bauernkrieg und das Aufkommen anderer protestantischer Bewegungen hatten jedoch gezeigt, dass man durch das Studium der Heiligen Schrift auch zu anderen Ansichten kommen konnte (Calvinismus; Lehre Thomas Müntzers; Wiedertäufer). Außerdem mussten jene rechtlichen Lücken geschlossen werden, welche sich durch den Wegfall des kanonischen Rechts aufgetan hatten. Abhilfe war nur durch den Aufbau einer straffen Kirchenorganisation verbunden mit der Schaffung eines neuen Kirchenrechts sowie einer Ergänzung des weltlichen Landesrechts möglich.

Weil die Reformation eine Angelegenheit der Territorien war (der Kaiser als Repräsentant des Reiches vertrat ja den alten Glauben) und innerhalb der Territorien allein den Landesherren die Gesetzgebungskompetenz zukam, musste der Aufbau neuer Kirchenordnungen von den Landesherren der einzelnen Territorien ausgehen. Das Ergebnis waren autonome hierarchische Organisationsstrukturen, an deren Spitze die einzelnen Landesherren standen (landesherrliches Kirchenregiment). Mit der Trennung von Staat und Kirche gingen im 20. Jh. übrigens die landesherrlichen Kirchenregimente in die heutigen Landeskirchen über. Durch das im Verlaufe der Reformation geschaffene landesherrliche Kirchenregiment wurden weltliche und geistliche Macht in der Hand des weltlichen Herrschers vereinigt und damit dessen Autorität gestärkt, was zur Verselbstständigung der Territorien im Reich wesentlich beigetragen hat. Bei der Vorherrschaft alles Religiösen kam dem landesherrlichen Kirchenregiment innerhalb der Territorien eine wichtige Integrationsfunktion zu, denn während die Bewohner eines Territoriums hinsichtlich der weltlichen Verwaltung den unterschiedlichsten Grundherrschaften, zu denen auch der Landesherr gehörte, unterstanden, gehörten jetzt alle Bewohner einer vom Landesherrn geleiteten einheitlichen Kirchenorganisation an. So war es zum Beispiel keine Seltenheit, dass die Bewohner eines Dorfes verschiedenen Grund- und Gerichtsherren unterstanden, aber alle gehörten sie zu einer Kirchgemeinde.

Ein **evangel.-luth. landesherrliches Kirchenregiment** wurde erstmals ab **1526** im Kurfürstentum Sachsen geschaffen und war Vorbild für die in den anderen evangel. Territorien aufzubauenden Kirchenverwaltungen. Dies erfolgte unter dem Bruder und Nachfolger Friedrichs „des Weisen", Kurfürst Johann „dem Beständigen" (1525-1532), welcher mehr noch als sein Bruder die Förderung der Lehre Luthers als seine Regentenpflicht ansah. Zwecks Durchsetzung des landesherrlichen Kirchenregiments bildete man aus Theologen und Juristen bestehende kurfürstliche Kommissionen, welche im Zuge von Kirchenvisitationen vor allem personelle Veränderungen vornahmen, die Durchführung der Gottesdienste neu regelten, das Kirchengut inventarisierten und neu ordneten sowie die Superintendenturen als kirchliche Aufsichtsbehörden installierten (oberste Aufsichtsbehörden wurden wenig später die landesherrlichen Konsistorien). Die Armenversorgung musste neu geregelt und das Schulwesen neu aufgebaut werden (bis dahin gab es im Wesentlichen nur wenige Klosterschulen). Der größte Teil des kirchlichen Besitzes wurde zugunsten des Kurfürsten eingezogen (säkularisiert) und von diesem entweder einbehalten oder verkauft. Die Möglichkeit der Säkularisation von Kirchengut war für die Landesherren ein großer Anreiz, um zum neuen Glauben überzutreten.

Auf dem **Reichstag zu Speyer** (eröffnet 15.3.**1529**) wurde der Reichstagsabschied von 1526 hinsichtlich der Gewissensfreiheit bei der Religionsausübung zurückgenommen, die Einführung weiterer kirchlicher Neuerungen verboten und die Einhaltung des Edikts von Worms eingeschärft (Reichstagsabschied vom 22.4.1529). Daraufhin legten die protestierenden reformatorisch gesinnten Reichsstände notariell am 24.4.1529 in einer Appellation an den Kaiser ihre abweichende Auffassung dar. Unterzeichnet wurde dieser Protest von Kurfürst Johann von Sachsen, Markgraf Georg von Brandenburg-Ansbach, Herzog Ernst von Braunschweig-Lüneburg, Landgraf Philipp von Hessen, Fürst Wolfgang von Anhalt und 14 Städten (darunter Straßburg, Nürnberg, Ulm, Konstanz). Seit dieser Zeit setzte sich für diese Protestierenden der Begriff **„Protestanten"** durch (heute wird dieser Begriff im erweiterten Sinne gebraucht und umfasst alle christlichen Kirchen und Gemeinschaften, die nicht der katholischen oder der Ostkirche angehören). Die Protestanten mussten nun jederzeit mit militärischen Maßnahmen der Gegenpartei rechnen, und Sachsen, Hessen, Nürnberg, Straßburg und Ulm schlossen noch am 22.4.1529 einen geheimen Bündnisvertrag ab.

Nach seinen erfolgreichen Feldzügen gegen Frankreich und den Papst konnte Kaiser Karl V. darangehen, die Religionsstreitigkeiten zu beenden. Seine abweisende Haltung gegenüber Luther und seiner Lehre hatte sich nicht geändert. Die Bekämpfung der Ketzer zählte er zu seinen vordringlichsten Pflichten. Ihm war aber klar geworden, dass es hier um die kirchliche und politische Zukunft des Reiches ging. So eröffnete Karl am 15.6.1530 nach neunjähriger Abwesenheit vom Reich den Reichstag zu Augsburg, wo es vor allem um die Beilegung der Religionsstreitigkeiten gehen sollte. In Vorbereitung dieses Reichstages hatte Karl die streitenden Parteien aufgefordert, ihre Standpunkte zu formulieren. So wurde am **25.6.1530** die grundlegende Bekenntnisschrift der protestantischen Reichsstände, die **Augsburger Konfession** (Confessio Augustana), vorgetragen. Sie umfasste Darstellungen zum Glauben und zur Lehre der Protestanten sowie zu den abgestellten Missbräuchen der alten Kirche. Der auf Ausgleich und religiösen Frieden bedachte Verfasser der Confessio Augustana, Melanchthon, ging auch weiterhin von einer Einheit der Kirche aus und wollte die Vorwürfe einer Abweichung der Protestanten von der älteren Kirchenlehre entkräften. Die kathol. Gegenpartei legte ihre Grundsätze in der Confutatio dar (3.8.1530). Kaiser Karl erklärte daraufhin die Confessio Augustana für widerlegt. Damit war der Versuch der

Wittenberger Reformatoren, die Rechtgläubigkeit ihrer Lehre zu beweisen, gescheitert, und es trat endgültig eine Spaltung der Reichsstände in eine protestantische und eine katholische Partei ein. Den Reichstagsabschied (19.11.1530) beschlossen nur noch die kathol. Reichsstände. Festgelegt wurden die kirchlichen Bräuche, bei denen man bleiben sollte. Diese wurden unter den Schutz des Landfriedens gestellt. Abweichungen davon waren vom Reichskammergericht zu verfolgen. Das säkularisierte Kirchengut sollte der Kirche wieder zurückgegeben werden. Im Falle einer Weigerung drohte die Reichsexekution.

Am 5.1.**1531** erfolgte die Wahl Ferdinands (König von Böhmen und Erzherzog von Österreich) als **Ferdinand I.** zum deutschen König. Kaiser Karl V. hatte ihn zu seinem Nachfolger in der Kaiserwürde bestimmt.

Gegen die drohende Reichsexekution wurde am 27.2.**1531** der **Schmalkaldische Bund** der protestantischen Reichsstände als Defensivbündnis bei Angriffen auf die evangel. Lehre und den Frieden im Reich geschlossen. Diesem traten bei Kurfürst Johann von Sachsen, Landgraf Philipp von Hessen, die Herzöge Ernst von Braunschweig-Lüneburg und Philipp von Braunschweig-Grubenhagen, die Grafen von Anhalt-Bernburg und Mansfeld sowie die Städte Biberach, Bremen, Isny, Konstanz, Lindau, Lübeck, Magdeburg, Memmingen, Reutlingen, Straßburg und Ulm.1532 traten noch bei Braunschweig, Göttingen, Esslingen, Goslar und Einbeck. Später erfolgen noch folgende weitere Beitritte: Pommern, Württemberg, Anhalt-Dessau, Augsburg, Frankfurt am Main, Kempten, Hamburg, Hannover, der König von Dänemark, Brandenburg-Küstrin, Heilbronn und Schwäbisch Hall. Für die Mitglieder des Bundes galt seit 1535 die Augsburger Konfession.

Weil Kaiser Karl V. die Hilfe auch der Protestanten gegen die in Ungarn eingefallenen Türken benötigte, kam es am 23.7.**1532** zum Abschluss des **Nürnberger Religionsfriedens** zwischen dem Kaiser und dem Schmalkaldischen Bund. Bis zu einem Konzil sollte der gegenwärtige Religionszustand beibehalten werden. Die beim Reichskammergericht gegen die Protestanten anhängigen Verfahren wurden eingestellt.

Auf dem Reichstag zu Regensburg (eröffnet 5.4.1541) versuchte der Kaiser nochmals zwischen den Religionsparteien zu vermitteln. Aber auch dieses **Regensburger Religionsgespräch** (27.4. bis 25.5.**1541**), in dem die Altgläubigen den Protestanten sehr weit entgegengekommen waren, führte zu keiner Einigung. Die Versuche des Kaisers um Vermittlung waren gescheitert. Im Reichstagsabschied wurde der Nürnberger Religionsfriede verlängert, jedoch eine Erweiterung des Schmalkaldischen Bundes verboten. Weiterhin kam am 13.6.1541 ein Geheimabkommen zwischen dem Kaiser und Landgraf Philipp von Hessen zustande, wodurch der Schmalkaldische Bund keine Gefahr mehr für den Kaiser darstellte. Philipp entging durch dieses Bündnis der kaiserlichen Gerichtsbarkeit, denn er war mit Duldung seiner Gemahlin Christina von Sachsen, einer Tochter Herzog Georgs von Sachsen, und mit Unterstützung durch Luther und Melanchthon eine Doppelehe mit einer Hofdame eingegangen, was unter Strafe stand.

Die Schwäche und Uneinigkeit des Schmalkaldischen Bundes zeigte sich bereits 1542, als der französische König Franz I. einen vierten Krieg gegen den Kaiser begann und auf allen Fronten angriff. Der Schmalkaldische Bund nutzte dies nicht, um den Kaiser zu Zugeständnissen in den Religionsangelegenheiten zu zwingen. Die Gelegenheit dazu wäre auch deshalb günstig gewesen, weil gerade in diesen Jahren viele Reichsstände auf die Seite der Protestanten traten. Dies waren das Herzogtum Sachsen nach dem Tode Herzog Georgs (1539) und praktisch ganz Norddeutschland mit Jülich-Kleve-Berg, Geldern, dem Erzbistum Köln und den Bistümern Münster, Osnabrück, Minden und Paderborn. Weiterhin Pfalz-Neuburg (1542). Auch in Braunschweig wurde 1542 die Reformation eingeführt, nachdem Kursachsen und Hessen dort Heinrich d. J. von Braunschweig vertrieben hatten. Dem Kaiser gelang es auf dem Reichstag zu Speyer (1544), durch die Verlängerung des Religionsfriedens sowie andere Zugeständnisse sogar von den protestantischen Reichsständen Kriegshilfe gegen Frankreich zu erlangen (10.6.1544).

Nach dem Friedensschluss mit Frankreich (Friede zu Crépy 19.11.1544) stand der Kaiser auf der Höhe seiner Macht und begann mit den Kriegsvorbereitungen gegen den Schmalkaldischen Bund. Gleichzeitig hielt er die Protestanten auf den Reichstagen zu Worms (März 1545) und zu Regensburg hin. Verbündete des Kaisers waren vor allem der Papst, der Herzog von Bayern (Regensburger Vertrag 7.6.1546) und der protestantische Herzog Moritz von Sachsen. Letzterer hatte gegen Zusicherung der Neutralität am 19.6.1546 vom Kaiser die Schutzherrschaft über Magdeburg und Halberstadt erhalten. Die Übertragung der Kurwürde von dem Ernestiner Johann Friedrich „dem Großmütigen" von Sachsen (1532-1547) auf dessen Vetter, den Albertiner Moritz von Sachsen (1541-1553 Herzog, ab 1547 Kurfürst), war vom Kaiser in Aussicht gestellt worden.

Kaiser Karl V. eröffnete den **Schmalkaldischen Krieg** am 20.7.**1546** von Regensburg aus mit der Verhängung der Reichsacht gegen den Landgrafen Philipp von Hessen und den Kurfürsten Johann Friedrich „den Großmütigen" von Sachsen, weil diese den Herzog Heinrich d. J. von Braunschweig gefangen genommen hatten. Die in Süddeutschland innerhalb kurzer Zeit zusammengezogenen Truppen des Schmalkaldischen Bundes, die bereits am 10.7.1546 tätig geworden waren, nutzten ihren Vorteil nicht und ermöglichten so die Vereinigung der kaiserlichen Truppenkontingente. Beide Parteien vermieden größere Schlachten. Nachdem der Kaiser am 27.10.1546 an Herzog Moritz von Sachsen die versprochene Kurwürde übertragen hatte, gab dieser seine Neutralität auf und besetzte im Bündnis mit König Ferdinand I. die bisher ernestinischen kurfürstlichen böhmischen Lehen und einen Teil Kursachsens. Johann Friedrich „der Großmütige" verließ daraufhin das Heer des Schmalkaldischen Bundes in Süddeutschland, eroberte Kursachsen wieder zurück und besetzte einen Teil des albertinischen Herzogtums Sachsen. Daraufhin kamen der Kaiser und König Ferdinand dem Kurfürsten Moritz in Sachsen zu Hilfe. Johann Friedrich „der Großmütige" wurde am 24.4.**1547** in der **Schlacht bei Mühlberg** vernichtend geschlagen und geriet in die Gefangenschaft des Kaisers. In der **Wittenberger Kapitulation** (19.5.1547) verzichtete Johann Friedrich auf die Kurlande (Kurkreis um Wittenberg), auf den ernestinischen Anteil am Meißner Land, auf seinen Anteil an den sächsischen Bergstädten und ihren Einkünften, auf seine böhmischen Lehen, auf Dobrilugk sowie auf die Schutzherrschaft über Magdeburg und Halberstadt. Weiterhin wurden alle Festungen übergeben. Johann Friedrich verlor die Kurwürde und blieb in des Kaisers „ewiger Gefangenschaft" (erst am 27.8.1552 wieder freigelassen; verstorben am 3.3.1554). Herzog Moritz wurde am 4.6.1547 im Feldlager zum Kurfürsten ausgerufen (Belehnung mit den Kurlanden und der Kurwürde am 24.2.1548). Wegen des aus machtpolitischen Erwägungen durch Moritz von Sachsen an der Sache der Protestanten verübten Verrats nannte man ihn den „Judas von Meißen". Landgraf Philipp von Hessen, der Schwiegervater des Moritz von Sachsen, ergab sich am 19.6.1547 bei Halle dem Kaiser, wurde aber entgegen der Zusicherung des Kaisers gegenüber Moritz gefangengesetzt und erst 1552 wieder freigelassen. Bis Mai 1547 wurde auch das Heer des Schmalkaldischen Bundes in Süddeutschland geschlagen; der Schmalkaldische Bund löste sich auf. Die norddeutschen Städte, insbesondere Magdeburg und Bremen, konnten nicht besiegt werden.

Dieser Sieg über die Protestanten sollte nach dem Willen des Kaisers dazu genutzt werden, um die Einheit der Kirche wiederherzustellen. Das bereits am 13.12.1545 eröffnete **Konzil zu Trient** trug nicht dazu bei, sondern vertiefte die Kirchenspaltung durch verschärfte Bestimmungen zum kathol. Dogma. So wurde am 8.4.1546 die Vulgata zum authentischen Text der biblischen Überlieferung erklärt; der Auslegung dieses Textes wurde die römische Kirchentradition gleichberechtigt zur Seite gestellt (gerade Letzteres wurde von den Lutheranern, welche nur den Text der Bibel, also das Wort Gottes, gelten ließen, kategorisch abgelehnt). Am 13.1.1547 erfolgten Festlegungen zur Rechtfertigungslehre, welche ebenfalls für die Lutheraner nicht annehmbar waren. Um den Einfluss des Kaisers auf das Konzil auszuschalten, verlegte der Papst das Konzil am 11.3.1547 von Trient nach Bologna (erwünschter Anlass war das Auftreten einer Flecktyphusepidemie in Trient).

So berief der Kaiser den sog. „geharnischten“ Reichstag nach Augsburg ein. Das Ergebnis war aber wiederum kein Reichsgesetz, welches die Kirchenspaltung aufhob, sondern ein Vergleich, welcher die endgültige Entscheidung erneut einem Konzil überantwortete, an dem auch die Protestanten teilnehmen sollten. In diesem sog. Augsburger Interim wurde festgelegt, dass alle kathol. Rituale wiederhergestellt werden sollten; der Laienkelch und die Priesterehe sollten bis zu endgültigen Festlegungen durch ein Konzil erlaubt sein. Festlegungen zur Rückgabe des säkularisierten Kircheneigentums wurden nicht getroffen. Diese Kompromisse sollten die Rückkehr der Protestanten zum alten Glauben erleichtern. Das **Augsburger Interim** wurde mit seiner Verkündung im Reichstagsabschied vom 30.5.**1548** zum Reichsgesetz. Wie sich zeigen sollte, war dies der letzte Versuch des Kaisers, die Einheit der Kirche auf reichsrechtlicher Grundlage wiederherzustellen. Die Durchführung dieses Reichsgesetzes wurde durch die kathol. Reichsstände verweigert. Die protestantischen Reichsstände legten es in ihrem Sinne aus (Leipziger Interim). Lediglich in dem von kaiserlichen Truppen besetzten Süddeutschland (z.B. in Württemberg) wurde es durchgesetzt, etwa 400 protestantische Geistliche verloren ihre Ämter. Die Stadt Konstanz wurde in diesem Zusammenhang von spanischen Truppen erobert und verlor ihre Freiheit. Über die Stadt Magdeburg, welche zum Zentrum des protestantischen Widerstandes geworden war, verhängte der Kaiser 1548 die Reichsacht.

Mittlerweile hatte sich im Reich die allgemeine Fürstenopposition gegen den Kaiser verstärkt, denn dieser strebte die Erblichkeit der Kaiserwürde für das Haus Habsburg an, wobei eine Bevorzugung der sich herausbildenden spanischen Linie dieser Dynastie deutlich wurde. Außerdem befanden sich entgegen den Bestimmungen der Wahlkapitulation schon seit längerer Zeit spanische Truppen auf deutschem Boden, was die Reichsfürsten ebenfalls beunruhigte. Die Führer der Fürstenopposition gegen den Kaiser waren Kurfürst Moritz von Sachsen und Wilhelm von Hessen, der Sohn des vom Kaiser gefangen gehaltenen Landgrafen Philipp von Hessen. Nachdem sich Moritz von Sachsen vom Kaiser die Reichsexekution gegen Magdeburg hatte übertragen lassen (durchgeführt im Nov. 1551; die luther. Kirchenorganisation in der Stadt blieb unangetastet), verbündete er sich unter Vermittlung hessischer Räte mit Frankreich gegen den Kaiser (3.10.1551). Im Vertrag von Chambord (15.1.1552) übertrug Moritz gegen Zusicherung französischer Unterstützung dem König von Frankreich das Reichsvikariat (die Verwaltung im Namen des Reiches) über die zum Reich gehörigen lothringischen Städte Metz, Toul, Verdun und Cambrai. Noch 1552 nahm Frankreich diese Städte vollständig in seinen Besitz und gab sie nicht wieder heraus. Der Vertrag von Chambord bildete damit den Auftakt zur französischen Expansion nach Osten.

Das Heer der Fürstenverschwörung vertrieb noch im März 1552 den Kaiser aus Augsburg, welcher über Innsbruck nach Villach fliehen musste. Der 1547 gefangen gesetzte Kurfürst Johann Friedrich „der Großmütige" von Sachsen, der sich als Gefangener im Gefolge des Kaisers befand, kam frei (die vertraglichen Regelungen erfolgten später).

Der Fürstenkrieg wurde mit dem **Vertrag von Passau** (vom Kaiser ratifiziert am 15.8.**1552**) beendet. Er war vor allem durch die Kompromissbereitschaft König Ferdinands I. zustande gekommen, der in Glaubensfragen pragmatischer und flexibler agierte als der Kaiser. Wichtigster Verhandlungspartner auf protestantischer Seite war Herzog Moritz von Sachsen. Das Augsburger Interim wurde aufgehoben. Bis zum nächsten Reichstag, der einen „immerwährenden Frieden" zwischen den Religionsparteien vermitteln sollte, wurden die Religionsstreitigkeiten ausgesetzt und die freie Religionsausübung zugestanden. Der Bestand des Protestantismus und die reichsfürstliche Unabhängigkeit der evangel. Reichsstände (Reichsfürstentümer) waren damit zunächst gesichert. Endgültige Festlegungen waren dem Reichstag überwiesen und damit zur

Reichsangelegenheit geworden. Mit diesem Vertrag deutete sich eine politische Lösung des Religionskonflikts erstmals auf Grundlage einer Anerkennung der Kirchenspaltung an. Außer Johann Friedrich „dem Großmütigen" wurde nun auch der Landgraf Philipp von Hessen freigelassen.

Der protestantische Markgraf Albrecht Alcibiades von Brandenburg-Kulmbach führte trotz des Passauer Vertrages in Raubritterart, Angst und Schrecken verbreitend, den Krieg gegen Bamberg, Würzburg und Nürnberg fort, um sein Territorium zu erweitern. Nur Kurfürst Moritz von Sachsen, der sich mit seinem alten Gegner, dem Herzog Heinrich d. J. von Braunschweig verbündet hatte, fand den Mut, Albrecht Alcibiades entgegenzutreten. Am 9.7.**1553** kam es zur **Schlacht bei Sievershausen**. Insbesondere durch den persönlichen Einsatz des Kurfürsten Moritz wurde Albrecht Alcibiades vernichtend geschlagen und konnte nur mit wenigen seiner Leute entkommen. Es fielen rd. 4000 Soldaten und 300 Adlige, darunter die Herzöge Philipp Magnus und Karl Victor von Braunschweig. Kurfürst Moritz von Sachsen erlag im Feldlager am 11.7.1553 im Alter von 32 Jahren seiner Verwundung.

Das Luthertum hatte sich konsolidiert. Gefördert worden war dies durch dessen Verbindung mit den landesherrlichen Obrigkeiten. Die Kämpfe mit Frankreich, dem Papsttum und den Türken hatten die gegenreformatorischen Kräfte des Kaisers weitgehend gebunden. Mutterland der Reformation war das ernestinische Kurfürstentum Sachsen mit seiner Landesuniversität Wittenberg. Von hier aus hatte sich die Reformation auf die Landgrafschaft Hessen, auf das albertinische Herzogtum Sachsen, auf nahezu alle nord- und ostdeutschen Territorien und Reichsstädte, auf die fränkischen Hohenzollernlande Ansbach und Kulmbach (Bayreuth), auf Württemberg, auf viele Reichsstädte in Südwestdeutschland, auf große Teile Schlesiens sowie auf einige Herrschaften der österr. Erblande ausgebreitet. Es war an der Zeit, der konfessionellen Spaltung reichsrechtlich Rechnung zu tragen. Die Weichen dazu waren bereits durch den Passauer Vertrag gestellt worden.

Kaiser Karl V. hatte sich bereits 1553 weitgehend aus der deutschen Politik zurückgezogen und deren Belange an seinen Bruder König Ferdinand I. übertragen. Damit hatten die kompromissbereiten Kräfte in Deutschland die Oberhand gewonnen. Im Febr. 1555 wurde ein Reichstag nach Augsburg einberufen. Nach zähen Verhandlungen zwischen König Ferdinand I. und den Reichsständen wurde der Gedanke der Religionseinheit schließlich aufgegeben. Das Ergebnis war der **Augsburger Religionsfriede**, ein am 25.9.**1555** verkündetes Reichsgesetz, welches im Westfälischen Frieden (1648) bestätigt wurde und bis zum Ende des Reiches (1806) galt. – Bestimmungen: Die evangel. Reichsstände (Reichsfürstentümer) Augsburgischer Konfession wurden erstmals reichsrechtlich anerkannt. Mit der Außerkraftsetzung des kanonischen Rechts für die protestantischen Reichsstände erhielten diese die Kirchenhoheit (ius reformandi), womit der Aufbau der protestantischen Landeskirchen legalisiert und rechtlich abgesichert wurde. Die bis zum Passauer Vertrag (1552) durch die protestantischen Reichsstände erfolgten Säkularisierungen reichsmittelbarer Klöster und Stifte wurden legalisiert. Der Landesherr bestimmte durch seine Religionszugehörigkeit die seiner Untertanen (der Merksatz zu diesem Sachverhalt „cuius regio eius religio“ [wes das Land des die Religion] wurde erst später geprägt). Diese Regelung entspricht dem vorreformatorischen reichsrechtlichen Grundsatz der Einheit von Staat und Kirche. Untertanen, die nicht die Religion ihres Fürsten annehmen wollten, erhielten das Recht zur Auswanderung (ius emigrandi) als ein individuelles Freiheitsrecht, mussten jedoch vorher ihre Habe verkaufen sowie rückständige Steuern bezahlen. Geistliche Reichsstände in reichsunmittelbaren Territorien mussten katholisch bleiben, wenn sie ihr geistliches Amt und ihr Reichslehen nicht verlieren wollten (Geistlicher Vorbehalt [reservatum ecclesiasticum]). Landstände in geistlichen Territorien erhielten freie Bekenntniswahl. In Reichsstädten konnte Parität der Konfessionen herrschen. Der Krieg war kein Mittel zur Austragung von Konflikten zwischen den Reichsständen mehr. Streitigkeiten wurden durch das jetzt paritätisch aus Vertretern der kathol.

und protestantischen Reichsstände zusammengesetzte Reichskammergericht geschlichtet. – Dieses Reichsgesetz sanktionierte reichsrechtlich die Glaubensspaltung und trug über die Ausbildung des landesherrlichen Kirchenregiments zur Stärkung der territorialen Eigenstaatlichkeit bei. - Der Geistliche Vorbehalt wurde von den protestantischen Landständen nicht anerkannt. In der Folgezeit wurden zahlreiche Bistümer und Abteien in Norddeutschland reformiert und durch protestantische Administratoren verwaltet, die in der Regel vom Kaiser nicht belehnt wurden (z.B. Erzbistum Bremen, Bistum Lübeck 1555, Bistum Minden, Erzbistum Magdeburg, Bistum Halberstadt). – Um die protestantischen Reichsstände bezüglich des Geistlichen Vorbehaltes zu beruhigen, ergänzte man die Augsburger Konfession noch um eine Bestimmung, die **„Declaratio Ferdinandae"**, welche jedoch im Reichstagsabschied nicht enthalten und damit reichsrechtlich nicht bindend war. Danach durften in einem kathol. geistlichen Fürstentum bereits zum Protestantismus übergetretene landsässige Adlige, Städte und Gemeinden protestantisch bleiben.

Die Bestimmungen des Augsburger Religionsfriedens galten nicht für die Calvinisten. Der französische Reformator **Johannes Calvin (1509-1564)** war wegen seiner protestantischen Ansichten 1534 zur Flucht aus Frankreich gezwungen worden. In Basel veröffentlichte er 1535 seine grundlegende reformatorische Schrift „Christianae religionis institutio". Der Bibeltext war für ihn die ausschließliche Quelle christlicher Wahrheit. 1536 ging er nach Genf, wurde jedoch wegen der Strenge seiner reformatorischen Lehre bald von dort verbannt und konnte erst 1541 nach Genf zurückkehren, wo er ein von seiner Theologie geprägtes intolerantes Regiment einführte. Ab 1542 bildete der „Genfer Katechismus" die Grundlage für die religiöse Erziehung der Gemeinde. Erst 1555 endete der Kampf um die Anerkennung der Lehre Calvins nach der Verbannung bzw. Hinrichtung einiger seiner Gegner. 1549 einigte er sich mit den Anhängern Zwinglis in der Abendmahlslehre. 1559 wurde von Calvin in Genf die erste reformatorische Akademie zur Ausbildung von Predigern begründet. Die Lehre Calvins (**Calvinismus**) weicht vor allem in der Abendmahls- und Prädestinationslehre von Luther ab. Die Kirche ist auf dem Gemeindeprinzip aufgebaut. Die Gemeinden werden demokratisch geleitet (demokratische Wahl der Gemeindeorgane wie Prediger, Lehrer, Diakone, Älteste, Konsistorien). Die calvinistische Gesamtkirche besteht aus einem lockeren Zusammenschluss der Gemeinden auf der Grundlage eines ungewöhnlichen Solidaritätsbewusstseins (gleiche Rechte für alle; keine bischöfliche Kirchenverfassung, sondern eine Presbyter- und Synodalverfassung). Unabhängigkeit von Kirche und Staat. Strenge Kirchenzucht. Der Gottesdienst wird schlicht und einfach gestaltet (keine Bilder, Altäre, Kruzifixe, Orgeln, Kerzen, Messgewänder usw.; vereinfachte Form der Predigt und des Abendmahls). Alle in der Heiligen Schrift nicht begründeten kirchlichen Feiertage wurden abgeschafft. Calvin untermauerte das Widerstandsrecht theologisch als staatsbildenden Faktor. Nach der Prädestinationslehre Calvins erkennt man einen von Gott auserwählten Menschen an seinem Erfolg im Leben (insbesondere an seinem wirtschaftlichen Erfolg), weshalb die Kalvinisten im Gegensatz zu den mehr passiven Lutheranern sozial, wirtschaftlich und auch politisch große Aktivitäten entfaltet haben. Von Genf ausgehend, fasste der Calvinismus erst ab der Mitte des 16. Jh. in der Schweiz, in Deutschland, England, Schottland, Polen und Ungarn, vor allem aber in Frankreich (Hugenotten) und den Niederlanden Fuß und kam von dort aus nach Übersee. In Ungarn und Siebenbürgen hatte sich der Hochadel, welcher in politischem Gegensatz zu den kathol. Habsburgern stand, dem Calvinismus zugewandt. In Polen wurde der Calvinismus durch die Gegenreformation zurückgedrängt. In Westeuropa blieb der Calvinismus die beherrschende Konfession. In Deutschland betraf dies nur wenige, meist westliche Territorien. Vollständig calvinistisch wurden z.B. die Kurpfalz, die Grafschaften Nassau-Dillenburg, Sayn, Wittgenstein, Salm, Isenburg, Wied und Lippe (außer der lutherisch bleibenden Stadt Lemgo) sowie die Stadt Bremen. Später folgten Hessen-Kassel, Anhalt und Teile Schlesiens. Der 1613 erfolgte Übertritt des Kurfürsten Johann Sigismund von Brandenburg zum Calvinismus hatte keine Auswirkungen auf die Konfession seiner Untertanen. Erste calvinistische Bildungsstätte in Deutschland war die Universität Heidelberg. In Ostfriesland um Emden setzte sich der Calvinismus durch die Einwanderung calvinistischer Glaubensflüchtlinge (Exulanten) dauerhaft durch. In den meisten anderen Territorien war der Calvinismus durch die Landesfürsten eingeführt worden, welche aus persönlichen Gründen zum Calvinismus übergetreten waren.

Kaiser Karl V. vermählte am 25.7.1554 seinen Sohn Philipp, auf den er alle seine Hoffnungen setzte, mit der Königin Maria I. „der Katholischen" von England, um die Umklammerung seines Erzfeindes Frankreich vollkommen zu machen. Mitten im Krieg gegen Frankreich übertrug Kaiser Karl V. am 25.10.1555 die Niederlande und am 16.1.1556 seine spanischen Reiche und damit die spanische Krone persönlich an seinen Sohn König Philipp II. und am 12.11.1556 das Kaisertum schriftlich an seinen Bruder König Ferdinand I. – Kaiser Karl zog sich ins Privatleben zurück und verstarb am 21.9.1558 in San Geronimo de Yuste.

Mit Karl V. starb der letzte Vertreter der mittelalterlichen Idee eines christlichen Weltreiches. Stattdessen schuf er das spanische Weltreich, und das Haus Habsburg stieg zur Weltmacht auf. Unter Karl V. bestand letztmalig die Möglichkeit, in der Mitte Europas ein deutsches Großreich aufzurichten. Dies ist letztlich an der imperialen Kaiserpolitik Karls gescheitert, die ihn in einen permanenten Krieg mit Frankreich und mit dem Papsttum verwickelte und damit seine Kräfte vom Reich abzog. Hinzu kamen die Kämpfe gegen die vordringenden Türken. Unter diesen Bedingungen konnte sich die Reformation nahezu ungestört im Reiche formieren und ausbreiten. Die Ideen der Reformation kamen den partikularistischen Bestrebungen der protestantisch gewordenen Reichsfürsten in mehrfacher Hinsicht entgegen. Aber auch in den katholisch gebliebenen Fürstentümern führten Reformen zur Stärkung der Territorien.

Ausdruck dieses Scheiterns der kaiserlichen Politik war die 1555/1556 erfolgte Aufteilung der habsburgischen Länder an zwei dynastische Linien.

Kaiser Karl V. ließ ein konfessionell und damit politisch gespaltenes Europa zurück. Machtkämpfe im Zeichen der Glaubensspaltung zeichneten sich ab.

Das Zeitalter der Glaubenskriege (1555-1648)

Glaubensspaltung und Gegenreformation

Dieses Zeitalter ist mitunter auch als das Zeitalter der Gegenreformation bezeichnet worden. Unter Gegenreformation versteht man die Rückführung evangelisch gewordener Gebiete zur kathol. Religion. Dieser Vorgang ist aber nicht das alleinige Charakteristikum dieser Epoche, denn die sich seit 1525/30 ausbreitende Glaubensspaltung war auch nach 1555 noch in vollem Gange. Das Luthertum gewann in Süddeutschland, in Österreich und vor allem in den norddeutschen Bistümern und Stiften neue Anhänger und erstreckte sich auf dem Höhepunkt seiner Verbreitung auf etwa 70 % des Reichsgebietes. Der Calvinismus trat erst nach 1555 in seine expansive Phase ein (siehe oben). Der Katholizismus hatte sich vor allem in großen Teilen Süd- und Westdeutschlands halten können. Diese drei Konfessionen rangen nun um die konfessionellen Besitzstände.

Die **Rekatholisierung** setzte verstärkt in der Zeit Kaiser Rudolfs II. ein, bezog sich vor allem auf einzelne Gebiete im Herzogtum Bayern, auf die Markgrafschaft Baden-Baden, auf die Bistümer Freising, Regensburg und Passau, auf das Erzstift Köln, auf die Hochstifte des Niederheinisch-Westfälischen Reichskreises, auf das Erzstift Salzburg, auf die innerösterr. Länder und auf Tirol. In den ersten beiden Jahrzehnten des Dreißigjährigen Krieges kam es zur Rekatholisierung Böhmens, Ober- und Niederösterreichs, der Oberpfalz und durch das Restitutionsedikt von 1629 auch vieler Bistümer und Stifte in Norddeutschland. Durch das Eingreifen Schwedens in den Krieg wurde ein Teil der Rekatholisierungen wieder rückgängig gemacht. Durch den Westfälischen Frieden (1648) kam die Gegenreformation im Wesentlichen zum Stillstand (Ausnahmen: Schlesien, Pfalz).

Der Augsburger Religionsfriede hatte nicht nur die reichsrechtliche Anerkennung der Kirchenspaltung bewirkt, sondern die Kirchenhoheit war vom Reich auf die Territorien (Reichsfürstentümer) übergegangen, und jeder Landesherr konnte alle Bewohner seines Landes zur Annahme der von ihm angenommenen Konfession zwingen. Auf dieser Grundlage entwickelte sich das evangelische als auch das katholische Landeskirchentum. Die günstigeren Bedingungen ergaben sich dafür in den evangel. Territorien. Die evangel. Landesherren hatten sich auf dem Wege der Säkularisation das gesamte Kirchengut angeeignet, sie übten die gesamte bisher den Bischöfen und dem Papst zustehende Jurisdiktion aus und behielten sich auch in innerkirchlichen Angelegenheiten (z.B. Festsetzungen hinsichtlich Kult und Dogma) die endgültige Entscheidung vor. Die Kirchengüter wurden zwar teilweise für die Erfüllung von Aufgaben verwendet, die früher Sache der Kirche waren (z.B. Schulwesen, Armenfürsorge, Besoldung der Pfarrer), die Landesherren setzten sie aber vor allem auch zur Konsolidierung der Staatsfinanzen ein. Die kathol. Landesherren waren in einer schwierigeren Situation, weil sie weder über das Kirchengut noch über die geistliche Jurisdiktion verfügten und auch in die inneren Angelegenheiten der Kirche nicht eingreifen konnten. Der Papst hatte jedoch auch vor der Reformation bereits mit sich verhandeln lassen, und so gelangten die kathol. Landesherren in den Genuss eines Teils der Einkünfte der Kirche, konnten Präsentationsrechte (Vorschlagsrechte) für hohe geistliche Ämter erlangen und griffen über staatliche Kirchenvisitationen ebenfalls in die Kirchenordnung ein. Einerseits waren die Konfessionen auf die Förderung durch die Landesherren angewiesen, andererseits führte jedoch das Landeskirchentum zur Machtsteigerung der Landesfürsten und förderte die Entwicklung der Territorien zu größerer politischer Selbstständigkeit. Das Luthertum war am stärksten in das Staatswesen eingegliedert worden.

Den Territorien standen ein geschwächtes Reich und Kaisertum gegenüber. Das Reich verfügte zwar noch über einige Hoheitsrechte (begrenzte Kompetenz zur Reichsgesetzgebung; die „Carolina“ von 1532 war als Strafgesetzbuch im Reich verbindlich) und Institutionen (Reichstag, Reichskammergericht, Reichshofrat), bildete aber nur noch ein sehr lockeres Band um die immer mächtiger werdenden und selbstständiger handelnden, auseinanderstrebenden Territorien. Wegen der engen Verflechtung von weltlicher und geistlicher Herrschaft traten die Territorien und die Konfessionen als Triebkräfte deutscher Geschichte immer mehr in den Vordergrund.

Die Reichstradition wurde im Wesentlichen nur noch von den österreichischen Habsburgern bewahrt, welche das Kaisertum mit ihrer Hausmacht verbunden hatten (Hausmachtkaisertum), wobei das traditionell universelle kaiserliche Kirchenpatronat ab dem 16. Jh. nur noch katholisch-konfessionell wirksam werden konnte. Damit war die konfessionelle Klammer als wichtige Komponente für die Reichseinheit verloren gegangen. Neben den mächtigen Reichsfürsten, welche sich gegen die kaiserliche Zentralgewalt stellten, gab es aber noch die weniger mächtigen reichsunmittelbaren, d.h. direkt dem Kaiser unterstehenden Reichsstände, wozu vor allem die Reichsstädte, die Reichsdörfer und die Reichsritter gehörten. Diese waren die natürlichen Verbündeten des Kaisers, denn sie mussten jederzeit damit rechnen, in die großen Reichsterritorien eingegliedert (mediatisiert) zu werden.

Außenpolitisch spielte das Reich kaum noch eine Rolle, lediglich Österreich als einziger deutscher Reichsstand von europäischer Bedeutung konnte noch eine aktive Außenpolitik betreiben. Trotz dieser insgesamt defensiven Außenpolitik des Reiches bestand immer die Gefahr, dass sich ausländische Mächte in die innerdeutschen konfessionellen Auseinandersetzungen einmischten, und sei es nur, dass sie die deutschen Randgebiete als Operationsbasis nutzten und in diesem Zusammenhang ausplünderten.

Unterdessen gingen die Kämpfe innerhalb des Reiches jeder gegen jeden, wenn nötig mit Unterstützung des Auslands, um Erweiterung der Territorien sowie um die Ausweitung von Rechten auf Kosten des Kaisers, des Papstes oder der jeweiligen Nachbarn unvermindert weiter. Neben die traditionellen Methoden (Krieg, Bündnispolitik, Sicherung von Anwartschaften durch dynastische Heiraten oder Kauf, Sicherung der Rechte aus Erbfolgeansprüchen, Gebietsgewinne durch Vollstreckung der Reichsacht, Ausdehnung der Vogteirechte) traten jetzt die Einziehung von Kirchengütern (Säkularisation) sowie unter Missachtung des Geistlichen Vorbehalts die Einverleibung geistlicher Fürstentümer.

Innerhalb der landesherrlichen Territorien trat der Aufbau territorialer Staatlichkeit in eine neue Phase. Die landsässigen, d.h. dem Landesherren direkt unterstehenden Stände hatten sich über ihre Ständevertretungen, die Landtage, wichtige Rechte sichern können. Zu den landtagsfähigen Ständen gehörten der Adel und die Städte, in den kathol. und in wenigen evangel. Ländern auch die Prälaten und in Ausnahmefällen, z.B. in Ostfriesland, bis ins 17. Jh. auch die bäuerlichen Gemeinden. Diese Rechte der Landstände waren das Beschwerderecht, das Steuerbewilligungsrecht sowie Rechte hinsichtlich der Eintreibung und Verwaltung der Steuergelder, Mitspracherechte in der landesherrlichen Politik (Erbfolge, Krieg, Bündnisse), der Staatsverwaltung und der Rechtspflege, Rechte der Mitwirkung bei der Landesgesetzgebung usw. Während sich in einigen Ländern die Fürsten mit den Landständen arrangierten (in Kursachsen, in Mecklenburg, in Vorderösterreich [Breisgau], in den welfischen Territorien, in Württemberg), gelang es den Landesfürsten, bis zur Mitte des 17. Jh. den Einfluss der Landstände zurückzudrängen, nur in wenigen Ausnahmefällen (z.B. Ostfriesland) dominierten die Landstände. Wie auch immer die Landstände ihren Einfluss zur Geltung bringen konnten, so war letztlich doch immer der Wille des jeweiligen Landesherrn ausschlaggebend. – Die fürsorgliche, patriarchalische Regierungsweise der Landesfürsten ging sehr weit. Jetzt wurde in einer Fülle von „Ordnungen“ das Leben der Untertanen von der Wiege bis zur Bahre bis ins Einzelne geregelt. So gab es Landes-, Polizei-, Kirchen- und Schulordnungen, Kleiderordnungen sowie Verordnungen für Festessen, Kindtaufe, Hochzeit und Begräbnis. Zwecks Förderung der Wirtschaft wurden Ordnungen zur Preisbildung, zur Landwirtschaft, zu einzelnen Gewerbezweigen wie Textilindustrie und Bergbau usw. erlassen. Ein diesbezügliches Muster an Ordnung und Arbeitsamkeit war Kurfürst August von Sachsen (1553-1586), dessen pedantischem Ordnungseifer nichts entging; genannt wurde er „Vater August". In dieser Zeit wurde auch das Landesrecht in den deutschen Territorien niedergeschrieben. Die im Kurfürstentum Sachsen 1572 ebenfalls auf Initiative des Kurfürsten August erschienene Gesetzessammlung, die „Konstitutionen", war eine der ersten Landesgesetzbücher in Deutschland, in welches sowohl Bestimmungen des deutschen als auch des im Vordringen begriffenen römischen Rechts aufgenommen worden waren. – Zwecks Modernisierung der Verwaltung der Länder wurden für die einzelnen Ressorts landesfürstliche Zentralbehörden geschaffen, die man aus den fürstlichen Hofverwaltungen ausgliederte. Besetzt wurden diese Behörden mit weisungsgebundenen Landesbeamten. Derartige Landesbehörden waren die „Räte" (Justizverwaltung), die „Kammern" (Finanzverwaltung), die „Geheimen Räte" (Politik) und später – nach Schaffung stehender Heere - die „General- oder Hofkriegsräte". In den evangel. Territorien kamen mit dem Aufbau des landesherrlichen Kirchenregiments die „Konsistorien" hinzu („Kirchenräte", „Geistliche Räte"), welche die ehemals bischöfliche Gerichtsbarkeit jetzt im Namen des Landesherrn ausübten (zuständig für Kirchen- und Schulsachen, geistliche und Ehegerichtsbarkeit). So wurde im Kurfürstentum Sachsen zwischen 1547 und 1574 eine dreistufige moderne kurfürstliche Zentralverwaltung aufgebaut. Die höheren Landesbeamten erhielten ihre Ausbildung an der kursächsischen Landesuniversität in Leipzig und bereiteten sich an den fürstlichen Landesschulen (den sog. „Fürstenschulen") in Meißen und Schulpforta (beide 1543 gegründet) oder Grimma (1550 gegründet) auf das Studium vor. An diesen „Fürstenschulen" wurde der weltliche und geistliche Beamtennachwuchs auf das Luthertum festgelegt und auf seine späteren fachlichen Aufgaben durch Ausbildung im Sinne des Humanismus vorbereitet (Motto der Meißner Fürstenschule: „CHRISTO STUDIIS"). – Vor allem durch den Aufbau der Zentralverwaltungen machten sich die Landesherren von den Landständen unabhängig. Dies war der erste Schritt zum Absolutismus.

Die Machtsteigerung der Territorialfürsten fand ihren Ausdruck in einem verschwenderischen und maßlosen Lebensstil der Fürsten (üppige Festgelage; Sauflust als Standestugend) und in einem gesteigerten Repräsentationsbedürfnis. Letzterem dienten vor allem die Künste (Architektur, Plastik, Malerei, Kunsthandwerk). Außer den Kirchen errichtete man vor allem Schlösser und Paläste. Auch die fürstlichen Kunst-, Raritäten- und Büchersammlungen, welche den Grundstock der heutigen staatlichen Museen und Bibliotheken bilden, sowie das fürstliche Mäzenatentum hinsichtlich Wissenschaft, Literatur und Musik gehören hierher. Hinzu kam die Förderung des höfischen Theaters. Im Zeitalter des Absolutismus sollte dieses Repräsentationsbedürfnis seine höchste Steigerung erfahren.

In dem Maße, wie die Reformation voranschritt, konsolidierte sich der Katholizismus durch innere Reformen. Am Anfang stand das **Konzil zu Trient** (drei Sitzungsperioden: 23.12.1545-11.3.1547, 1.5.1551-28.4.1552, 18.1.1562-4.12.1563). Die Protestanten, welche nach dem Willen Kaiser Karls V. ebenfalls an dieser als allgemeines (ökumenisches) Konzil ausgeschriebenen Kirchenversammlung teilnehmen sollten, verweigerten von Anfang an ihre Teilnahme, weil nicht nach „Nationen“, sondern nach „Köpfen“ abgestimmt werden sollte. Beschlossen wurden Dekrete zu den kirchlichen Dogmen (siehe oben), wodurch eine scharfe Abgrenzung zur lutherischen Glaubenslehre erfolgte. Weiterhin wurden wichtige Festlegungen zur Kirchenverfassung und damit zur Kirchenreform getroffen, wodurch wieder die praktische Seelsorge einen höheren Stellenwert erhielt. So wurden die Residenzpflicht der Bischöfe, die Schaffung von Priesterseminaren sowie die regelmäßige Durchführung von Synoden und Kirchenvisitationen angeordnet. Weiterhin erließ man Dekrete über die Ehe, den Ablass, die Heiligenverehrung und den Reliquienkult. Der Papst bestätigte am 28.1.1564 alle Dekrete. Damit hatte man die seit über einhundert Jahren fällige Reform an „Haupt und Gliedern“ erreicht und die Grundlagen für eine zeitgemäße Glaubensverkündung und Seelsorge geschaffen. Die Dekrete des Konzils zu Trient wurden **1564** zum **Tridentinischen Glaubensbekenntnis** zusammengefasst und bilden seitdem das kathol. Gegenstück zur protestantischen Augsburger Konfession. Damit verfestigte sich die Glaubensspaltungn. Diese innere Erneuerung des Katholizismus kam allerdings ein bis zwei Menschenalter zu spät, um den Vorsprung der Reformation einzuholen und die Einheit der Kirche wiederherzustellen.

Die Kämpfe um die Ausbreitung der drei Konfessionen (Luthertum, Katholizismus, Calvinismus) waren vor allem eine politische Angelegenheit, denn die Konfessionen waren in diesen Auseinandersetzungen immer auf die Unterstützung durch die Territorialfürsten angewiesen. In Deutschland war der lutherisch-katholische Gegensatz vorherrschend. Hauptsächlichstes Mittel, die Einführung einer Konfession durchzusetzen, war der durch die Landesherren ausgeübte Konfessionszwang, welcher ihnen im Augsburger Religionsfrieden ausdrücklich zugestanden worden war. Der Zwangsbekehrung folgte dann die religiöse Volkserziehung. Diese bezog sich nicht nur auf die Stadtschulen, sondern vor allem auch auf die mittlere und höhere Bildungsebene (Universitäten). Weil sich vielfach die weltlichen Herrschaftziele der Landesherren mit konfessionellen Belangen begründen ließen, führte dies zu den sog. **Glaubenskriegen**, welche oft mit der gewaltsamen Rückführung von Territorien zum alten Glauben verbunden waren. Eine wesentliche Rolle bei der Rekatholisierung spielte der Jesuiten-Orden. Aber auch die bildende Kunst setzte man als Mittel zur emotionalen Massenbeeinflussung ein. So wurde der italienische Barock ein künstlerisches Instrument der kathol. Kirche im Zeichen der Gegenreformation. Die kathol. Barockkirchen wurden mit ihrer prächtigen Ausstattung zum „theatrum dei", zum göttlichen Theater.

Wie auch immer die Reformation bzw. die Reformierung der einzelnen Konfessionen begonnen hatte, sie endete in allen Fällen in der **Dogmatisierung** und fand in entsprechenden Bekenntnisschriften ihren Ausdruck. Dies waren für die Katholiken die **Triedentinischen Glaubensartikel** (1564), für die Reformierten (Kalvinisten) der **Heidelberger Katechismus** (1563) und für die orthodoxen Lutheraner die **Konkordienformel** (1577) bzw. das **Konkordienbuch** (1580). Die Lutheraner grenzten sich insbesondere gegen den Kalvinismus ab. Die Konkordienformel wurde von 86 Reichsständen sowie – nicht immer freiwillig – von etwa 8500 Geistlichen unterschriftlich anerkannt und bildete damit die Glaubensnorm für etwa zwei Drittel der deutschen Protestanten. Daneben gab es weitere Glaubensrichtungen, die sich alle auf das Wort der Heiligen Schrift beriefen.

Die Glaubenskämpfe wurden mit größter Heftigkeit geführt, indem sich alle Religionsparteien mit Lüge, Verleumdung, Schikanen, Quälereien und Tätlichkeiten bis hin zu Mord und Totschlag zu übertreffen suchten. Die Lutheraner bekämpften die Reformierten (Kalvinisten) mit größerem Hass als die Katholiken. Zu den Auswüchsen im Zeichen der Gegenreformation gehörten die zahlreichen Prozesse der kathol. geistlichen Gerichtsbarkeit (Inquisition) gegen Ketzer und Hexen, die vielfach mit dem Tode der Beschuldigten auf dem Scheiterhaufen endeten. Sogenannte Hexen wurden aber unabhängig von der Konfessionszugehörigkeit der Beschuldigten in bestimmten Fällen auch von der weltlichen Gerichtsbarkeit mit der gleichen Härte verfolgt und bestraft. Die Verfolgung der Hexen war auch von Luther und Calvin gefordert worden. Die letzte Hinrichtung einer Hexe erfolgte 1782 in der Schweiz. Im Zusammenhang mit diesen Prozessen wurden die Bestimmungen des geltenden Strafrechts (Carolina) hinsichtlich der Anwendung der Folter und des Strafmaßes bedenkenlos weit überschritten.

Um 1648 war der Prozess der **Glaubensspaltung** im Wesentlichen abgeschlossen, und die in sich gefestigten Konfessionen hatten sich klar gegeneinander abgegrenzt und standen einander unversöhnlich gegenüber. Dieser Konfessionalismus war durch Intoleranz, Abgrenzung und Vereinnahmung gekennzeichnet. Das Ergebnis der Gegenreformation war sowohl in den katholischen als auch in den lutherischen und reformierten (calvinistischen) Territorien ein von Staat und orthodoxem Dogma bestimmtes, intolerantes zentralisiertes Kirchenwesen, welches das Kirchenvolk mit größter Strenge zur Frömmigkeit sowie zur bedingungslosen Unterordnung unter die gottgewollte weltliche Obrigkeit anhielt. Ausdruck dieser lückenlosen konfessionellen Überwachung der Menschen war das Aufkommen der Kirchenbücher, mit denen der Nachweis geführt werden konnte, ob jemand dem jeweils „rechten Glauben" angehörte - oder auch nicht. Neben der Konfessionszugehörigkeit enthielten die Kirchenbücher noch wichtige persönliche Daten (Taufe, Eheschließung, Tod) der Kirchenglieder sowie mitunter auch noch wichtige Begebenheiten aus dem Leben Einzelner sowie der Gemeinde. Heute sind die Kirchenbücher wichtige Quellen für die Geschichtsforschung.

Die Politik im Zeichen der Gegenreformation

Auf Kaiser Karl V. war dessen Bruder Kaiser **Ferdinand I. (1556-1564)** gefolgt. Kaiserkrönung am 24.3.1558. Wenn es die Politik erforderte, ging er auf Kompromisse ein. Sein Ziel, die Einheit der Kirche wiederherzustellen, gab er nicht auf (Religionsgespräch in Worms 1557; Bemühungen beim Papst um die Zustimmung zu Laienkelch und Priesterehe), hatte aber keinen Erfolg. Zur Rekatholisierung im Reich und in den österr. Erblanden holte er die Jesuiten ins Land. Den Aufbau einer landesfürstlichen Zentralverwaltung in Österreich setzte er fort. Im Widerspruch zu seiner bisherigen, auf Zentralisierung gerichteten Politik, teilte er durch Erbverfügung seine österr. Länder unter seine drei Söhne auf. Ferdinand erhielt Tirol und Vorderösterreich (Sund- und Breisgau), Karl Innerösterreich (Kärnten, Steiermark, Krain, Görz) und alles Übrige sein ältester Sohn Maximilian (seit 1562 deutscher König). – Kaiser Ferdinand I. verstarb am 25.7.1564 in Wien.

Auf Ferdinand I. folgte dessen älterster Sohn als Kaiser **Maximilian II. (1564-1576)**. Seit 1548 König von Böhmen; 1562 zum deutschen König gewählt und zum böhmischen König gekrönt; 1563 zum König von Ungarn gekrönt; 1564 Nachfolge im Kaisertum seines Vaters. Er war friedliebend sowie ausgleichsbereit und protestantisch gesinnt, nahm aber keinen Konfessionswechsel vor, um nicht enterbt zu werden. Zur Abwehr der Türken brauchte er auch die evangel. Landstände und machte konfessionelle Zugeständnisse (z.B. gestattete er 1568 dem österr. Adel den protestantischen Gottesdienst auf dessen Besitzungen). Zwei seiner Söhne, darunter den Thronfolger, ließ er am Hofe Philipps II. von Spanien erziehen, seine Tochter Anna verheiratete er 1569 mit dem spanischen König.

Im Reich führten Verletzungen des Augsburger Religionsfriedens häufig zu Konflikten. Nur der vermittelnden Tätigkeit Kurfürst Augusts von Sachsen war es zu danken, dass es im Reich einigermaßen ruhig blieb. 1566 nahmen der Kaiser und die kathol. Reichsstände die Tridentinischen Glaubensartikel an und beauftragten die Jesuiten mit der Seelsorge sowie dem Unterricht an den Schulen und Universitäten. Neben Österreich und Bayern gingen auch die geistlichen Fürsten von Mainz, Augsburg, Fulda, und Würzburg zur Rekatholisierung ihrer Territorien über. Auf der anderen Seite nahmen die protestantischen Reichsstände auch weiterhin die Säkularisierung von Kirchen, Klöstern und Bistümern vor. – Maximilian verstarb am 12.10.1576 in Regensburg.

Ihm folgte dessen Sohn, **Kaiser Rudolf II. (1576-1612)**. Seit 1572 König von Ungarn; seit 1575 König von Böhmen und deutscher König. Der am spanischen Hof streng katholisch erzogene Rudolf war sehr begabt und gebildet, jedoch weltabgewandt und tatenscheu. Bereits in jungen Jahren zog er sich auf den Hradschin in Prag zuück und widmete sich lieber seinen Sammlungen und Büchern, anstatt zu regieren. Seine Interessen galten auch den Wissenschaften und Künsten. So weilten die beiden berühmten Astronomen Johannes Kepler und Tycho Brahe zeitweise an seinem Hof; Alchimisten waren dort aber auch anzutreffen. Bald gewannen Leute niederen Standes Einfluss auf Rudolfs Entschlüsse. Die Regierung entglitt mehr und mehr seinen Händen. Der Geist des alternden Kaisers verdüsterte sich.

Währenddessen nahmen die politisch-konfessionellen Spannungen im Reich zu. Die Bestimmungen des Augsburger Religionsfriedens wurden laufend missachtet. So hatte es sich als unmöglich erwiesen, den Calvinismus zu unterdrücken, in den größeren protestantischen Territorien die Klöster und Stifte vor der Säkularisation zu schützen sowie in den geistlichen Fürstentümern die Einhaltung der „Declaratio Ferdinandae" zu erzwingen. Weil unklar blieb, ob den Reichsstädten das „ius reformandi" zusteht, hatten Ulm und Straßburg die Parität der Konfessionen aufgehoben, und in Aachen sowie in Donauwörth hatte man Abweichungen vom Konfessions-Status von 1555 mit der Reichsacht geahndet.

Die meisten Differenzen ergaben sich aus Streitigkeiten um den „Geistlichen Vorbehalt". So kam es zum sog. **Kölner Krieg** (1583-1585), als der Kölner Erzbischof Gebhard Truchsess von Waldburg 1583 zum evangel. Glauben übertrat und heiratete. Nach der Bestimmung des „Geistlichen Vorbehalts" hätte er daraufhin das Erzstift Köln aufgeben müssen, tat dies aber nicht, sodass die Protestanten jetzt im Kurkolleg über die Mehrheit verfügten. Die Folge waren kriegerische Auseinandersetzungen, in denen der Truchsess von Waldburg vor allem wegen mangelnder Unterstützung durch die evangel. Reichsstände unterlag. – Zu weiteren Unstimmigkeiten kam es durch den **Straßburger Kapitelstreit**. 1592 wurden von den beiden Parteien des Domkapitels sowohl ein evangelischer als auch ein kathol. Bischof gewählt, deren Anhänger sich bekriegten, weshalb es 1595 zur Aufteilung des Bistums kam. 1604 trat der evangel. Bischof gegen Zahlung einer Abfindung zurück. – Seit 1582 wurde das Erzstift Magdeburg von einem evangel. Administrator, dem späteren Kurfürsten Friedrich Joachim von Brandenburg, verwaltet. Wegen Missachtung des Geistlichen Vorbehalts wurde Friedrich Joachim weder vom Papst anerkannt, noch vom Kaiser belehnt. Als Friedrich Joachim seinen mit dem Erzstift Magdeburg verbundenen Sitz im Reichstag einnehmen wollte, verwehrten ihm das die kathol. Reichsstände. Letztere verhinderten aber auch, dass Friedrich Joachim in einer Revisionskommission des Reichskammergerichts mitwirkte, wodurch Letzteres praktisch handlungsunfähig wurde.

Das nächste Reichsorgan, welches seine Aufgaben nicht mehr erfüllen konnte, war der Reichstag. Waren bis 1603 noch Reichstagsabschiede zustande gekommen, so war dies 1608 nicht mehr der Fall. Grund dafür war der Streit um die Reichsstadt Donauwörth. Dort war die protestantische Mehrheit gegen die Prozessionen der kathol. Minderheit vorgegangen. Nachdem es zu keiner Eingung gekommen war, belegte der Kaiser die Stadt mit der Reichsacht, welche der kathol. Herzog Max von Bayern 1608 vollstreckte. Herzog Max besetzte die strategisch wichtige Stadt, die ihm vom Kaiser als Ausgleich für die Kosten der Reichsexekution verpfändet worden war (endgültig kam Donauwörth 1714 an Bayern). Als die evangel. Reichsstände auf dem Regensburger Reichstag 1608 gegen diese rechtswidrige Vorgehensweise vorgingen, kam es zu keiner Einigung, und die evangel. Reichsstände verließen den Reichstag.

Ab 1593 bedrohten die Türken das Reich. Mit diesen verbündete sich der Führer des calvinistischen Adels in Siebenbürgen, Stephan Bocskay (1557-1606), nachdem der Kaiser versucht hatte, in Siebenbürgen die Gegenreformation einzuführen. Die Siebenbürgener Magnaten wählten 1605 Bocskay zum Großfürsten von Siebenbürgen. Der türkische Sultan, welcher in den seiner Oberherrschaft unterstehenden Ländern sowohl den lutherischen als auch den calvinistischen Gottesdienst gestattete, belehnte Bocskay mit Siebenbürgen und mit Ungarn. Als der von Bocskay in Siebenbürgen und in den lutherischen Bergstädten Ungarns gegen die Habsburger entfachte Aufstand auf die österr. Länder überzugreifen drohte und Bocskay in Mähren einfiel, kam es zu Verhandlungen mit den Habsburgern.

Die Regierungsfähigkeit des Kaisers war damals bereits nicht mehr gegeben. Deshalb hatten sich die Brüder des Kaisers sowie die Erzherzöge der steirischen Linie der Habsburger gegen den Kaiser verbündet, den Bruder des Kaisers, Matthias, zum Chef des Hauses bestimmt (25.4.1606) und den Kaiser gezwungen, Matthias die Entscheidungsbefugnis über Krieg und Frieden zu übertragen. Matthias schloss Frieden mit Bocskay (Wiener Frieden 23.6.1606) und machte diesem bedeutende Konzessionen (Bocskay erhielt Teile Ostungarns und wurde als Fürst von Siebenbürgen anerkannt; Ungarn erhielt Religionsfreiheit und eine von Österreich getrennte Verfassung usw.). Am 11.11.1606 wurde mit den Türken in Zsitva-Torok ein 20-jähriger Waffenstillstand geschlossen, den man später etappenweise auf 75 Jahre verlängerte, sodass die Habsburger während des Dreißigjährigen Krieges den Rücken im Südosten frei hatten.

Weil die Gefahr bestand, dass der Kaiser diese beiden Friedensabkommen brechen könnte, zwang Matthias am 25.6.1608 im Vertrag von Lieben den Kaiser auf den Verzicht seiner Herrschaft über Ungarn, Mähren und Österreich. Matthias gewährte in Ungarn und Mähren an Unabhängigkeit grenzende Freiheiten, während in Österreich die Religionsfreiheiten eingeschränkt blieben.

Um die ihm verbliebene Herrschaft über Böhmen zu sichern, verbündete sich der Kaiser mit den böhmischen Ständen und machte diesen im **Böhmischen Majestätsbrief** (9.7.**1609**) bedeutende Zugeständnisse (Religionsfreiheit; Verbot gewaltsamer Bekehrungen; Erlaubnis für die Protestanten, in Prag ein Konsistorium einzurichten und ihre Priester in deutscher oder böhmischer Sprache zu ordinieren sowie Schulen und Kirchen im Lande zu eröffnen; Recht der Protestanten, sich in einem Ausschuss zusammenzuschließen usw.).

Während in den habsburgischen Ländern der Frieden gesichert werden konnte, zeichneten sich im Reich kriegerische Verwicklungen ab. Das Scheitern des Reichstages von Regensburg (1608) hatte die Kurpfalz zum Anlass genommen, um ein schon seit Langem angestrebtes Bündnis der Protestanten zustande zu bringen. So kam es am 14.5.**1608** in Auhausen bei Nördlingen zum Zusammenschluss der Protestanten in der **Union**, einem Verteidigungsbündnis (Abwehr von Gewalttätigkeiten und Rechtswidrigkeiten) auf zunächst 10 Jahre (im April 1617 bis zum 14.5.1621 verlängert), welcher zunächst unter der Führung von Kurfürst Friedrich IV. von der Pfalz (Direktor des Bundes) der Fürst Christian I. von Anhalt-Bernburg (Vorsitzender des

Kriegsrates des Bundes), der Herzog Johann Friedrich von Württemberg sowie die Markgrafen Georg Friedrich von Baden, Joachim Ernst von Ansbach und Christian von Kulmbach sowie der Pfalzgraf Philipp Ludwig von Pfalz-Neuburg angehörten. 1609 schlosen sich die Städte Straßburg und Ulm an; 1610 folgten Kurfürst Johann Sigismund von Brandenburg, Landgraf Moritz von Hessen und einige Städte (schließlich waren es 17 Städte, welche dem Bündnis angehörten). Die Wirksamkeit der Union war von Anfang an durch Geldmangel, durch die Streitigkeiten zwischen den Lutheranern und der calvinistischen Mehrheit des Bundes sowie durch das Fernbleiben von Kursachsen (stand dem Calvinismus feindlich gegenüber) sowie der norddeutschen protestantischen Fürsten eingeschränkt.

Als Gegenbündnis wurde am 10.7.**1609** in München auf Initiative des Herzogs Maximilian I. von Bayern die katholische **Liga** als Defensivbündnis zur Verteidigung des Landfriedens und der kathol. Religion gegründet, in der sich Herzog Maximilian I. als energischer, aber besonnener Führer dieses Bündnisses und die Bischöfe von Würzburg, Augsburg, Konstanz, Passau und Regensburg sowie die Äbte vom Kempten und Ellwangen zusammenschlossen; am 30.8.1609 folgten die Erzbischöfe von Mainz, Köln und Trier. Bis 1619 gehörten die meisten kathol. Reichsstände der Liga an. Obgleich Österreich nicht der Liga angehörte, kam es zur Zusammenarbeit zwischen beiden. Infolge der politischen Sympathien des lutherischen Kursachsens für Österreich stand damit Kursachsen indirekt auf Seiten der Liga.

Die konfessionellen Bündnisse spielten erstmals im **Erbfolgestreit um Kleve-Jülich-Berg (1609-1614)** politisch eine Rolle. Mit dem Tode (9.5.1609) des söhnelos verstorbenen Herzogs Johann Wilhelm von Kleve-Jülich-Berg entbrannte zwischen den Töchtern und Neffen des Herzogs, zu deren Verwandtschaft der Kurfürst Johann Sigismund von Brandenburg und Pfalzgraf Philipp Ludwig von Pfalz-Neuburg gehörten, der Streit um die Nachfolge, in den sich Holland, Frankreich, England sowie der Kaiser aus konfessionellen und machtpolitischen Gründen einmischten. Die Fürsten von Brandenburg und Pfalz-Neuburg besetzten sofort das Land und bildeten eine vorläufige Landesregierung (Dortmunder Vertrag vom 10.6.1609; Loyalitätserklärung gegenüber allen drei Konfessionen), welche der Kaiser nicht anerkannte. Kurfürst Johann Sigismund von Brandenburg trat 1613 zum Calvinismus über und wurde Mitglied der Union, um die Unterstützung Letzterer zu erhalten (Austritt aus der Union bereits 1617). Fast gleichzeitig konvertierte der Pfalzgraf von Pfalz-Neuburg zum Katholizismus und trat aus der Union aus. Im Vertrag von Xanten (12.11.1614) erhielt Pfalz-Neuburg das vereinigte Herzogtum Jülich-Berg, und zum Kurfürstentum Brandenburg kamen Kleve, Mark, Ravensberg und Ravenstein. Kurfürst Christian II. von Sachsen, der ebenfalls Ansprüche angemeldet und deswegen mit dem Kaiser verhandelt hatte, wurde zwar 1610 vom Kaiser mit Jülich und Kleve belehnt, dieser Herzogstitel blieb jedoch für Kursachsen praktisch bedeutungslos. – Dieser Erbfolgestreit wurde für die weitere politische Entwicklung in zweifacher Hinsicht bedeutungsvoll. Dadurch, dass fast gleichzeitig des Herzogtum Preußen 1618 mit Kurbrandenburg vereinigt wurde (bereits 1569 war eine Mitbelehnung des Brandenburgers mit Preußen erfolgt), begann Kurbrandenburg territorial über ganz Norddeutschland auszugreifen und damit seine künftige Vormachtstellung in Norddeutschland vorzubereiten. Weiterhin sollte der jetzt aufgebrochene Gegensatz zwischen dem calvinistischen Kurbrandenburg und dem aufseiten des kathol. Kaiserhauses stehenden Kursachsen (Gegensatz Preußen-Sachsen) in der Folgezeit die politische Entwicklung maßgeblich mitbestimmen.

Mitten in diesen Erbfolgestreit fiel der Herrschaftswechsel im Reich. Der Kaiser hatte seinen Vetter Erzherzog Leopold (Bischof von Passau) gegen seinen Bruder Matthias nach Böhmen gerufen. Die von Leopold für den Krieg in Kleve angeworbenen 16.000 Söldner zogen jetzt raubend und plündernd durch Böhmen. Die böhmischen Stände verbündeten sich jetzt mit Matthias und erzwangen zusammen mit Letzterem die Abdankung Kaiser Rudolfs II. als König von Böhmen (23.5.1611). Rudolf verlor damit seinen letzten realen Herrschaftsanspruch, sodass ihm nur noch der Kaisertitel blieb. Kaiser Rudolf II. verstarb am 20.1.1612 auf dem Hradschin in Prag.

Kaiser **Matthias** (am 23.5.1611 zum König und am 13.6.1612 zum Kaiser gewählt) versuchte, zusammen mit seinem Berater, dem Wiener Bischof Kardinal Klesl, die konfessionellen Spannungen im Reich zu vermindern, allerdings ohne Erfolg. 1617 erklärte sich Matthias zur Wahl seines Vetters Ferdinand von der Steiermark zum König von Böhmen und Ungarn einverstanden. Die überwiegend evangel. böhmischen Stände hatten alles versucht, um die Wahl des katholischen, des Absolutismus verdächtigen Ferdinand zu verhindern. Matthhias verstarb kurz vor Ausbruch der eigentlichen Religionskämpfe am 20.3.1619 in Wien.

Die Wahl Ferdinands als **Ferdinand II. (1619-1637)** zum deutschen König und Kaiser erfolgte am 28.8.1619. Ferdinand bestätigte zwar den Böhmischen Majestätsbrief. Dessen unterschiedliche Auslegung durch die böhmischen Stände und die kaiserlichen Statthalter bildete aber schließlich den Anlass zum Dreißigjährigen Krieg. In dessen Verlauf erreichte Ferdinand die Rekatholisierung seiner Erblande. Eine Stärkung der kaiserlichen Zentralgewalt in absolutistischer Manier gelang ihm nicht.

Dreißigjähriger Krieg (1618-1648)

Der Dreißigjährige Krieg war eine Abfolge mehrerer Kriege im Zeitraum von 30 Jahren. Er begann 1618 als lokaler Konflikt zwischen den vorwiegend protestantischen böhmischen Landständen und den kathol. Habsburgern und weitete sich zu einem europäischen Krieg aus, der mit dem Erschöpfungsfrieden von 1648 auf Kosten des Alten Reiches endete und für Deutschland und Europa eine neue Epoche seiner politischen Geschichte einleitete, denn dieser Krieg hatte sich zu einem Kampf zwischen den kathol. Habsburgern, welche das Alte Reich repräsentierten, und dem kathol. Frankreich um die Vorherrschaft in Europa entwickelt. Verlierer waren die Habsburger. Zu den Gewinnern zählte vor allem Frankreich, das seinem Ziel, den Rhein als seine Ostgrenze zu realisieren, wieder ein Stück näher gekommen war. Möglich geworden war dies durch das Paktieren deutscher Fürsten mit ausländischen Mächten, um eine Schwächung der Habsburger und damit des Alten Reiches zu bewirken.

Die Habsburger betrieben nach der Wahl des von Jesuiten erzogenen, streng kathol. Ferdinand II. zum König von Böhmen mit großer Härte die Rekatholisierung Böhmens. Dies war gleichbedeutend mit der Stärkung der Herrschaft der kathol. Habsburger in Böhmen. Gegen diese Bestrebungen konstituierte sich ein evangelischer böhmischer Adelsbund, der zu einem Landtag (Protestationstag) nach Prag einlud, der jedoch von Ferdinand II. verboten wurde. Die evangel. Landstände trafen sich trotzdem in Prag, und Abgesandte desselben begaben sich auf den Hradschin und warfen aus Protest nach altem böhmischen Rechtsbrauch am **23.5.1618** zwei der dort residierenden kaiserlichen Statthalter sowie den Kanzleischreiber durchs Fenster in den Burggraben, ohne dass diese persönlichen Schaden nahmen. Dieser sog. **Prager Fenstersturz** war der Auftakt jenes Aufstandes, welcher als der Beginn des Dreißigjährigen Krieges gilt. Die aufständischen protestantischen Adligen konstituierten einen Landtag, setzten eine aus 30 Direktoren bestehende Regierung ein, stellten ein Heer auf, wiesen die Jesuiten aus und konfiszierten das Eigentum kaisertreuer Adliger. Sie gaben sich am 31.7.1619 eine ständische Verfassung, wodurch die herrschaftlichen landesfürstlichen Rechte der Habsburger in Böhmen auf ein Minimum beschränkt wurden, und forderten die österr. Stände auf, dieser Konföderationsakte beizutreten. Nachdem sich die Böhmen mit den österr. Ständen verbündet hatten (16.8.1619), setzten sie Ferdinand II. am 22.8.1619 ab, erklärten Böhmen zum Wahlkönigtum und wählten am 26./27.8.1619 den Führer der protestantischen Union, den calvinistischen Kurfürsten Friedrich V. von der Pfalz zum König von Böhmen (Krönung im Herbst 1619). Damit wurde der innerböhmische Konflikt Gegenstand der Reichspolitik, denn der böhmische König gehörte dem Kurfürstenkollegium an, welches nun mehrheitlich evangelisch war. Damit bestand die Gefahr, dass bei der nächsten Kaiserwahl ein evangel. Reichsfürst Kaiser werden könnte.

Ferdinand II. verbündete sich mit der katholischen Liga unter ihrem Führer Herzog Maximilian I. von Bayern (1597-1651). Die der Union angehörenden protestantischen Fürsten ließen den Kurfürsten Friedrich V. von der Pfalz im Stich und trafen mit der Liga ein Abkommen, wonach die Mitglieder beider Bünde in Böhmen freie Hand haben, sich im Reich aber nicht angreifen sollten. Kursachsen unter Kurfürst Johann Georg I. (1611-1656) besetzte die zu Böhmen gehörenden beiden Lausitzen (Ober- und Niederlausitz), welche sich Friedrich V. von der Pfalz angeschlossen hatten. Als Gegenleistung für die Übernahme der Kriegskosten und ein Neutralitätsversprechen des sächs. Kurfürsten verpfändete der Kaiser beide Lausitzen an den Kurfürsten, die seitdem bei Kursachsen blieben. Zur Verärgerung der böhmischen Stände trug die Bevorzugung der Calvinisten durch Friedrich V. bei. Dessen Heer erhielt so nur durch die Söldner des Ernst II. von Mansfeld nennenswerte Verstärkung. Am 8.11.**1620** kam es zur **Schlacht am Weißen Berg** bei Prag, in der das vereinigte Heer der Liga und des Kaisers unter Herzog Maximilian I. von Bayern und Tilly mühelos das böhmische Heer unter Christian I. von Anhalt-Bernburg vernichtend schlug. Damit war der böhmische Aufstand zusammengebrochen. Es folgte 1621 ein Strafgericht, welches man mit der Konfiszierung der Güter der Hingerichteten und Verbannten sowie dem preisgünstigen Verkauf dieser Güter an kaisertreue Gefolgsleute verband. Nutznießer war auch Albrecht von Waldstein (genannt „Wallenstein“), der 60 dieser Güter erwarb und dadurch zum reichsten Großgrundbesitzer in Böhmen wurde. Die gewaltsame Rekatholisierung führte zur Massenflucht Evangelischer, die sich vor allem nach Mitteldeutschland und Franken wandten. Etwa 150.000 dieser Glaubensflüchtlinge (**Exulanten**) fanden in Kursachsen eine neue Heimat. Viele von ihnen ließen sich in den Höhenlagen des Erzgebirges nieder, was dort zur Ansiedlung neuer Gewerbe mit großer wirtschaftlicher Bedeutung für Sachsen führte.

Böhmen verlor seine relative Autonomie und wurde jetzt zum festen Bestandteil der Donaumonarchie, indem das Recht der Königswahl nur noch als Formalität bestehen blieb sowie Gericht, Verwaltung und Gesetzgebung an die Krone der Habsburger übergingen. Beim böhmischen Landtag verblieb nur noch das Steuerbewilligungsrecht. Diese zunächst lokalen böhmischen Ereignisse griffen damit auf die Reichsgeschichte über, denn sie beschleunigten die Entwicklung der habsburgischen Donaumonarchie zum zentralistischen Staat absolutistischer Prägung. Die Kaiser-Dynastie der Habsburger stellte zunehmend die Belange ihrer Territorialstaatlichkeit über die Erfordernisse des Reiches. Verwaltungstechnische Konsequenz war die 1620 erfolgte Ausgliederung einer Hofkanzlei aus der Reichshofkanzlei, wobei Erstere ab jetzt nur noch für die habsburgischen Länder zuständig war.

Kurfürst Friedrich V. von der Pfalz (wegen der Kürze seiner Regentschaft als „Winterkönig“ bezeichnet) war nach der Niederlage am Weißen Berg auf der Flucht, die schließlich im Asyl in Holland endete. Die am Weißen Berg geschlagenen Söldnerführer verteidigten die Pfalz, wurden aber 1621/22 von dort durch das Liga-Heer unter Tilly sowie ein spanisch-niederländisches Heer unter Spinola vertrieben. Die Spanier besetzten die linksrheinische Pfalz, die Bayern besetzten die rechtsrheinische Pfalz. Durch diese Kriegshandlungen erfolgte eine Verwüstung der Pfalz. Friedrich V. verlor die Pfalz sowie die Kurwürde. Letztere übertrug der Kaiser 1623 an Herzog Maximilian I. von Bayern und damit an die Wittelsbacher. Damit war der **Böhmisch-Pfälzische Krieg (1618-1623)** zu Ende und es hätte Frieden geschlossen werden können, aber die Besetzung der linksrheinischen Pfalz durch die Spanier beunruhigte Frankreich, welches die Gefahr einer Umklammerung durch die österreichischen und die spanischen Habsburger sah. Diese Befürchtungen wurden noch verstärkt, als sich die Söldnerführer Ernst II. von Mansfeld und Christian von Halberstadt, die aufseiten der Union gekämpft hatten, nach Holland wandten, um dort neue Heere aufzustellen (die Union hatte sich angesichts der militärischen Erfolge der Liga am 12.4.1621 aufgelöst). Diesen folgte der kaiserliche General Tilly mit dem Heer der Liga. Dadurch wurde der Krieg nach Nordwestdeutschland getragen. Gleichzeitig gelang es den spanischen Truppen, in Graubünden die Verbindung zwischen ihren habsburgischen Ländern in Deutschland und Italien herzustellen. Jetzt wurde Kardinal Richelieu (geb. 1585; gest. 1642), seit 1624 allmächtiger Erster Minister in Frankreich, im Zusammengehen mit England diplomatisch aktiv und fand in König Christian IV. von Dänemark einen Verbündeten, der als Herzog von Schleswig und Holstein auch Reichsfürst des Niedersächsischen Reichskreises war und am Hinzugewinn der größtenteils zur Reformation übergetretenen niedersächsischen Bistümer (Reichsstifte) Interesse zeigte.

Bevor es zum **Dänisch-Niedersächsischen Krieg (1626-1629)** kam, veranlasste Kaiser Ferdinand II. die Aufstellung eines eigenen Heeres. Albrecht Wallenstein hatte sich erboten, dieses Heer mit eigenen Mitteln anzuwerben und zu unterhalten. Reich geworden war dieser geniale und skrupellose Geschäftsmann durch den günstigen Kauf konfiszierter böhmischer Güter, durch die Heirat mit einer reichen Witwe sowie durch die Einkünfte aus seiner von ihm wirtschaftlich mustergültig entwickelten böhmischen Herrschaft Friedland. Für seine künftige Kriegsführung handelte er nach dem Grundsatz „der Krieg muss den Krieg ernähren", den bereits der Söldnerführer Ernst II. von Mansfeld geprägt und während seiner Rückzugsgefechte in der Pfalz praktiziert hatte. So erpresste Wallenstein ohne Gegenleistung aus Feindes- und Freundesland die für die Kriegsführung erforderlichen Mittel für Sold, Quartier und Verpflegung. Auch Städte, die er mit Einquartierung verschonte, hatten zu zahlen. Das kaiserliche Heer Wallensteins wurde in den folgenden Jahren zum entscheidenden und von der Liga unabhängigen Instrument kaiserlicher Politik. Demgegenüber wurde von Tilly nach herkömmlicher Verfahrensweise die Bevölkerung zunächst noch gleichmäßig gegen Entschädigung zu den Kriegslasten herangezogen und nur in Ausnahmesituationen die Verpflegung ohne Gegenleistung gefordert.

Dank dieser militärischen Überlegenheit wurde König Christian IV. von Dänemark geschlagen; besetzt wurden vom kaiserlichen Heer 1627 Jütland und 1628 Mecklenburg sowie Pommern. Um einem dänisch-schwedischen Bündnis zuvorzukommen, vermittelte Wallenstein mit Dänemark den Frieden von Lübeck (22.5.1629). Christian IV. blieb im Besitz seiner Territorien, musste aber auf die niedersächsischen Bistümer verzichten und sich verpflichten, künftig keine Bündnisse mit den norddeutschen Fürsten einzugehen. Am 16.6.1629 wurde Wallenstein vom Kaiser förmlich mit dem Herzogtum Mecklenburg belehnt und damit in den Reichsfürstenstand aufgenommen. Bereits kurz vor diesem Friedensschluss hatte Kaiser Ferdinand II. mit dem **Restitutionsedikt** vom 6.3.**1629** angeordnet, alle seit dem Passauer Vertrag (1552) von den Protestanten eingezogenen Stifte und Kirchengüter den Katholiken zurückzugeben, die Calvinisten vom Religionsfrieden auszuschließen und den kathol. Reichsständen zu gestatten, ihre Untertanen zur Rückkehr zum Katholizismus anzuhalten. Mit dem Erlass des Restitutionsedikts war Kaiser Ferdinand II. auf dem Höhepunkt seiner Macht angelangt.

Sowohl der Friede von Lübeck als auch das Restitutionsedikt führten zu Widerständen bei den Kurfürsten (reichsständische Opposition) sowie im Ausland, sodass es zu weiteren Kriegshandlungen kam, die zur Wende des Krieges führten. Die der Liga angehörenden Fürsten sahen sich infolge der Stärkung der Macht des Kaisers durch Wallenstein in ihrer landesherrlichen Selbstständigkeit bedroht und beschwerten sich ohne Erfolg beim Kaiser über Wallenstein. Außerdem beeinflusste sie der französische Gesandte im gleichen Sinne. Erst auf dem Regensburger Kurfürstentag (1630) musste sich Kaiser Ferdinand II., welcher die Wahl seines Sohnes zum deutschen König durchbringen wollte, verpflichten, Wallenstein zu entlassen und das kaiserliche Heer zu reduzieren. Die Königswahl seines Sohnes erreichte er aber trotzdem nicht. Diese Entscheidung wirkte sich verhängnisvoll auf den weiteren Kriegsverlauf aus und arbeitete der von Frankreich (Richelieu) geführten Opposition gegen die Habsburger in die Hände, denn etwa zum gleichen Zeitpunkt landete ein schwedisches Heer an der vorpommerschen Ostseeküste.

König **Gustav II. Adolf (1611-1632)** von Schweden, der bereits als 15-Jähriger ein selbstständiges militärisches Kommando geführt hatte und 17-jährig auf den schwedischen Thron gekommen war, erwies sich als hervorragender Politiker und Heerführer. Seine Ziele verfolgte er rücksichtslos. Als Autorität trat er befehlend, aber auch gewinnend auf. Im Heer herrschten Zucht und Ordnung. Gustav Adolf war überzeugter Lutheraner. Auf den Gottesdienst im Heer wurde höchster Wert gelegt. Von der Persönlichkeit des Schwedenkönigs waren die Deutschen durchaus angetan. In seiner kurzen Regierungszeit hatte er bereits die baltisch-preußischen Ostseeküsten erobert und strebte in seinem ungestümen Tatendrang offensichtlich ein schwedisches Großreich rund um die Ostsee an. Voraussetzung für den Sprung über die Ostsee nach Deutschland war sein Zusammengehen mit Frankreich in einer antihabsburgischen Koalition. Bereits 1629 hatte Richelieu einen mehrjährigen schwedisch-polnischen Waffenstillstand vermittelt, um Schweden den Rücken frei zu machen. Im Bündnisvertrag von Bärwalde (23.1.1631) verpflichtete sich Gustav Adolf, ein schwedisches Heer (30.000 Mann, 6.000 Reiter) in Deutschland zu unterhalten, und erhielt dafür von Frankreich jährlich 1 Mill. Livres. Laut offizieller schwedischer Propaganda war es ein Glaubenskrieg, um den vom Katholizismus bedrängten norddeutschen Protestanten beizustehen. Es war aber auch ein Abwehrkampf Schwedens gegen die Gefahr eines habsburgisch-polnischen Bündnisses, vor allem aber wohl ein Eroberungskrieg Schwedens um die Vormachtstellung im Ostseeraum. Für Letzteres spricht die Finanzierung des Deutschlandfeldzuges durch die kathol. Großmacht Frankreich.

König Gustav Adolf landete am 6.7.1630 mit nur 12.500 Mann auf der Insel Usedom, besetzte in nur 14 Monaten die strategisch wichtigsten Positionen, vergrößerte sein Heer und sicherte durch Bündnisse und Verträge seine militärischen Operationen finanziell und politisch ab. Damit hatte der **Schwedische Krieg (1630-1635)** begonnen. Die deutschen Reichsstände hielten sich zurück, nur Landgraf Wilhelm V. von Hessen-Kassel, welcher durch die kaiserlichen Siege einen Teil seines Territoriums verloren hatte, und einige unbedeutende Fürsten schlossen sich Gustav Adolf an. So die Herzöge von Mecklenburg, die mit Gustav Adolfs Hilfe ihr Herzogtum zurückerhielten. Kurfürst Georg Wilhelm von Brandenburg, obwohl mit Gustav Adolf verschwägert, fürchtete, dass dieser ihm Pommern, dessen vertraglich geregelter Anfall an Preußen abzusehen war, streitig machen könnte. Der lutherische Kurfürst Johann Georg I. von Sachsen, welcher trotz mehrerer Wechsel der Kriegsparteien die Calvinisten für schlimmer ansah als die Katholiken, hielt mehr zum Kaiser.

Um das Vordringen der Schweden nach Mitteldeutschland abzuwehren, zog ihnen Tilly mit dem Heer der Liga entgegen. Trotz der herannahenden Schweden gelang ihm am 10.5.1631 durch eine Kriegslist die Erstürmung der durch die Belagerung bereits geschwächten Stadt Magdeburg. Nach ihrer Einnahme setzte ein Plündern, Morden und Brennen ein, dem etwa 30.000 Magdeburger Bürger zum Opfer fielen; nur einige Kirchen sowie 139 Häuser, meist am Fischer-Ufer an der Elbe gelegen, überstanden das Feuer. Tilly eroberte u.a. noch Merseburg, Naumburg und Zeitz. Leipzig ergab sich am 2.9.1631. Erst unter dem Eindruck dieser Ereignisse verbündete sich Kursachsen mit Gustav Adolf (Vertrag von Coswig/Anhalt 11.9.1631) und stellte diesem ein sächs. Heer von 20.000 Mann zur Verfügung. Jetzt fühlte sich Gustav Adolf in der Lage, den Kampf mit Tilly aufzunehmen, und besiegte diesen unweit von Leipzig bei Breitenfeld am 17.9.1631 so vernichtend, dass die Herrschaft der Katholiken in Norddeutschland zusammenbrach und der Weg nach Süddeutschland für Gustav Adolf offenstand. Bei Verteidigung des Lech-Überganges am 15.4.1632 verlor Tilly durch eine Kanonenkugel ein Bein und verstarb einige Tage später. Die Liga zerfiel, nur der Kurfürst von Bayern blieb dem

Kaiser treu. Am 17.5.1632 zogen die Schweden in München ein. Wiederum schien der Krieg dem Ende zuzugehen, jedoch Gustav Adolf beharrte auf Territorialgewinn, und der Kaiser holte Wallenstein zurück. Letzterer erhielt 1632 den Oberbefehl über das von ihm aufgestellte Heer und errang bei Nürnberg einen ersten größeren Defensiv-Erfolg über die Schweden. Zur entscheidenden **Schlacht** kam es am 16.11.**1632 bei Lützen** unweit Breitenfeld. Sie endete mit einem leichten Vorteil für die Schweden, aber Gustav Adolf blieb auf dem Schlachtfeld. Die von ihrem Kanzler Oxenstierna geführten Schweden setzten den Krieg fort. Den Schweden gelang es, ein Bündnis der evangel. Reichsstände zu vermitteln (Heilbronner Bund 1633) und damit ihren Einfluss bis nach Süddeutschland hinein zu festigen. Zustatten kam ihnen die zögerliche Kriegsführung Wallensteins und dessen politische Aktivitäten nach allen Seiten. Offensichtlich wollte er sich vom Kaiser abwenden. Der Kaiser veranlasste die Ermordung Wallensteins, die am 25.2.1634 in Eger durch Offiziere Wallensteins erfolgte. Im Herbst 1634 fügten die Kaiserlichen den Schweden bei Nördlingen eine vernichtende Niederlage zu; der Heilbronner Bund zerfiel. Kursachsen fiel daraufhin von den Schweden ab und schloss am 30.5.**1635** mit dem Kaiser den **Frieden von Prag**, dem sich fast alle Reichsstände anschlossen. Der Kaiser verzichtete darin auf die weitere Durchführung des Restitutionsedikts und stimmte der paritätischen Besetzung des Reichskammergerichts sowie dem Anfall der beiden Lausitzen sowie Magdeburgs an Kursachsen zu. Es blieb beim reichsrechtlichen Ausschluss der Calvinisten. Die Fixierung des konfessionellen Besitzstandes sollte nach dem Stand von 1627 erfolgen (zunächst begrenzt auf 40 Jahre). Wichtigstes Zugeständnis der Reichsstände war, dass der Kaiser den Oberbefehl über ein Reichsheer erhielt. Diesem Friedensschluss war die Erkenntnis vorausgegangen, dass das Grundübel die Anwesenheit der Schweden im Lande sei, denn es ging schließlich nicht mehr um die Durchsetzung politischer Visionen, sondern um Raub und Mord. Je länger der Krieg dauerte, desto zügelloser benahmen sich die Söldner und verübten die barbarischsten Grausamkeiten an der Zivilbevölkerung, um aus dieser noch das letzte Hab und Gut herauszupressen oder einfach nur aus Lust am Quälen und Morden.

Aber auch jetzt kamen die kriegerischen Handlungen nicht zum Stillstand, sondern Richelieu hatte weiterhin Interesse an der Fortführung des Krieges und sah wohl ein, dass dafür Geldzahlungen an die Schweden nicht mehr ausreichen würden. Deshalb trat Frankreich im Bündnis mit Schweden gegen die Habsburger in den Krieg ein. Es begann die verheerendste Phase des Dreißigjährigen Krieges, der **Französisch-Schwedische Krieg** (1635-1648). Die Habsburger waren 1635 militärisch am Ende. Die Schweden hatten Prag erobert und waren zeitweise bis in die Nähe von Wien vorgedrungen. Der Kaiser bemühte sich jetzt um Friedensverhandlungen. Für Kursachsen war der Krieg bereits mit dem Neutralitätsvertrag von Kötzschenbroda (27.8./6.9.1645) zu Ende.

Westfälischer Friede (1648)

Er wurde am 24.10.1648 in Münster zwischen Kaiser Ferdinand III. (1637-1657; Sohn Kaiser Ferdinands II.; 1625 König von Ungarn; 1627 König von Böhmen; 1636 deutscher König) sowie dessen Verbündeten einerseits und König Ludwig XIV. von Frankreich sowie dessen Verbündeten andererseits und gleichzeitig am 24.10.1648 in Osnabrück zwischen Kaiser Ferdinand III. sowie seinen Verbündeten einerseits und Königin Christine von Schweden sowie ihren Verbündeten andererseits unterzeichnet. Dieser Friedensschluss war nur dadurch zustande gekommen, weil die Forderungen von Frankreich und Schweden darin Berücksichtigung gefunden hatten.

Dieser Friede beendete das Chaos der Religionskriege und schuf die Grundlage für die überkonfessionelle Zusammenarbeit. Die Religion verlor ihre universelle Integrationsfunktion.

Der Friedensvertrag sollte die Grundlage für eine dauerhafte europäische Friedensordnung sein. Es sollte ein „christlicher, allgemeiner, immerwährender Friede“ mit dem Ziel einer reichsinternen Konfliktvermeidung sowie einer europäischen Friedenssicherung zustande kommen.

Die Bestimmungen des Westfälischen Friedens bildeten die Rahmenbedingungen für die künftigen politischen Entwicklungen in Europa. Im Einzelnen regelte er territoriale sowie grundsätzliche konfessionelle und reichsrechtliche Fragen. Die Bestimmungen des Friedens wurden unter ausdrücklicher Außerkraftsetzung des Interims (vorläufige Festlegungen in strittigen Religionsfragen), des Prager Friedens sowie des Restitutionsedikts zum „ewigen und allgemeinen Reichsgrundgesetz" erhoben, und man legte ein umfangreiches Instrumentarium zu dessen Sicherung fest. Zu Garanten des Friedensvertrages ernannten sich die Siegermächte Frankreich und Schweden, welche dadurch ihren Einfluss auf die künftige Reichspolitik begründeten.

Die **Bestimmungen des Westfälischen Friedens** im Einzelnen:

Die Kriegsschuldfrage wurde durch eine allgemeine Amnestie ausgeklammert. So erhielt der Sohn des geächteten Friedrich V. die Rhein-Pfalz zurück (die Oberpfalz blieb beim Kurfürstentum Bayern), und für ihn wurde eine 8. Kur geschaffen, denn die 1623 von der Pfalz an Bayern übertragene Kur verblieb dort.

Grundsätzlich sollte der territoriale Besitzstand von 1618 wiederhergestellt werden. Es ergaben sich jedoch Veränderungen durch die territorialen Forderungen von Schweden, insbesondere aber von Frankreich. So waren an die Schweden nicht nur 5 Mill. Taler zur Abfindung von deren Soldaten zu zahlen, sondern zu Schweden kamen Vorpommern mit den Odermündungen sowie mit Stettin und der Insel Rügen, weiterhin Wismar, das Erzstift Bremen und das Stift Verden. Schweden wurde durch die hinzugewonnenen Besitzungen deutscher Reichsstand mit Sitz im Reichstag und sicherte sich auch dadurch seinen Einfluss auf die künftige Reichspolitik. Die durch diese Abtretungen geschädigten deutschen Fürsten von Brandenburg und Mecklenburg wurden vor allem auf Kosten der norddeutschen Bistümer abgefunden. Der Kurfürst von Brandenburg verzichtete auf seinen Erbschafts-Anspruch hinsichtlich des Herzogtums Vorpommern und erhielt dafür Hinterpommern mit dem säkularisierten Bistum Kammin sowie die säkularisierten Bistümer (Stifte) Halberstadt und Minden und weiterhin die Anwartschaft auf das säkularisierte Erzbistum (Erzstift)) Magdeburg. Letzteres sollte ihm nach dem Tode des Administrators August von Sachsen (gest. 1680) zufallen, was auch eintrat. Der Erwerb von Minden bildete erneut einen Anreiz für Brandenburg, seine Territorialpolitik im Westen des Reiches wieder aufzunehmen. Für die Abtretung von Wismar an Schweden erhielt Mecklenburg die Stifte Ratzeburg und Schwerin. Auf Forderung Schwedens erhielt die mit diesem verbündete Landgrafschaft Hessen-Kassel Ämter der lutherischen Grafschaft Schaumburg an der Weser, das Stift Hersfeld sowie einen Teil des Marburger Erbes. Die territorialen Abtretungen an Frankreich gingen auf Kosten von Kaiser und Reich. So gingen sämtliche habsburgischen Besitztitel im Elsass an den französischen König über, dazu auf dem rechten Rheinufer Breisach und das Besatzungsrecht in Philippsburg. Die lothringischen Bistümer Metz, Toul und Verdun, welche bereits 1552 durch die evangel. Reichsstände unter Führung von Moritz von Sachsen gegen Übernahme von Kriegskosten in die Schutzherrschaft des französischen Königs gegeben worden waren, kamen nun endgültig an Frankreich. – Die Schweiz und die Vereinigten Niederlande schieden aus dem Reichsverband aus und errangen damit die volle Souveränität. – Kursachsen verblieb auf Fürsprache des Kaisers im Besitz der Ober- und der Niederlausitz.

Es wurde ein für alle Mal über den Bekenntnisstand der Bevölkerung entschieden. Die endgültige Fixierung der konfessionellen Grenzen erfolgte nach dem Stand vom 1.1.1624 („Normaljahr“). Damit wurden die Veränderungen, welche nach 1555 (Augsburger Religionsfriede) vonstatten gegangen waren, legalisiert. Einem Konfessionswechsel der Obrigkeit brauchte die Bevölkerung künftig nicht mehr zu folgen. Die konfessionellen Festlegungen hinsichtlich des „Normaljahres“ galten nicht für den Kaiser und seine Erblande sowie für den Kurfürsten von Bayern hinsichtlich der Oberpfalz. Mehrheitliche Reichstags-Beschlüsse zu konfessionellen Fragen wurden nicht mehr zugelassen, vielmehr hatten die im Reichstag vertretenen evangel. und kathol. Vertreter in zwei Ausschüssen, dem **Corpus Evangelicorum** bzw. im **Corpus Catholicorum**, so lange getrennt zu verhandeln, bis Übereinstimmung erreicht worden war; erst dann wurde diese gemeinsame Position beider Gremien zum Reichstagsbeschluss (Reichstagsabschied) erhoben. In allen Reichsinstitutionen sollten künftig Protestanten und Katholiken paritätisch vertreten sein. Die Calvinisten erhielten den Status einer reichsrechtlich anerkannten Konfession. Den Sekten wurde diese Anerkennung auch weiterhin verwehrt.

Die im Friedensvertrag enthaltenen reichsrechtlichen Bestimmungen schränkten die kaiserliche Gewalt auf ein Minimum ein und begründeten endgültig das Übergewicht der Reichsstände (Territorialfürsten), denn dem Kaiser wurde das alleinige Recht über Bündnisabschluss, Krieg und Frieden entzogen. Künftig benötigte der Kaiser für alle Regierungshandlungen im Namen des Reiches (Reichsgesetze, Entscheidungen über Krieg und Frieden, Finanzpolitik usw.) die Zustimmung der im Reichstag vertretenen Stände. Demgegenüber erhielten die Reichsstände das Recht zum Abschluss von Bündnissen untereinander sowie mit dem Ausland (ausgenommen Bündnisse gegen Kaiser und Reich), das Recht der Steuerhoheit, der Gesetzgebung, der Rechtsprechung usw. Damit war das Alte Reich endgültig zu einem lockeren Verband von Einzelstaaten degradiert worden. Eine schwache Klammer der auseinanderstrebenden Territorialstaaten bildeten nur noch einige gemeinsame zentrale Einrichtungen (z.B. Reichstag, Reichskammergericht) mit sehr eingeschränkten Kompetenzen sowie wenige rechtliche Bindungen (z B. war der Kaiser immer noch oberster Lehnsherr).

Die reichsrechtlichen Bestimmungen des Westfälischen Friedens wurden durch Reichstagsbeschlüsse umgesetzt. Seit 1663 war der Reichstag nur noch eine Gesandten-Versammlung, die in Regensburg in Permanenz tagte (sog. „Immerwährender Reichstag“). Bei jeder der folgenden Wahlkapitulationen, d.h. dem schriftlichen Vertrag zwischen den Wählern und dem jeweils zur Wahl stehenden König bzw. Kaiser, hatte sich Letzterer bis zum Ende des Alten Reiches ausdrücklich zur Wahrung der

Rechte der Landstände entsprechend den Bestimmungen des Westfälischen Friedens zu verpflichten.

Misstrauisch gegenüber Kaiser Leopold I. (1657-1705; Sohn Kaiser Ferdinands III.; 1655 König von Ungarn; 1656 König von Böhmen), ob er die Bestimmungen des Westfälischen Friedens und die Zusagen seiner Wahlkapitulation auch einhalten würde, schlossen sich einige deutsche Fürsten am 14.8.**1658** zum **(ersten) Rheinbund** zusammen, um einen eigenständigen Machtblock gegen den Kaiser zu schaffen. Dem Bund trat am 15.8.1658 Frankreich bei. Als offensichtlich geworden war, dass Frankreich diesen Bund im eigenen Interesse gegen die Habsburger zu nutzen gedachte und mit seinen Annexionskriegen begann, löste sich der Bund am 15.8.1668 auf.

Die Auswirkungen des 30-jährigen Krieges

Landsknechte und Marodeure hatten fast ganz Europa ausgeplündert, denn nach dem Scheitern der großen politischen Konzeptionen eines Wallenstein und eines Gustav Adolf war der Dreißigjährige Krieg in eine unübersehbare Folge sinnloser Zerstörungs- und Beutezüge ausgeartet. Durch den Dreißigjährigen Krieg rechnet man mit einem Bevölkerungsverlust von durchschnittlich 40 %. In den am stärksten betroffenen Gebieten konnten diese Verluste zwischen 40 % und 80 % liegen und überstiegen mitunter sogar 90 %. Weniger betroffen waren der Südosten (habsburgische Erblande; Erzbistum Salzburg) und der Nordosten (Holstein, Oldenburg). Die norddeutschen Handelsstädte, wie Hamburg, Bremen und Lübeck, profitierten sogar vom Krieg. Die Zone größter Zerstörungen und größter Bevölkerungsabnahme zog sich von Südwest nach Nordost quer durch Deutschland und betraf vor allem Mecklenburg, Pommern, Thüringen, die Pfalz, das Moselgebiet und Württemberg. Die Bevölkerungsverluste waren weniger durch direkte Kriegshandlungen als vielmehr durch die Begleitumstände dieses Krieges, wie Seuchen, Hungersnöte, Tötung von Zivilisten im Zuge von Plünderungen usw., zustande gekommen. Begünstigt wurde die Verbreitung von Seuchen, vor allem der

Pest, durch das umherziehende Kriegsvolk und die große Zahl von Menschen, welche sich dem Krieg durch Flucht zu entziehen suchten. Hinzu kamen die vielen Glaubensflüchtlinge (Exulanten), welche insbesondere in den kathol. Ländern der Habsburger ihre Heimat verloren hatten und sich nach den protestantischen Ländern wandten. Es dauerte durchschnittlich etwa einhundert Jahre, ehe die Bevölkerungszahl wieder den Stand vor dem Dreißigjährigen Krieg erreicht hatte. In den Städten nahm die Bevölkerung durch Zuwanderung vom Lande schneller zu. Auch in Gebieten mit größeren Bevölkerungsverlusten konnten diese mitunter durch Zuwanderung, die häufig noch durch Werbung angeregt wurde, schneller ausgeglichen werden.

Durch den Krieg waren viele Häuser und Anlagen zerstört worden. Der Krieg hinterließ verwüstete Fluren (Äcker unbebaut, verunkrautet, verbuscht oder gar bewaldet), große Waldflächen in Nordwestdeutschland und Pommern waren abgeholzt worden (Verkauf des Holzes durch die Schweden zwecks Geldbeschaffung an Holland und die Hansestädte). Der Viehbestand war fast völlig vernichtet worden. Dies machte sich nicht nur in der Nahrungsgüterwirtschaft bemerkbar, sondern es fehlten jetzt auch die Zugtiere für die Landwirtschaft sowie der Dünger für den Boden. Das Ackergerät war verloren gegangen oder verkommen. Schwer geschädigt waren auch die Städte (vielfach abgebrannt; wirtschaftlich durch Plünderungen, Kriegssteuern und Kontributionen geschwächt).

Am nachhaltigsten war die Landwirtschaft geschädigt worden. Es dauerte Jahrzehnte oder gar länger, bis die verwaisten Bauernhöfe wieder besetzt werden konnten. Während sich dadurch in den meisten Territorien die Stellung der Bauern gegenüber den Grundherren verbesserte, wurden vor allem im Osten Deutschlands die frei gewordenen Ländereien den Rittergütern zugeschlagen, was dort zum weiteren Ausbau der Gutsherrschaft und damit verbunden zur Erhöhung der Arbeitsverpflichtung der verbliebenen bäuerlichen Bevölkerung führte (Gesindezwangsdienst; Ausweitung der Frondienste). Weiterhin wurden dort aus finanzieller Not von den Landesherren zahlreiche obrigkeitliche Rechte an die Grundherren abgetreten, welche damit weitergehende Herrschaftsrechte über die Bauern und die sonstigen Landbewohner erhielten. Trotzdem kam es in den Jahrzehnten nach dem Krieg insgesamt zu einer landwirtschaftlichen Überproduktion und damit zum Sinken der Agrarpreise auf einen Stand von vor 1550, sodass der größte Teil der Bevölkerung auch weiterhin in schwierigen Verhältnissen lebte, wozu in der zweiten Hälfte des 17. Jh. noch zahlreiche Missernten und Pestepidemien beitrugen.

Bis zum Beginn des Krieges hatten deutsche Exportgüter eine große Bedeutung im internationalen Handel. Am schwerwiegendsten hatte der Krieg die Wirtschaft dadurch getroffen, dass es zur Unterbrechung bzw. zum weitgehenden Zusammenbruch der wirtschaftlichen Beziehungen Deutschlands zu den anderen Ländern gekommen war. Ausgenommen davon waren einige Hansestädte wie Lübeck, Hamburg, Köln und Bremen, die sich als sichere Zufluchtsorte behaupten konnten und wirtschaftlich sogar expandierten. Nur ein unbedeutender Teil des deutschen Exportgeschäfts mit Leinen, Garnen und Wollgeweben sowie Metallwaren konnte den Krieg überdauern. Damit war die einst weitgehende Integration der deutschen Wirtschaft, insbesondere ihrer gewerblichen Produktion, in die Weltwirtschaft zerschlagen worden. Die Führung im Welthandel übernahmen jetzt die westlichen See- und Kolonialmächte (insbesondere Holland und später England), welche durch eine merkantilistische Abschließungspolitik Deutschland bis in die zweite Hälfte des 19. Jh. vom Weltmarkt fernhielten.

Kriegsgewinner waren die Kriegslieferanten, Söldnerführer sowie Hoffaktoren (an den Fürstenhöfen agierende Vertreter der Kaufleute), insbesondere aber die Geldwechsler und Geldverleiher. An den Fürstenhöfen nahmen die zu Reichtum gekommenen, vielfach jüdischen Geldwechsler bald als Hofbankiers, Münzentrepreneurs usw. Einfluss auf die politische Entwicklung.

Weil der Wiederaufbau der Wirtschaft die höchstmögliche Anspannung der Arbeitskraft und damit die Erziehung der auch moralisch heruntergekommenen Bevölkerung zu Arbeitsamkeit und Pflichterfüllung erforderte, lag es nahe, dass die Landesherren, d.h. der Staat, gerade im am schwersten durch den Krieg geschädigten Deutschland in besonders intensiver Form in die Rechte des Einzelnen sowie in die Wirtschaft eingriffen, um im Sinne des Merkantilismus die Entwicklung der produktiven Kräfte mit allen Mitteln zu fördern.

Das Zeitalter des Absolutismus und der Aufklärung (1648-1789)

Absolutismus und Aufklärung

Durch den Westfälischen Frieden waren dem Reich von ausländischen Mächten (Frankreich, Schweden) neue Außengrenzen sowie eine neue staatliche Ordnung aufgezwungen worden. Diese europäische Friedensordnung orientierte sich am Kräftegleichgewicht der europäischen Staaten. Hinsichtlich der staatl. Neuordnung hatte man die Souveränitätsrechte der Landesherren nicht nur bestätigt, sondern diesen eine nahezu vollständige Landeshoheit (Souveränität) verliehen. Demgegenüber waren die Rechte des Kaisers eingeschränkt worden. Dies führte zur weiteren Stärkung der Territorien, welche sich zu modernen Staaten entwickeln konnten, während der politische Handlungsspielraum des Reiches, d.h. des Kaisers und der Reichsorgane, weiter eingeschränkt wurde. Die Territorialfürsten waren zwar auch weiterhin dem Kaiser durch Treueid lehnsrechtlich verbunden sowie dem Reichsrecht unterworfen und damit nicht vollständig souverän, doch ließ sich das Reichsrecht praktisch nur selten durchsetzen.

Gab es bis 1648 noch eine Reichsgeschichte, so ist die deutsche Geschichte danach im Wesentlichen eine Geschichte der größeren Territorien. Indem nach 1648 Brandenburg-Preußen zur Vormacht in Norddeutschland aufstieg und der etablierten süddeutschen Vormacht Österreich feindlich gegenübertrat, bestimmte der **Gegensatz (Dualismus) Österreich-Preußen**, welcher mit den Schlesischen Kriegen ab 1740 deutlich in Erscheinung trat, den weiteren Verlauf der deutschen Geschichte. Bei dieser Machtkonstellation waren das Reich und seine Organe innenpolitisch insofern noch von Bedeutung, als sie die Interessen der kleinen Territorien, der Reichsstädte und der Reichsritter zu schützen hatten. Deshalb entfalteten die Reichskreise als Organe des Reiches besonders in Süddeutschland, wo die territoriale Zersplitterung besonders stark ausgeprägt war und viele Klein- und Kleinstterritorien bestanden, ihre Wirksamkeit (so gab es im Schwäbischen Reichskreis 68 weltliche sowie 40 geistliche Territorien und 40 Reichsstädte).

Die Territorien gingen zur monarchischen Verfassungsform (Regierungsform) des **Absolutismus** über. Diese Entwicklung hatte bereits während des Dreißigjährigen Krieges eingesetzt. Der Absolutismus war die effektivste Regierungsform, um das politische, soziale und wirtschaftliche Chaos, welches die Glaubenskriege hinterlassen hatten, zu überwinden, und setzte sich deshalb auch durch. Der Absolutismus brach endgültig die Vorherrschaft der privilegierten Stände (Adel, Klerus), beseitigte die weltlichen Herrschaftsrechte der Kirche und trug damit wesentlich zur Überwindung der mittelalterlichen feudalen Sozialverfassung bei. Während der Absolutismus in Frankreich wesentlich zur nationalstaatlichen Einigung beitrug, verband er sich in Deutschland mit den Territorialgewalten (Landesherrschaft), wodurch die Einheit des Alten Reiches weiter unterhöhlt wurde, sodass es nur noch eines kräftigen Anstoßes bedurfte, um dieses urtümliche politische Gebilde schließlich zum Einsturz zu bringen.

Im Extremfall übte der absolutistisch regierende Monarch (Landesherr) die unbeschränkte und ungeteilte Herrschaftsgewalt über seine Untertanen aus. Er fühlte sich als Träger der Souveränität an kein Gesetz gebunden, es sei denn, dass ihm die Gebote der Religion, das persönliche Gewissen (also die Moral) und das Wissen um die Rechtstradition („das gute alte Recht") gewisse Beschränkungen auferlegten, wodurch sich der absolute Herrscher vom gewissenlosen Despoten unterscheidet, obgleich hier die Grenzen fließend sind. So gab es durchaus auch verantwortungslose Despoten, wie den Landgrafen Friedrich II. von Hessen-Kassel, der so weit ging, 1776/77

12.000 seiner Landeskinder als Soldaten an die Engländer für deren Kolonialkriege auszuleihen. Andere unbedeutendere deutsche Fürsten folgten diesem Beispiel. Wie weit sich ein Landesherr dem Ideal des absoluten Herrschers annähern konnte, hing vor allem davon ab, in welchem Maße er den Mitregierungsanspruch der Landstände im Landtag sowie in der Verwaltung zurückdrängen oder gar ausschalten konnte und welche Möglichkeit ihm das landesherrliche Kirchenregiment bot, um die Masse der Untertanen unter Kontrolle zu halten. Vor allem kam es darauf an, das Steuerbewilligungsrecht der Landstände zu brechen. Zur Sicherung der Macht nach innen und nach außen war ein stehendes Heer erforderlich, welches nur über Landessteuern finanziert werden konnte, die aber herkömmlicherweise von den Landständen genehmigt werden mussten. Durch den Reichstagsabschied von 1654 waren die Landstände jedoch dazu verpflichtet worden, Steueranforderungen der Landesherren für die Unterhaltung von Festungen und Garnisonen zu genehmigen, wodurch der Unterhaltung stehender Heere in den Territorien auch in Friedenszeiten nichts mehr im Wege stand.

Die Zentralisierung der ressortmäßig gegliederten Verwaltung wurde weiter vorangetrieben, denn die Landesherren wollten unter Ausschaltung ständischer Zwischeninstanzen (z.B. Grundherrschaften) bis auf den einzelnen Bürger zugreifen können. Hinsichtlich der obersten Instanzen schaltete man den ständisch beeinflussten Geheimen Rat aus und regierte mit weisungsgebundenen Kabinettssekretären. Das „Geheime Kabinett“ wurde zur obersten Zentralbehörde.

Der absolute Herrschaftsanspruch wurde durch eine gesteigerte fürstliche Repräsentation zum Ausdruck gebracht (Hofhaltung; fürstliche Bauten, Mäzenatentum, Anlegen von Kunst- und anderen Sammlungen, Festkultur usw.), welche das Land stark belastete. In Kursachsen stellte August „der Starke“ die gesamte Wirtschaftskraft des Landes in den Dienst seiner Selbstdarstellung und Selbstverwirklichung, denn auch seine Politik (v.a. der Erwerb der polnischen Krone) diente letztlich diesen Zielen.

In seiner ausgeprägtesten Form zeigte sich diese monarchische Regierungsform im **höfischen Absolutismus**. Die Stände waren politisch ausgeschaltet worden. Der entmachtete landsässige Adel wurde zum Dienst an den Residenzen, den Höfen, herangezogen und hatte dort das Publikum für die Selbstdarstellung und Selbstinszenierung (Hofzeremoniell) des Monarchen abzugeben. Für den Verlust seiner politischen Rechte entschädigte man den Adel mit leitenden Ämtern am fürstlichen Hof, in den Landesverwaltungen und beim Militär. Auch die aus dem Bürgertum hervorgegangenen Geistesgrößen dieser Zeit entfalteten ihre Talente im Dienst der Fürsten (z.B. Leibniz, Schlüter, Thomasius, Pöppelmann, B. Neumann). Mittelpunkte dieser höfischen Gesellschaft waren die fürstlichen Residenzen mit ihren prächtigen barocken Schlossbauten und weitläufigen Residenzlandschaften mit Gartenanlagen usw., manchmal sogar kompletten Stadtanlagen (z.B. Mannheim, Karlsruhe, Ludwigsburg). Die Residenzstädte waren nicht nur Kultstätten der fürstlichen Repräsentation und Zentren wichtiger politischer Entscheidungen, sondern auch Verwaltungszentren (in zunehmendem Maße besetzt mit bürgerlichem Fachpersonal) und Wirtschaftsfaktoren, denn die vielen hier tätigen Personen (an den Höfen von Wien und München zu Beginn des 18. Jh. je etwa 2000) mussten versorgt werden, hinzu kamen die vielen Dienstleister (Handwerker usw.), welche für die Höfe arbeiteten. Die Hofhaltungen verschlangen nicht selten 20 % bis 30 %, mitunter bis 50 % der Staatsausgaben. Gegen Ende des 18. Jh. wurden die Staatsgeschäfte zunehmend von der Hofhaltung getrennt, sodass die Höfe im 19. Jh. nur noch private Haushalte der Fürsten darstellten.

Vorbild für den höfischen Absolutismus und die höfische Lebensart (Hofzeremoniell, höfische Architektur usw.) wurde Frankreich (Hof Ludwigs XIV. in Versailles), dessen politische Vormachtstellung in Europa sich auch auf Deutschland ausgewirkt hatte. Der Zeitgeschmack stand unter französischem Einfluss. Der französische Fürstenkult, die französische Sprache, die französische Literatur und nicht zuletzt die leichte, gegenwartsfreudige Lebensart der Franzosen, welche in der

Kunst des Barock ihren Ausdruck fand, wurden zum Leitbild der Herrschenden und der Gebildeten in Deutschland. Das am Altertum orientierte Bildungsideal des Humanismus verblasste. Einige absolute Monarchen lehnten allerdings die höfische Untermalung ihrer Herrschaft ab, so König Friedrich Wilhelm I. von Preußen, der das dadurch eingesparte Geld lieber nutzbringender für den Aufbau seiner Armee verwendete.

Ab der Mitte des 17. Jh. setzte sich in Westeuropa die auf dem Humanismus sowie der Renaissance aufbauende Geistesbewegung der **Aufklärung** durch, welche bis zum Anfang des 19. Jh. das Geistesleben bestimmte und bis in die Gegenwart fortwirkt. Nach dieser Lehre ist die menschliche Vernunft, der gesunde Menschenverstand, das einzige und letzte Kriterium zur Erkenntnis der Wahrheit. In den Mittelpunkt der Betrachtung rückte insbesondere der naturwissenschaftliche Erkenntnisprozess. Damit gerieten alle traditionsbezogenen und irrationalen Denkweisen, insbesondere der christliche Offenbarungsglaube und damit die Autorität der Kirche, in das Blickfeld der Kritik und wurden rational hinterfragt. Der Mensch sollte wieder zur Natur, zu einer natürlichen Denk- und Lebensweise zurückfinden („Zurück zur Natur!"). Im Sinne der Aufklärung waren alle Menschen gleich. Damit waren auch ständische Beschränkungen des politischen Mitspracherechtes sowie eine Bevormundung des Einzelnen durch den absolutistischen Obrigkeitsstaat (z.B. hinsichtlich Meinungs- und Pressefreiheit) unbegründet. Der Rationalismus der Aufklärung hatte die verschiedensten Auswirkungen. So wurde dem biblischen Schöpfungspostulat die Lehre von der Evolution (Abstammungslehre) gegenübergestellt. Vorgänge wurden im Rahmen einer praxisorientierten naturwissenschaftlich-technischen Forschung messtechnisch erfasst, ebenfalls sportliche Leistungen. Die Landesvermessung (kartografische Landesaufnahme) wurde vorangetrieben (systematische Landesvermessung in Sachsen ab 1600, in Frankreich ab 1783). Die Gelehrten organisierten sich in wissenschaftlichen Gesellschaften, den **Akademien**. So regte Gottfried Wilhelm Leibniz (1646-1716) die Gründung der Berliner Sozietät der Wissenschaften an (1700). Weitere Akademiegründungen folgten (1751 Göttingen; 1757 Mannheim; 1759 Gründung der Bayerischen Akademie der Wissenschaften). Hinzu kamen **Universitätsgründungen**, wie Kiel (1665), Innsbruck (1677), Breslau (1702), Erlangen (1743), Bonn (1786; hervorgegangen aus einer 1774 gegründeten Akademie). Zentren der Aufklärung waren die 1694 gegründete Universität Halle, an der Christian Thomasius (1655-1728; Kämpfer gegen Hexenwahn und Folter; hielt Vorlesungen in deutscher Sprache) und Christian Freiherr von Wolff (1679-1754; Philosoph) lehrten, und später die 1737 gegründete Universität Göttingen. Das Bildungsbürgertum (bürgerl. städt. Oberschichten, Beamte usw.) schloss sich in Lesegesellschaften zusammen, in denen vor allem auch über das Gelesene diskutiert wurde, und gründeten Leihbibliotheken. Die Zeitungen als wichtiges Medium aufklärerischen Gedankengutes erschienen in immer kürzeren Abständen und wurden schließlich zu Tageszeitungen. Immer mehr Menschen lernten das Lesen (Alphabetisierung der Bevölkerung). In der zweiten Hälfte des 18. Jh. nahm die Auflagenhöhe der Bücher, Zeitschriften und Zeitungen sprunghaft zu. Im Sinne der Aufklärung wirkten auch die **Freimaurerlogen** (1737 erste deutsche Freimaurerloge in Hamburg; 1738 Gründung einer Loge in Dresden); die 1740 in Berlin gegründete Loge erhob König Friedrich II. „der Große" 1744 zur Großloge und war bis 1754 deren Großmeister. Die geistigen Väter der Aufklärung waren unter anderem in England John Locke sowie David Hume, in Frankreich Pierre Bayle, Charles de Montesquieu, Voltaire sowie Jean-Jacques Rousseau und in Deutschland Immanuel Kant, Christian Thomasius, Christian Wolff, Gotthold Ephrahim Lessing und Moses Mendelssohn.

Die Rechts- und Staatsrechtslehre der Aufklärung hatte politische Auswirkungen und führte vor allem in Süd- und Mitteleuropa (z.B. in Brandenburg-Preußen, Österreich, Sachsen-Weimar) zur Regierungsform des **aufgeklärten Absolutismus** (Reformabsolutismus), indem man den Absolutismus, d.h. die Staatsräson, mit den Gedanken der Aufklärung verband. Nach der Lehre der Aufklärung war jeder Mensch frei geboren; alle Menschen waren damit rechtlich gleichgestellt. Herrschaftsverhältnisse konnten deshalb nur durch ein ausdrückliches oder stillschweigendes Übereinkommen (Gesellschaftsvertrag) zwischen den Betroffenen begründet werden. Die vornehmliche Aufgabe des absoluten Herrschers war es, wie König Friedrich II. „der Große" es formulierte, als „erster Diener des Staates" für das allgemeine Wohl seiner Untertanen zu sorgen. Dies war ein neuer Legitimationsgrund für die Ausübung von Herrschaft (bisher war Herrschaft ein dem Herrscher von Gott übertragenes Recht). – Das Bündnis der Aufklärung mit der Herrschaftsform des Absolutismus war zustande gekommen, weil die deutsche Aufklärung sich grundsätzlich nicht gegen die in Staat und Gesellschaft bestehenden Verhältnisse (ständischer Obrigkeitsstaat) wandte. Der aufgeklärte Absolutismus nutzte das Gedankengut der Aufklärung zur **Modernisierung des Staatswesens**, indem er durch weitgehende Reformen die Leistungsfähigkeit und Leistungsbereitschaft der Untertanen steigerte, ohne jedoch dem Volk eine der Theorie der Aufklärung entsprechende Mitwirkung an der Regierung einzuräumen (Friedrich II.: „Alles für das Volk, nichts durch das Volk!"). Die Privilegierung der staatstragenden Gesellschaftsschichten blieb bestehen, und die administrative Reglementierung der Bürger sowie der Wirtschaft und des gesamten geistigen Lebens (Wissenschaft, Künste usw.) im Sinne eines übersteigerten Macht- und Ordnungsstrebens wurden sogar noch perfektioniert. – Die Reformen der aufgeklärten Herrscher bezogen sich neben dem Grundsatz **konfessioneller Toleranz** vor allem auf eine den Forderungen der Vernunft entsprechende Umgestaltung der Justiz und der Verwaltung (damit verbunden die Abstellung von Missbräuchen und Ungereimtheiten), auf die Förderung von Wirtschaft (Merkantilismus) und Wissenschaft sowie auf die **Verbesserung der Volksbildung** bis hin zur allgemeinen Schulpflicht. Um die Bildung der unteren Volksschichten machte sich die 1695 in Halle von August Hermann Francke auf pietistischer Grundlage ins Leben gerufene Stiftung „hallisches Waisenhaus" (später „Franckesche Stiftungen") verdient. Das Kernstück der Reformen des aufgeklärten Absolutismus waren **Verbesserungen des Justizwesens**. Diese bezogen sich vor allem auf Vereinfachung des Rechts (Vereinheitlichung der Instanzenwege: Erstellung von Prozessordnungen), die Vereinheitlichung des Rechts zwischen einzelnen Landesteilen sowie auf die Kodifikation des Rechts (systematische Zusammenfassung gesetzlicher Einzelregelungen in Gesetzbüchern), weiterhin auf die Humanisierung des Strafrechts (Verhältnismäßigkeit des Strafmaßes; Abschaffung der Folter, was in Preußen bereits 1740 erfolgte, in Österreich 1776). Die bahnbrechenden großen **Rechtskodifikationen** im Zivilrecht waren das Allgemeine Preußische Landrecht (1794) und in Österreich das Allgemeine Bürgerliche Gesetzbuch (1812). König Friedrich II. konstatierte 1768, dass auch ein Fürst die Gesetze nicht verletzen dürfe und verpflichtet sei, diese zu schützen (Entwicklung Preußens zum Rechtsstaat). Die weitestgehenden politisch-sozialen Auswirkungen hatten die Gedanken der Aufklärung hinsichtlich der **Bauernbefreiung**, sodass die Leibeigenschaft in Österreich unter Kaiser Joseph II. bereits 1781 abgeschafft wurde (vollständige Abschaffung der Erbuntertänigkeit erst 1848). – Im Sinne der Aufklärung absolut regierende Fürsten waren vor allem König Friedrich II. von Preußen und Kaiser Joseph II. von Österreich. Dazu gehörten z.B. aber auch Karl Friedrich von Baden (1738-1803 Markgraf, 1803-1806 Kurfürst, ab 1806 Großherzog), der 1783 die Leibeigenschaft aufhob, Herzog Karl August von Sachsen-Weimar (1757-1828; Übernahme der Regentschaft 1775; seit 1815 Großherzog von Sachsen-Weimar-Eisenach), welcher führende Männer des Geisteslebens an seinen „Musenhof" nach Weimar holte (J.W. v. Goethe, J.G.Herder, Chr. M. Wieland u.a.) und sich von diesen beraten ließ bzw. diese sogar in leitende Positionen berief (Goethe als Minister, Herder als Generalsuperintendent) sowie Kurfürst Maximilian III. Joseph von Bayern, welcher u.a. das Recht kodifizierte, die Wirtschaft und Landeskultur förderte, das Volksschulwesen reformierte und in München 1795 eine Akademie gründete.

Der Absolutismus konnte sich besonders in den flächenmäßig größeren Territorien durchsetzen, denn die für eine absolutistische Herrschaft erforderliche Wirtschafts- und Wehrkraft war an eine ausreichende Landesgröße und Bevölkerungszahl gebunden. So wurden v.a. Brandenburg-Preußen, Österreich, Bayern, Württemberg und Hessen-Kassel sehr bald absolutistisch regiert, während sich in dem flächenmäßig großen Kursachsen nur ein gemäßigter Absolutismus etablierte und in dem hinsichtlich seiner Fläche mit Hessen vergleichbaren Mecklenburg gar die Landstände die Oberhand behielten. Letzteres ist ein Zeichen dafür, dass sich die Landstände gegen den Abbau ihrer Rechte auch erfolgreich zur Wehr setzen konnten. Sogar in Brandenburg-Preußen, wo sich die absolutistische Herrschaftsform insgesamt am schärfsten ausprägen konnte, gelang dies konsequent nur für das Kernland Brandenburg, hingegen im Herzogtum Preußen sowie in Kleve und Mark nur sehr viel langsamer und unvollkommener. In vielen der späteren Rheinbundstaaten setzte sich der Absolutismus erst in der napoleonischen Zeit durch.

Im Zeichen des Absolutismus erfolgte erstmals die staatliche Lenkung und Förderung der Wirtschaft. Dies bezeichnet man als **Merkantilismus**. Bis dahin gab es keine Wirtschaftspolitik im heutigen Sinne. Der wirtschaftliche Erfolg wurde an einer positiven Außenhandelsbilanz gemessen (die Ausfuhr z.B. von Fertigwaren sollte die Einfuhr z.B. von Rohstoffen beträchtlich überschreiten). Staatliche Maßnahmen im Rahmen dieses Systems der staatl. Wirtschaftslenkung waren, bezogen auf den jeweiligen Territorialstaat, z.B. die Förderung der Einwanderung und das Verbot der Auswanderung („Peuplierungspolitik"), die Steigerung von Produktion und Handel, die Drosselung der Einfuhr durch Schutzzölle (Zollkrieg), bestimmte Ausfuhrverbote (z.B. Getreide; Kaolin als Rohstoff für die Porzellanherstellung), die Förderung des Bergbaues sowie möglichst eine Verstaatlichung desselben, die Gründung staatl. Manufakturen, die Lockerung des Zunftzwanges, die Beseitigung regionaler Zollgrenzen, die Schaffung der Währungseinheit durch eigene Münzstätten, Ausbau des Steuerwesens (z.B. erstmalige Einführung der damals als Akzise bezeichneten Mehrwertsteuer zunächst in den Städten und später im ganzen Land). Einen Einwanderungsschub nach Deutschland brachte die Vertreibung der Hugenotten aus Frankreich (1685 Aufhebung des Edikts von

Nantes, wodurch der bisher den protestantischen **Hugenotten** gewährte Schutz durch Ludwig XIV. aufgehoben wurde), welche vor allem in Brandenburg-Preußen, Brandenburg-Ansbach, Brandenburg-Bayreuth, Braunschweig-Lüneburg, Hessen-Darmstadt, Hessen-Kassel, Hessen-Homburg, Lippe-Detmold und Schaumburg-Lippe eine neue Heimat fanden, dort neue Gewerbe etablierten und damit zum wirtschaftlichen Aufschwung der Gastländer beitrugen. In Brandenburg-Preußen war bereits am 8.11.1685 das Edikt von Potsdam erlassen worden, in dem Kurfürst Friedrich Wilhelm von Brandenburg günstige Bedingungen für die Aufnahme der Hugenotten in seinem gesamten Herrschaftsgebiet festlegte, was zur Einwanderung von ca. 20.000 Hugenotten führte. Um 1700 war etwa ein Drittel der Einwohner Berlins französischer Herkunft. Die Einwanderung von Juden wurde in Brandenburg 1671 wieder zugelassen. – Die **Manufakturen** waren Produktionsstätten, in denen eine große Zahl von Handwerkern räumlich zusammengefasst wurden, sodass trotz der traditionellen handwerklichen Fertigung eine wesentliche Produktionssteigerung durch Arbeitsteilung erreicht werden konnte. Als Staatsunternehmen gründeten die Landesfürsten vor allem Manufakturen im Militärbereich (Herstellung von Waffen, Schießpulver, Tuchen) sowie für die Luxusgüterherstellung (z.B. Porzellan, Glas, Seide). So wurde z.B. 1710 in Meißen die erste Porzellan-Manufaktur Europas gegründet. – Trotz starker staatl. Wirtschaftsförderung blieb die gewerbliche Produktion zweitrangig; mehr als 80 % der Bevölkerung ernährten sich von der Landwirtschaft.

Ein auf diese Weise nach innen konsolidierter Staat konnte außenpolitisch tätig werden und sein Territorium durch Eroberungskriege, vor allem aber über die Durchsetzung realer bzw. mehr oder weniger fingierter Erbansprüche in sog. Erbfolgekriegen vergrößern, was vielfach auf Kosten weniger mächtiger Reichsstände erfolgte.

Die europäischen Kriege bis 1721

Die durch den Westfälischen Frieden geschaffene „immerwährende" europäische Friedensordnung mündete bald wieder in eine Folge schwerer Kriege ein. Indem Frankreich 1648 große Gebiete im Elsass erhalten hatte, war dies geradezu eine Aufforderung, auch noch die lothringischen Gebiete sowie die Franche Comté, welche zwischen dem französischen Kernland und dem Elsass lagen, hinzuzugewinnen und die Grenzen Frankreichs damit bis zum Rhein, der „natürlichen Grenze" Frankreichs, vorzuschieben. Konflikte mit Frankreich waren damit unvermeidlich und wurden in den Reunions-Kriegen ausgetragen. Aus den engeren oder weitläufigeren verwandtschaftlichen Verbindungen zwischen den Fürstenhäusern ergaben sich stets Erbansprüche unterschiedlicher Wertigkeit, welche in der Regel von den Konkurrenten gegenseitig nicht anerkannt wurden und zu Auseinandersetzungen führten. So war es auch jetzt, als in kurzer Folge verschiedene Dynastien ausstarben, was zu mehreren sog. Erbfolgekriegen führte. Der dritte Krisenherd ergab sich aus dem Vorrücken der Türken auf Wien und damit aus der Gefahr einer Herrschaft der Türken und damit des Islam über Europa, wenn es nicht gelang, dem wirkungsvoll zu begegnen.

Frankreichs Annexionskriege gegen das Reich

Unter König Ludwig XIV. (1643-1715) gelang es Frankreich, auf Kosten des Reiches seine Grenzen nach Norden und Osten vorzuschieben. Nachdem Ludwig seit 1661 nach dem Tode des Kardinals Mazarin die Führung Frankreichs in die eigenen Hände genommen hatte, verfolgte er eine konsequente Annexionspolitik nach allen Seiten. Er nutzte dabei die Schwäche des Reiches, welche aus den inneren Unruhen in Ungarn sowie Abwehrkämpfen gegen die Türken resultierte.

Mit dem Pyrenäenfrieden (7.11.1659) wurden die seit rd. 150 Jahren andauernden und zuletzt 1635 wiederaufgenommenen Auseinandersetzungen zwischen Frankreich und Spanien beendet. Im Norden erhielt Frankreich Reichsgebiete im Hennegau sowie in Luxemburg.

Als 1665 König Philipp IV. von Spanien starb, erhob Ludwig XIV., welcher mit der ältesten Tochter Philipps verheiratet war, Ansprüche auf die zum Reich gehörenden spanischen Niederlande. Dies führte zum sog. **Devolutionskrieg (1667-1668)** Frankreichs gegen die Tripelallianz Holland(Generalstaaten)-England-Schweden, der Frankreich im Frieden von Aachen nur zehn Festungen im nicht zum Reich gehörenden Flandern einbrachte.

Der **Holländische Krieg (1672-1678)** wurde von Frankreich als Rachefeldzug gegen die Generalstaaten mit dem Ziel, Letztere zu erobern, begonnen. Frankreich hatte sich mit England, Kurbayern, dem Erzbistum Köln und dem Bistum Münster verbündet. Die Generalstaaten waren zunächst isoliert, erhielten aber schließlich Hilfe von Kurbrandenburg, dem Kaiser, Spanien, Lothringen, Dänemark und dem Bistum Trier und später von der Kurpfalz sowie von Köln und Münster. Letztere hatten beide die Fronten gewechselt. Frankreich konnte die Schweden zum Einfall in Kurbrandenburg bewegen, die jedoch am 28.6.1675 bei Fehrbellin durch den „Großen Kurfürsten" Friedrich Wilhelm vernichtend geschlagen wurden, welcher daraufhin die Schweden aus ganz Vorpommern und von Rügen vertrieb. Dieser Krieg endete mit dem Frieden von Nimwegen (1678/79), der aus verschiedenen Einzelabkommen mit Frankreich bestand und Ludwig XIV. zum mächtigsten Herrscher Europas werden ließ, obgleich ihm die Eroberung der Generalstaaten nicht gelungen war. Im Frieden mit Spanien (17.9.1678) erhielt Frankreich von Spanien die Freigrafschaft Burgund (Franche Comté) mit Besançon sowie einige Städte im Tausch gegen das Herzogtum Limburg. Im Frieden mit Kaiser und Reich (5.2.1679) verzichtete Frankreich auf das Besatzungsrecht von Philippsburg und erhielt dafür Freiburg/Breisgau und Hüningen. Das 1670 durch Frankreich besetzte Herzogtum Lothringen erhielt dessen Herzog mit Ausnahme der Stadt Nancy und vier von dort nach St. Didier, ins Elsass, nach Besançon sowie nach Metz führenden Straßenzügen (je eine halbe Meile breit) in den

Grenzen von 1670 zurück (Lothringen kam erst als Folge des Polnischen Thronfolgekrieges 1738 an den abgesetzten polnischen König Stanislaus Leszczynski, den Schwiegersohn König Ludwigs XV. [1715-1774] von Frankreich, und nach dem Tode Leszczynskis 1766 an Frankreich). Grenzveränderungen, welche nicht die Grenze zu Frankreich betrafen, waren: Im Frieden, den Schweden mit den Herzögen von Braunschweig-Celle und Braunschweig-Wolfenbüttel schloss (5.2.1679), erhielt Schweden von den beiden Herzögen Bremen zurück. Schweden trat dafür an Braunschweig-Lüneburg die Propstei und Vogtei Dörverden und das Amt Thedinghausen ab. Schweden erhielt die Eroberungen des Bischofs Ferdinand von Münster, welche dieser im Stift Bremen gemacht hatte, zurück (29.3.1679). Obgleich der Kurfürst von Brandenburg in diesem Krieg Vorpommern von den Schweden zurückerobert hatte, erhielt er nur einen schmalen Landsteifen Vorpommerns am rechten Oderufer (29.6.1679), wandte sich deshalb verbittert vom Kaiser ab und unterstützte bis zum Einsetzen der Hugenottenverfolgungen (1685) Frankreich. Dänemark setzte den Herzog von Holstein-Gottorf wieder ein (2.9.1679).

Weiteres Reichsgebiet annektierte Frankreich durch seine Politik der **Reunionen (1679-1681)**. Diese Annexionen wurden auf dem Wege von Schein-Rechtsverfahren auf der Grundlage lehnsrechtlicher Auslegungen bewirkt. Nach französischer Ansicht gehörten Gebiete, die einmal lehnsrechtlich mit jenen Territorien in Zusammenhang gestanden hatten, welche vertraglich an Frankreich gekommen waren (z.B. durch den Westfälischen Frieden), ebenfalls zu Frankreich. Diese Annexionen bezogen sich auf das Elsass, rheinische Gebiete sowie Gebiete der spanischen Niederlande (zu Letzteren gehörte das Herzogtum Luxemburg). Die freie Reichsstadt Straßburg, für deren Zugehörigkeit zu Frankreich keine Schein-Begründung gefunden werden konnte, wurde am 30.9.1681 gewaltsam annektiert. Die annektierten Städte bezog Frankreich in den gegen das Reich gerichteten Festungsring ein (diese Festungen wurden nach den Plänen des franz. Marschalls und berühmten Festungsbaumeisters Vauban errichtet). Das Reich war im Türkenkrieg gebunden und musste Frankreich gewähren lassen. Im „Regensburger Stillstand" vom 15.8.1684 wurden die Reunionen, die bis 1.8.1681 vorgenommen worden waren, vom Reich anerkannt. In den Friedensschlüssen von Rijswijk (Pfälzischer Erbfolgekrieg) und Baden (Spanischer Erbfolgekrieg) konnten die Reunionen zwar weitgehend rückgängig gemacht werden, das Elsass und Straßburg blieben jedoch französisch.

Der **Pfälzische Erbfolgekrieg (1688-1697)**

1685 starb mit Kurfürst Karl II. das Haus Pfalz-Simmern aus. Ludwig XIV. beanspruchte nun für seine Schwägerin Elisabeth Charlotte von Orléans („Liselotte von der Pfalz"), die Schwester Karls II., den pfälzischen Allodialbesitz (Eigengut), obgleich Liselotte bei ihrer Heirat auf dieses Erbe verzichtet hatte. Diese Forderung nutzte Ludwig XIV. als Vorwand, um 1688 in die Pfalz und die umliegenden Gebiete einzufallen. Ludwig XIV. ging es um einen schnellen Friedensschluss mit dem in Kämpfe mit den Türken verwickelten Kaiser, um von diesem die endgültige Anerkennung der Reunionen sowie die Einsetzung des von ihm protegierten Bischofs Wilhelm von Fürstenberg als Erzbischof von Köln zu erreichen. Stattdessen wurde am 15.2.1689 vom Reichstag in Regensburg der Reichskrieg gegen Frankreich erklärt, und der Kaiser drängte noch im Winter 1689 mit Unterstützung einer Fürstenkoalition die Franzosen bis an den Rhein zurück. Auf dem Rückzug verwüsteten die Franzosen 1689 die Pfalz und zerstörten unter anderem auch die Städte Mannheim, Heidelberg (1693 wurde Heidelberg abermals durch die Franzosen verwüstet; das Heidelberger Schloss ist noch heute eine Ruine), Worms und Speyer. Der militärische Nutzen dieser Aktion für die Franzosen war gering, diese Verwüstungen bewirkten jedoch eine tiefe, lange Zeit vorhaltende Verbitterung auf deutscher Seite gegenüber Frankreich. Im Frieden von Rijswijk (29.9.1697; vom Kaiser bestätigt am 30.10.1697) erreichte Frankreich die Anerkennung seiner Besitzungen im Elsass einschließlich Straßburgs. Frankreich musste hingegen auf Gewinne aus der Reunion (darunter auf Montroyal und die neuerrichtete Saarprovinz), auf die rechtsrheinischen Brückenköpfe sowie auf die Ansprüche Fürstenbergs auf das Erzbistum

Köln verzichten und dem Herzog von Lothringen sein Herzogtum in den Grenzen von 1670 mit Nancy und Bitsch wieder zurückgeben. Der Kaiser hatte sein Ziel, Frankreich auf die Grenzen von 1648 zurückzuführen, mit Ausnahme des Elsass und Straßburgs erreicht. Trotzdem war der Friedensschluss wegen des noch andauernden Reichskrieges gegen die Türken für Frankreich günstiger ausgefallen als erwartet.

Die Abwehrkämpfe gegen die Türken

1663 waren die Türken erneut in das österreichische Ungarn eingefallen und bedrohten Innerösterreich, wurden aber am 1.8.1664 bei Sankt Gotthard an der Raab (Mogersdorf) von einer kaiserlichen Koalitionsarmee (25.000 Mann), die einer türkischen Armee von 120.000 bis 130.000 Mann gegenüberstand, vernichtend geschlagen. Im Frieden von Vasvár (Eisenburg) am 10.8.1664 wurde ein 20-jähriger Waffenstillstand ausgehandelt. Nach der Niederschlagung einer Verschwörung ungarischer und kroatischer Magnaten gegen die Habsburger (1667) kam es in Ungarn 1680 zu einem von Tököly geführten Aufstand (Bauernaufstand der Kuruzzen), welcher von den Türken und von Frankreich unterstützt wurde. 1683 wurden auch die Türken wieder aktiv. Ein türkisches Heer (rd. 200.000 Mann), dem sich Tököly angeschlossen hatte, marschierte auf Wien und begann am 17.7.1683 mit der Belagerung der Stadt, die unter der Führung des Grafen Ernst Rüdiger Starhemberg durch die Garnison und die Wiener Bürgerschaft tapfer verteidigt wurde. Noch rechtzeitig erschien das kaiserliche Entsatzheer, dem sich Truppenkontingente aus Kurbayern (unter Führung des Kurfürsten Maximilian Emanuel II.), Kursachsen (11.000 Mann unter Führung des Kurfürsten Johann Georg III.) und dem Königreich Polen (14.000 Mann unter Führung des polnischen Königs Johann Sobieski) angeschlossen hatten und das insgesamt rd. 65.000 Mann umfasste. Am **12.9.1683** kam es vor **Wien** zur **Schlacht am Kahlenberg**, in welcher das Entsatzheer unter der Führung des Polenkönigs Sobieski das weit über 100.000 Mann starke türkische Heer unter dem Großwesir Kara Mustapha vernichtend schlug. Die Entscheidung hatte ein Angriff des Herzogs Karl von Lothringen gebracht, auf den auch die militärische Planung für diese Schlacht zurückgeht. Auch der erst 20-jährige Prinz Eugen von Savoyen, der später als bedeutender Feldherr von sich Reden machte, hatte an dieser Schlacht teilgenommen. Die Reste des türkischen Heeres flohen nach Ungarn. Dem Sieg vor Wien schloss sich eine groß angelegte Offensive gegen die Türken an. Bereits 1687 war Ungarn zurückerobert (Schlacht bei Mohács 12.8.1687). Jetzt konnte der Kaiser auf dem Reichstag zu Pressburg die Erblichkeit der Krone Ungarns durchsetzen und seinen Sohn Joseph zum König von Ungarn krönen lassen. Das Alte Reich ist seitdem nicht wieder durch die Türken bedroht worden.

Der Nordische Krieg (1700-1721)

Die Bindung der europäischen Westmächte und vieler Reichsstände durch den Spanischen Erbfolgekrieg sowie die Jugend des Schwedenkönigs Karls XII. nutzend, wurde im Norden des Reiches der Kampf um die Vorherrschaft im Ostseeraum ausgetragen.

Am Anfang dieses Krieges stand ein Bündnis Augusts „des Starken" von Sachsen mit Dänemark, dem sich Zar Peter I. „der Große" von Russland anschloss. August „der Starke" (als Friedrich August I. von 1694 bis 1733 Kurfürst von Sachsen), der nach seinem Übertritt zum kathol. Glauben und der Bestechung einer Mehrheit des polnischen Adels am 26./27.6.1697 als August II. zum König von Polen gewählt worden war, wollte das 1660 von den Schweden eroberte Livland für Polen zurückgewinnen und dabei als großer Feldherr in Erscheinung treten. Dänemark wollte sich in den Besitz Schleswigs setzen, das unter schwedischem Einfluss stand. Russland erstrebte den Zugang zur Ostsee. Im Verlauf dieses Krieges wurde Kursachsen von den Schweden erobert (Friede von Altranstädt 24.9.1706), die über den Winter 1706/1707 in Sachsen blieben. Nach Beendigung des Spanischen Erbfolgekrieges schlossen sich am 12.6.1714 das Königreich Preußen und im Nov. 1714 der engl. König Georg I. in seiner Eigenschaft als Kurfürst von Hannover der antischwedischen Koalition an. Ab 1719 erfolgten die Friedensschlüsse mit Schweden, woraus sich folgende territoriale Veränderungen auf Kosten Schwedens ergaben. Kurhannover erhielt am 20.11.1719 Bremen und Verden; Preußen erlangte am 21.1.1720 Vorpommern bis zur Peene mit den Odermündungen und Stettin; Dänemark sicherte sich Schleswig (3.7.1720), und Russland erhielt im Frieden von Nystad (10.9.1721) Estland, Livland, Ingermanland (hier hatte Zar Peter I. bereits 1703 Petersburg gegründet) und Teile Kareliens. Der Kampf um die Vormachtstellung im Ostseeraum war damit zugunsten Russlands entschieden worden. Preußen konnte seine Stellung in Norddeutschland ausbauen. Polen-Sachsen war leer ausgegangen.

Der Spanische Erbfolgekrieg (1701-1713/14)

Mit dem Tode des spanischen Königs Karl II. (1.11.1700) erlosch das Haus Habsburg in Spanien. Nach dem Willen Karls sollte das spanische Erbe ungeteilt weitergegeben werden. In seinem Testament (2.10.1700) hatte Karl die österr. Habsburger übergangen und den Enkel Ludwigs XIV. von Frankreich, Philipp, als Universalerben eingesetzt. Am 16.11.1700 proklamierte Ludwig XIV. seinen Enkel Philipp zum König von Spanien. Kaiser Leopold I. erkannte diese Thronfolge des Bourbonenprinzen Philipp nicht an, verbündete sich am 7.9.1701 mit den Seemächten (England, Holland), welche eine übermächtige bourbonische span.-franz. Seemacht verhindern wollten. Diese Koalition, der sich auch die meisten Reichsfürsten anschlossen, eröffnete im Frühjahr 1702 den Krieg gegen Frankreich; die Reichskriegserklärung erfolgte erst im Herbst 1702. Kurbayern und das Erzbistum Köln stellten sich auf die Seite Frankreichs. Mit dem Tode Kaiser Josephs I. (1705-1711) folgte diesem dessen Bruder Kaiser Karl VI. (1711-1740), welcher wieder die imperiale Tradition Kaiser Karls V. aufnehmen und eine österreichisch-spanische Supermacht etablieren wollte. Daraufhin wechselten die Seemächte auf die Seite Frankreichs über und schlossen mit Frankreich den Frieden zu Utrecht, der aus 11 Friedensverträgen bestand, die zwischen dem 11.4.1713 und dem 6.2.1715 zustande kamen. Im Hinblick auf das Reich sind folgende territoriale Bestimmungen wichtig (dazu noch einige allgemein interessierende Bestimmungen). Frankreich verzichtete für alle Zeiten auf einen staatlichen Zusammenschluss von Frankreich und Spanien. Holland erhielt von Frankreich die spanischen Niederlande in den Grenzen von 1697 (Friede von Rijswijk), um diese an Österreich zurückzugeben. Kein Teil der spanischen Niederlande sollte jemals wieder von Frankreich beansprucht werden. Preußen, welches aufseiten des Kaisers gekämpft hatte, erhielt Spanisch-Obergeldern; die preuß. Oberherrschaft über Neuchatel wurde anerkannt. Der preuß. König verzichtete auf Oranien, behielt aber Titel und Wappen eines Fürsten von Oranien, und für das hinzugewonnene Gebiet Geldern durfte der Name „Oranien" verwendet werden. Savoyen erhielt von Frankreich eroberte Gebiete zurück; das Königreich Neapel wurde an Savoyen übertragen (das zum Reich gehörende Savoyen kam erst in den Revolutionskriegen an Frankreich). England erhielt von Spanien die Stadt und Festung Gibraltar. Kaiser Karl VI., der nach dem Abfall der Verbündeten allein gegen Frankreich weitergekämpft hatte, schloss am 6.3.1714 mit Frankreich den Frieden von Rastatt. Österreich erhielt von Frankreich Alt-Breisach, Freiburg im Breisgau und die Festung Kehl zurück. Frankreich hatte seine rechtsrheinischen Festungswerke abzubrechen und den deutschen Reichsständen die eroberten Gebiete in den Grenzen des Friedensvertrages von Rijswijk zurückzugeben und erhielt dafür die Festung Landau. Die Wittelsbacher Kurfürsten Maximilian II. Emanuel von Bayern und Erzbischof Joseph Klemens von Köln, die wegen ihres Bündnisses mit Frankreich von Kaiser Joseph I. geächtet und ihrer Länder sowie ihrer Kurwürde beraubt worden waren, erhielten ihre Territorien und Titel wieder zurück. Die Oberpfalz, die von 1708-1714 unter kurpfälzischer Regierung gestanden hatte, wurde an Bayern zurückgegeben. Dieser Vertrag war zwar in französischer Sprache abgefasst worden, Frankreich wurde aber untersagt, daraus den Anspruch auf die Abfassung internationaler Verträge in französischer Sprache abzuleiten. Trotzdem wurde ab diesem Zeitpunkt Französisch zur Diplomatensprache. Im Frieden von Baden (7.9.1714) zwischen dem Reich und Frankreich wurden die Bestimmungen des Friedens von Rastatt vom Reich anerkannt. Die protestantischen Stände hatten die Aufhebung der Rijswijker Klausel nicht durchsetzen können. Nach dieser im Frieden von Rijswijk (1697) enthaltenen Bestimmung musste in den seit 1679 von Frankreich reunierten rechtsrheinischen Gebieten, die rekatholisiert worden waren, nach Rückgabe dieser Gebiete an das Reich der Katholizismus beibehalten werden.

Der Aufstieg Brandenburg-Preußens und dessen Konfrontation mit Österreich

Unter Kurfürst **Johann Sigismund (1608-1619)** waren 1614 Kleve, Mark und Ravensberg sowie 1618 das Herzogtum Preußen an Brandenburg gekommen.

Der als Politiker hochbefähigte Kurfürst **Friedrich Wilhelm von Brandenburg (1640-1688)**, den schon seine Zeitgenossen den „Großen Kurfürsten" nannten, wurde als Real- und Machtpolitiker zum Begründer der absolutistisch regierten brandenburgisch-preuß. Großmacht. Für die Angelegenheiten des Reiches zeigte er wenig Interesse. Wenn er für den Kaiser kämpfte, dann verfolgte er dabei eigene Ziele. Mit großem diplomatischem Geschick passte er sich der jeweiligen Machtkonstellation an und wechselte bedenkenlos die Seiten. Er meinte, dass es wohl nicht gottgefällig sein könne, wenn er eine günstige Gelegenheit verpassen würde. Ausgangspunkt und Grundlage der neuen absolutistischen Staatlichkeit wurde ein schlagkräftiges stehendes Heer, mit dessen Aufbau der Kurfürst 1643/44 begann und welches er bis 1688 auf 31.000 Mann brachte. Weil für die Unterhaltung des Heers die Einkünfte aus den fürstlichen Domänen und die sonstigen fürstlichen Einkünfte bei Weitem nicht ausreichten, entmachtete er die Landstände. Die zunächst vom Adel gegen Anerkennung der Gutsherrschaft für sechs Jahre genehmigte Heeressteuer wurde schließlich eine bleibende Einrichtung. Der Adel war davon befreit. Die Widerstände, welche die Landstände ihrer Entmachtung entgegensetzten, konnten in Kleve und Mark erst

1660 und im Herzogtum Preußen erst 1661-1663 überwunden werden. Im Verlauf dieser Auseinandersetzungen ließ der Kurfürst mehrfach Führer der ständischen Opposition verhaften. Der Landtag wurde schließlich nicht mehr einberufen (in der Kurmark seit 1653, in Preußen seit 1671). Die Steuerverwaltung wurde den Ständen in der Kurmark seit 1666 und in Preußen seit 1684 teilweise entzogen. Mit der in den Städten erhobenen Akzise (Mehrwertsteuer) auf Lebensmittel und sonstige Waren erschloss sich der Kurfürst eine neue, von der Bewilligung durch die Landstände unabhängige einträgliche und ständig fließende Steuerquelle. Es erfolgte der Aufbau zentraler Verwaltungsbehörden, welche für die in extremer Streulage von Memel bis Kleve befindlichen Landesteile Bedeutung erlangten. Dazu gehörte das Generalkriegskommissariat, dem das Militärwesen einschließlich dessen Finanzierung oblag. Mit der Förderung von Manufakturgründungen ging es langsam voran. Der Handel wurde nach holländischem Vorbild organisiert. Zur Förderung desselben wurden spezielle Behörden (Kommerzkollegien) geschaffen, als Verbindung zwischen der Oder und der Spree der Friedrich-Wilhelm-Kanal angelegt (1662-1668) und zwecks Förderung des Gewerbes rd. 20.000 Hugenotten aus Frankreich in Brandenburg angesiedelt. An der Westküste Afrikas (Guinea) wurde die Kolonie Groß-Friedrichsburg 1682 gegründet (1717 an Holland verkauft) und zum Schutz der brandenburgisch-afrikanischen Handelsgesellschaft eine kleine Kriegsflotte gebaut. – Im Westfälischen Frieden hatte Brandenburg neben den Stiften Kammin, Halberstadt und Minden sowie der Anwartschaft auf das Erzstift Magdeburg nur noch Hinterpommern erhalten. Der Hinzugewinn von Vorpommern mit der Hafenstadt Stettin war das politische Hauptziel des Großen Kurfürsten, was er nicht erreichte. 1660 erlangte er hingegen die volle Souveränität über das Herzogtum Preußen, welches bisher der Lehnshoheit Polens unterstand. Bereits 1657 waren die Herrschaften Lauenburg und Bütow von Polen erworben worden.

Nachfolger des „Großen Kurfürsten" wurde **1688** dessen Sohn als Kurfürst **Friedrich III. von Brandenburg**. Auf dessen Erzieher und späteren Minister Danckelmann gingen die Schaffung einer zentralen Finanzbehörde (Geheime Hofkammer 1689) sowie die Gründung der Universität Halle (1694) zurück. Friedrich fehlte der politische Weitblick seines Vaters, er war schwach, unsicher und launenhaft, jedoch stets auf die Betonung seiner Würde und auf fürstliche Repräsentation bedacht. Zwecks Rangerhöhung strebte Friedrich die Königswürde an. Am 16.11.1700 erhielt er nach langwierigen Verhandlungen vom Kaiser die Erlaubnis, gegen politische und militärische Unterstützung der kaiserlichen Erbansprüche auf den spanischen Thron den Titel „König in Preußen" anzunehmen, der nur für das nicht zum Reich gehörende Herzogtum Preußen galt. Seine Krönung nahm Kurfürst Friedrich III. am 18.1.**1701** in Königsberg eigenhändig vor und nannte sich ab jetzt König Friedrich I. in Preußen. Im Gegenzug unterstützte er den Kaiser mit brandenburgisch-preußischen Truppenkontingenten im Pfälzischen und im Spanischen Erbfolgekrieg. Friedrich erhielt 1702 die rheinische Grafschaft Moers sowie die westfälische Grafschaft Lingen durch Erbschaft, weiterhin 1707 das schweizerische Fürstentum Neuenburg (Neuchatel) und im Utrechter Frieden 1713 den größeren Teil von Obergeldern an der Maas. 1707 erwarb er die westfälische Grafschaft Tecklenburg. Friedrichs zweite Gemahlin, die kunstsinnige Sophie Charlotte von Hannover machte den Berliner Hof zu einem kulturellen Mittelpunkt. So berief sie bedeutende Gelehrte, wie Samuel Freiherrn von Pufendorf (1632-1694; schuf neue Grundlagen für die Rechts- und Staatswissenschaft und die Gerichtspraxis) und Leibniz sowie den Bildhauer und Baumeister Andreas Schlüter (schuf z.B. das Reiterstandbild des Großen Kurfürsten) nach Berlin. Sie ließ das Lustschloss Lützenburg (später „Charlottenburg" genannt) ausbauen. 1696 Gründung der Akademie der Künste in Berlin. Auf die Anregung von Leibniz hin wurde 1700 die „Societät der Wissenschaften" in Berlin gegründet, jedoch erst 1711 eröffnet (später Preußische Akademie der Wissenschaften). Zur Blüte gelangte die Akademie erst durch König Friedrich II. „den Großen".

Nach dem Tode Friedrichs I. (25.2.1713) übernahm dessen Sohn König **Friedrich Wilhelm I. in Preußen (1713-1740)** die Herrschaft. Durch den Ausbau des Heerwesens und der Verwaltung schuf er die Grundlagen der künftigen Großmacht Preußen. Unter ihm wurde Preußen zum Militärstaat. Zu Trägern des preußischen Staates wurden die Beamtenschaft sowie als vornehmster und ehrenvollster Stand das Offizierskorps. Ergebnis der Erziehungsarbeit des Königs war es, dass trotz beschränkter Mittel durch straffe Zusammenfassung aller Kräfte des Landes ein Höchstmaß an Leistung erbracht wurde. – Friedrich Wilhelm war praktisch veranlagt und einfach in seiner Art, sparsam und hart, dabei jedoch von pietistischer Frömmigkeit. Getragen wurde sein Wirken von einem unerschütterlichen Pflicht- und Herrscherbewusstsein. Sein Auftreten war temperamentvoll. Für Kunst und Wissenschaft hatte der raue „Soldatenkönig" keinen Sinn. Die Societät der Wissenschaften missachtete der König und ließ sie nur fortbestehen, weil von ihr Kalender herausgegeben wurden. Den Philosophen Christian Wolff verwies er der Universität Halle (1723); man hatte diesen Lehrmeister der Aufklärung als zu atheistisch denunziert. – Bei der Übernahme der Herrschaft schränkte der König die Ausgaben für die Hofhaltung drastisch ein. Nur so war es ihm möglich, das 1714 aus dem Reichskrieg zurückgekehrte preuß. Heer in seinem Bestand von etwa 38.000 Mann beizubehalten und erfolgreich im Kampf gegen Schweden (Nordischer Krieg) einzusetzen. Im Laufe der Zeit erhöhte er die Truppenstärke auf 83.000 Mann. Die Soldaten wurden vor allem im Ausland, aber auch im Inland angeworben. Bei dieser übermäßigen Verstärkung des Heeres war außerdem noch eine zwangsweise Rekrutierung im Inland erforderlich. Zu diesem Zweck wurde 1733 als Vorform der allgemeinen Wehrpflicht die sog. Kantonverfassung geschaffen (später auch von anderen Staaten z.B. Österreich in abgewandelter Form übernommen), welche bis zur 1814 erfolgten Einführung der allgemeinen Wehrpflicht in Kraft blieb. Jedem Regiment wurde ein bestimmter Bezirk (Kanton) im Lande zugeteilt, in welchem die benötigten Soldaten rekrutiert wurden. Befreit von der Rekrutierung waren der Adel, angesehene Bürger, Inhaber oder Erben von Bauernhöfen, Kaufleute, Gewerbetreibende, Besitzer eines bestimmten Vermögens (6000 - 10.000 Taler), Beamte und Studierende der Theologie; befreit wurden auch gewerblich bedeutsame Städte und Landesteile insgesamt. Alle anderen Untertanen wurden erfasst („enrolliert") und konnten ab dem 20. Lebensjahr eingezogen werden. Diese Wehrpflicht galt für die Betroffenen anfangs lebenslang, später begrenzt auf 20 Jahre. Die tatsächliche Dienstzeit im Jahr betrug jedoch nur etwa drei Monate, später die Hälfte. Um ein schlagkräftiges Heer zu schaffen, wurden die Soldaten einer unmenschlich brutalen Disziplinierung unterworfen. Geschaffen wurde ein leistungsfähiges, zu äußerster Pflichterfüllung angehaltenes königstreues Offizierskorps aus den Reihen des einheimischen Adels, was nicht immer ohne Zwang abging. Herangezogen wurde fast ausschließlich der arme Landadel. Die Erziehung des Offiziersnachwuchses erfolgte unentgeltlich in den Kadettenanstalten. Auch hier herrschte der militärische Drill. Es bestand ein betonter Unterschied zwischen Offizier und Soldat; der Soldat fürchtete seinen Offizier mehr als den Feind. Eine besondere Marotte des Königs waren seine „Langen Kerls", hochgewachsene Soldaten, die er mit legalen oder gewaltsamen Methoden anwerben ließ und die in Potsdam Dienst taten. Dieses 1. Bataillon des 1. Garderegiments zu Fuß umfasste etwa 500 Mann (aufgelöst wurde es 1740 als ineffektiv und zu teuer von König Friedrich II.). Des Königs größte Stütze beim Aufbau des Heeres war Feldmarschall Fürst Leopold von Anhalt-Dessau, der „alte Dessauer".

Die oberste Regierungsgewalt übte der König persönlich aus. Seine Kabinettsminister waren nur ausführende Organe. Die Zentralisierung der Verwaltung wurde weiter vorangetrieben. – Erstmals wurde in Preußen der Adel besteuert und zur Zahlung einer Grundsteuer herangezogen. Lehnsverpflichtungen wurden in ständige Geldzahlungen umgewandelt; im Gegenzug gingen die Lehen in volles Eigentum über. – Wirtschaftsförderung: Manufakturen und Gewerbe wurden gefördert. Einführung von Schutzzöllen. Größte deutsche Textilmanufaktur war das 1713 gegründete „Berliner Lagerhaus", wo man Uniformtuche herstellte. Aufgenommen wurden etwa 17.000 Exulanten aus Salzburg (1732), von denen man viele in Ostpreußen ansiedelte, wo durch die Pest von 1709/10 große Bevölkerungsverluste eingetreten waren. Die prosperierende Wirtschaft ermöglichte die Bildung eines Staatsschatzes, der bis 1740 auf 8 Mill. Taler angewachsen war. – Im Staatshaushalt und in der Verwaltungsorganisation herrschten Klarheit, strenge Ordnung und Sparsamkeit. Der Etat war ausgeglichen und wurde streng kontrolliert. – Träger der Staatsverwaltung war das Beamtentum, welches auf der Grundlage fachlicher Kompetenz zu Redlichkeit und Genauigkeit, zu Arbeitsamkeit und Sparsamkeit, zu konfessioneller Toleranz sowie zu äußerster Pflichterfüllung und unbedingter Königstreue erzogen wurde. Dies bezog sich ebenfalls auf den wirtschaftlichen Sektor, sodass auch staatliche Wirtschaftsunternehmen rentabel arbeiteten (und das bis in die 1930er Jahre).

Preußen gewann im Spanischen Erbfolgekrieg das Herzogtum Obergeldern (Friede zu Utrecht) sowie im Nordischen Krieg (die Schweden hatten Preußen den Krieg erklärt) Vorpommern mit Stettin. Friedrich Wilhelm hatte keinen Aggressionskrieg geführt; seine militärische Unterstützung des Kaisers war nicht entsprechend honoriert worden. Die Habsburger hatten Preußen sogar ausgenutzt.

Die von Friedrich Wilhelm geschaffenen „preußischen Tugenden" des Offizierskorps und der Beamtenschaft haben später wesentlich zum wirtschaftlichen und politischen Aufstieg Deutschlands zur Weltmacht beigetragen.

Nach dem Tode König Friedrich Wilhelms I. (31.5.1740) gelangte dessen zweitältester Sohn als König **Friedrich II. in (seit 1772 „von") Preußen (1740-1786)**, später genannt „der Große", zur Herrschaft. – Der wissenschaftlich veranlagte und einem ästhetisch-genießerischen Lebensstil zuneigende Friedrich war von seinem Vater, der einen Soldaten und Verwaltungsfachmann aus ihm machen wollte, hart behandelt worden. Als sich Friedrich seinem Vater mit Einverständnis der Mutter zusammen mit seiner Schwester und einigen Freunden, darunter seinem Vertrauten, Leutnant Hans Hermann v. Katte, durch die Flucht nach England entziehen wollte, wurde dies entdeckt und Friedrich in der Festung Küstrin inhaftiert; v. Katte ließ Friedrich Wilhelm als Deserteur verurteilen und vor den Augen Friedrichs am 6.11.1730 in Küstrin enthaupten. Nach äußerlicher Aussöhnung mit dem Vater beschäftigte man Friedrich im Verwaltungsdienst und verheiratete ihn 1733 gegen seinen Willen mit der Prinzessin Elisabeth Christine von Braunschweig-Bevern. Nach der Teilnahme am Rheinfeldzug 1734 (Polnischer Thronfolgekrieg) verbrachte Friedrich bis zum Regierungsantritt auf Schloss Rheinsberg bei Neuruppin seine wohl glücklichste Zeit, führte hier ein heiteres und geselliges Leben, knüpfte viele Verbindungen zu Geistesgrößen seiner Zeit an und widmete sich dem Flötenspiel sowie dem Studium der Philosophie und der franz. Literatur (Friedrich sprach besser französisch als deutsch). Die Politik seines Vaters begann er jetzt besser zu verstehen und söhnte sich vollständig mit ihm aus. Später führte Friedrich II., der „Philosoph von Sanssouci", diese geistvolle Lebensart, soweit es der Staatsdienst erlaubte, in seinem Sommerschloss Sanssouci (erbaut 1745-47 durch Wenzeslaus von Knobelsdorff nach den Plänen des Königs) bei Potsdam fort. Seiner Männerrunde gehörten Vertreter der geistige Elite dieser Zeit an, z.B. zeitweise auch der franz. Philosoph Voltaire. – Mit dem Regierungsantritt griff Friedrich sofort aktiv in Politik und Verwaltung ein.

Kaiser Karl VI. (1711-1740) war am 20.10.1740 ohne männliche Nachkommen verstorben. Nach der Pragmatischen Sanktion, einer am 19.4.1713 verkündeten habsburgischen Erbrechtsbestimmung, die 1724 zum Gesetz erklärt worden war, sollte das habsburgische Erbe nach dem Aussterben im Mannesstamm ungeteilt an die Töchter Karls VI. weitergegeben werden. Die Pragmatische Sanktion war weder von Bayern noch von Sachsen anerkannt worden, denn die Fürsten beider Länder waren mit Töchtern des 1711 verstorbenen Kaisers Joseph I. (Bruder und Vorgänger Karls VI.) verheiratet und machten sich Hoffnung auf den Kaiserthron. Entsprechend der **Pragmatischen Sanktion** übernahm die älteste Tochter Kaiser Karls VI., Erzherzogin

Maria Theresia von Österreich (1740-1780) die Regentschaft in Österreich. Der Wittelsbacher Kurfürst Karl Albrecht von Bayern, welcher mit der ältesten Tochter Kaiser Josephs I. verheiratet war, erhob nach dem Antritt der Regentschaft Maria Theresias Ansprüche auf Österreich sowie auf die Kaiserkrone und verbündete sich mit Frankreich und Spanien.

Weil diese Konfrontation abzusehen war und Friedrich II. verhindern wollte, dass sich Kursachsen Schlesiens bemächtigte, und er außerdem daran interessiert war, seinen Einfluss auf Polen zu verstärken, fiel Friedrich II. noch Mitte Dezember 1740 in Schlesien ein und besetzte es im Winter 1740/41. Damit hatte der **1. Schlesische Krieg (1740-1742)** begonnen. Inzwischen verhandelten seine Diplomaten mit Maria Theresia um die Übergabe der eroberten schlesischen Gebiete an Preußen und stellten als Gegenleistung unter anderem die Unterstützung der Kaiserwahl ihres Gemahls, Franz Stephan von Lothringen, sowie Subsidien in Aussicht (Franz Stephan hatte sich 1736 mit Maria Theresia verheiratet und im gleichen Jahr auf das Herzogtum Lothringen zugunsten Stanislaus Leszczynkis verzichtet und dafür 1737 das Großherzogtum Toskana erhalten; ab 1745 Kaiser). Maria Theresia lehnte ab. Nachdem Friedrich die österr. Truppen am 20.4.1741 bei Mollwitz geschlagen hatte, verbündete er sich mit Frankreich gegen Österreich (Vertrag von Breslau vom 4.6.1741) und nahm Verbindung zum Kurfürsten Karl Albrecht von Bayern auf, der mit Frankreich und Spanien gegen Österreich liiert war, wodurch sich der 1. Schlesische Krieg zum Österreichischen Erbfolgekrieg ausweitete, woraus sich durch die Bindung österr. Kräfte an anderen Fronten die Aussichten Preußens auf Eroberungen verbesserten. Maria Theresia verbündete sich mit England, Holland und Russland. Karl Albrecht eröffnete Ende Juli 1741 den **Österreichischen Erbfolgekrieg**, indem er Passau einnahm, im Aug. 1741 zusammen mit franz. Truppen Oberösterreich durchzog, am 26.11.1741 mit Unterstützung kursächsischer Truppen Prag einnahm (Kursachsen hatte sich am 19.9.1741 gegen Zusage oberschlesischer Gebiete mit Frankreich verbündet). Karl Albrecht ließ sich am 19.12.1741 in Prag zum König von Böhmen krönen. Am 24.1.1742 wählte man ihn einstimmig zum Kaiser (**Kaiser Karl VII.**). - Friedrich II., der am 9.10.1741 im Geheimvertrag von Klein-Schnellendorf auf die Seite Österreichs übergewechselt war, Anfang 1741 aber wieder gegen Österreich kämpfte, arangierte sich schließlich durch Vermittlung Englands im Vorfrieden von Breslau (11.6.1742) mit Maria Theresia, welche dadurch Truppen für ein verstärktes Vorgehen gegen Bayern und Frankreich freibekommen wollte. Von Österreich erhielt Preußen jetzt mit allen Hoheitsrechten die Grafschaft Glatz, Nieder- und Oberschlesien mit Ausnahme von Teschen, Troppau, Hennersdorf sowie eines Teils von Jägerndorf und verzichtete damit auf weitere territoriale Forderungen. Die kathol. Religion in Schlesien sollte beibehalten werden. Der König von England übernahm im Namen der übrigen am Krieg Beteiligten (Dänemark, Holland, Russland, Kursachsen, Braunschweig-Wolfenbüttel, Kurhannover) die Garantie über die Einhaltung des Vertrages. Im Berliner Frieden (28.7.1742) wurden diese Bestimmungen bestätigt und damit der 1. Schlesische Krieg beendet. Kurfürst Friedrich August II. von Sachsen (als König von Polen August III., genannt August „der Starke") ging leer aus. Er war in den Krieg gegen Österreich gezogen, um Schlesien als Landbrücke zwischen Kursachsen und Polen zu erwerben, Preußen war Kursachsen allerdings zuvorgekommen, indem es durch die Besetzung Schlesiens vollendete Tatsachen geschaffen hatte, die sich nicht mehr korrigieren ließen. Kursachsen wandte sich deshalb wieder Österreich zu. - 1744 erbte Friedrich II. das Fürstentum Ostfriesland. –

Der **2. Schlesische Krieg (1744-1745)**: Als sich im weiteren Verlauf des Österreichischen Erbfolgekrieges das Kräfteverhältnis zunehmend zugunsten Österreichs verschob (Unterstützung Österreichs durch England, Holland, Savoyen-Sardinien, Russland, Sachsen, Erzbistum Köln), fürchtete Friedrich II. um seine Erwerbungen in Schlesien und verbündete sich am 22.5.1744 (Frankfurter Union) mit Kaiser Karl VII. und dessen Anhängern (Pfalz, Hessen-Kassel) gegen Österreich und am 5.6.1744 mit Frankreich gegen Österreich und England, fiel im Aug. 1744 in Böhmen ein und eroberte am 16.9.1744 Prag. Friedrich II. wurde bis Anfang Dez. 1744 durch die Österreicher unter schweren

Verlusten aus Böhmen und nachfolgend aus Schlesien verdrängt. Am 8.1.1745 schlossen sich Österreich, Sachsen-Polen, England-Hannover und Holland in Warschau gegen Preußen zusammen (Quadrupelallianz). Durch den Tod Kaiser Karls VII. (20.1.1745) und den Verzicht von dessen Sohn Maximilian II. Joseph auf die Nachfolge als Kaiser gegen Rückerstattung seiner bayerischen Erblande kam es am 22.4.1745 zum Friedensschluss von Füssen zwischen Österreich und Bayern. Am 13.9.1745 wurde Franz Stephan von Lothringen-Toskana, der Gemahl Maria Theresias, in Frankfurt am Main zum Kaiser gewählt (Kaiser Franz I.) und begründete damit die Dynastie des Hauses Lothringen in Österreich. Weil sich nach dem Friedensschluss mit Bayern Preußens Verbündeter Frankreich auf die Eroberung Flanderns konzentrierte, stand Preußen allein, und es wurden schon Pläne zur Aufteilung Preußens entworfen. Die Wende brachte der glänzende Sieg Friedrichs II. über das nach Schlesien eingedrungene österr.-sächs. Heer am 4.6.1745 bei Hohenfriedberg. Friedrich II. verfolgte den Gegner nach Böhmen, musste sich aber von dort wieder zurückziehen. Der österr. Vorstoß auf Berlin misslang wegen eines preuß. Flankenangriffs, den Friedrich von Schlesien aus unternahm. Das sächs. Hauptheer unter Rutowski wurde am 15.12.1745 durch die Preußen unter Fürst Leopold von Anhalt-Dessau bei Kesselsdorf vernichtend geschlagen. Am 18.12.1745 zog Friedrich II. als Sieger in Dresden ein. Mit dem von England-Hannover vermittelten Frieden zu Dresden (25.12.1745) endete der 2. Schlesische Krieg. Preußen blieb im Besitz Schlesiens in den Grenzen des Berliner Friedens von 1742 und erkannte Franz I. (1745-1765) als Kaiser an. Österreich und Preußen garantierten sich gegenseitig ihre Besitzungen mit Ausnahme der außerdeutschen Besitzungen. Kursachsen hatte an Preußen bis Ostern 1746 eine Million Reichstaler in bar zu zahlen; Preußen zog dafür umgehend seine Truppen aus Kursachsen zurück. Sachsen verzichtete auf alle Ansprüche auf Schlesien und überließ Preußen Fürstenberg und Schildow einschließlich der Oderzölle und sicherte seinen protestantischen Untertanen die im Westfälischen Frieden vereinbarte Toleranz in Religionsangelegenheiten zu. Die Bestimmungen des Dresdner Friedens wurden hinsichtlich des Besitzstandes Preußens in Schlesien durch den Frieden von Aachen (18.10.1748), mit dem der Österreichische Erbfolgekrieg beendet wurde, bekräftigt. Weiterhin verzichteten darin Maria Theresia und der sardinische König zugunsten Spaniens auf die Herzogtümer Parma, Piacenza und Guastalla; Frankreich hatte die besetzten österr. Niederlande an Österreich zurückzugeben; die Pragmatische Sanktion wurde international anerkannt; die Erbfolge Kurhannovers in England wurde garantiert (Kurfürst Georg Ludwig hatte am 12.8.1714 als König Georg I. den englischen Thron bestiegen, wodurch Kurhannover und England in Personalunion verbunden worden waren; diese Personalunion endete 1837, als Kurfürst Ernst August von Hannover zum König von Hannover erhoben wurde). Im Frieden von Aachen blieben die Differenzen zwischen England und Frankreich hinsichtlich der überseeischen Kolonien bestehen, sodass weitere Auseinandersetzungen bevorstanden. – Im Verlauf der beiden schlesischen Kriege war der Dualismus Österreich–Preußen immer deutlicher hervorgetreten. Preußen hatte den Weg zur europäischen Großmacht beschritten.

Der **Siebenjährige Krieg (1756-1763;** auch als 3. Schlesischer Krieg bezeichnet)

Maria Theresia war entschlossen, Schlesien zurückzugewinnen. Eine günstige Gelegenheit dazu ergab sich, als der 1754 zwischen England und Frankreich um Nordamerika ausgebrochene Kolonialkrieg sich auf Europa auszuweiten drohte und beide Mächte nach Bündnispartnern suchten, um sich den Rücken in Europa freizuhalten. Angreifbar war hier vor allem England durch das mit ihm in Personalunion verbundene Kurhannover. So schloss England mit dem bisher verfeindeten Preußen ein Bündnis (Westminsterkonvention vom 16.1.1756, ergänzt am 11.4.1758), worin England vor allem die Zahlung von Hilfsgeldern (Subsidien) in Aussicht stellte. Daraufhin kam es zum Bündnis zwischen den jahrhundertelang verfeindeten Mächten Österreich und Frankreich (1.5.1756), welches sich gegen England und Preußen richtete und dem sich am 11.1.1757 noch Russland, mit dem bereits 1746 ein Bündnis gegen Preußen zustande gekommen war, anschloss. Damit hatte sich gegenüber den beiden vorangegangenen schlesischen Kriegen eine völlig veränderte Machtkonstellation („Bündnisumsturz") ergeben. Im Frühjahr 1757 traten dem Bündnis gegen Preußen noch Schweden sowie die deutschen Territorien außer Braunschweig, Gotha und Hessen bei (der Reichstag erklärte den Reichskrieg gegen den Friedensstörer Preußen). Um einem gemeinsamen Angriff dieser übermächtigen Koalition, welcher für das Frühjahr 1757 geplant war, zuvorzukommen und sich der wirtschaftlichen Hilfsquellen Sachsens sowie des sächsischen Heeres zu bemächtigen, fiel Friedrich II. ohne Kriegserklärung am 29.8.1756 mit 66.000 Mann in Kursachsen ein, besetzte es und schloss die kursächsische Armee auf der Hochfläche bei Pirna ein, welche dort nach dem Scheitern eines österr. Entlastungsangriffes am 16.10.1756 kapitulierte und ohne die Offiziere zwangsweise in das preuß. Heer eingegliedert wurde. Am 20.10.1756 erhielt König August III. von Polen (als Kurfürst von Sachsen Friedrich August II.), der sich mit seinem Gefolge (einschließlich seines Premierministers Heinrich Graf von Brühl) auf der Festung Königstein verschanzt hatte, von Friedrich II. die Erlaubnis, nach Polen auszureisen und auch seine Kunstschätze mitzunehmen. Kursachsen wurde unter preuß. Verwaltung gestellt. Durch die Belagerung der sächsischen Armee zu lange aufgehalten, konnte Friedrich II. seinen Kriegsplan, noch 1756 Böhmen zu besetzen, nicht verwirklichen. Die verlustreichen Schlachten der kommenden Jahre brachten keine Entscheidung und zermürbten beide Kriegsparteien. Preußen konnte noch einmal Kraft schöpfen, als am 5.1.1762 die russische Zarin Elisabeth Petrowna verstarb und Peter III., ein Bewunderer Friedrichs II., in Russland an die Macht kam, welcher am 5.5.1762 einen bedingungslosen Separatfrieden mit Preußen schloss sowie mit diesem ein Bündnis einging. Schweden verglich sich daraufhin mit Preußen und schied aus dem Krieg aus. Auch nach der Ermordung des Zaren Peter III. (17.7.1762) trat Russland unter der Zarin Katharina II., der Witwe Peters, nicht wieder in den Krieg ein. Andererseits versiegte aber auch die Unterstützung Preußens durch England nach einem dortigen Regierungswechsel. Am 3.11.1762 beendeten England und Frankreich den Kolonialkrieg. England hatte Frankreich in Nordamerika, Ostindien und Afrika verdrängen können und war aus diesem Kampf als dominierende Seemacht hervorgegangen. Damit schieden England und Frankreich als Bündnispartner aus, sodass schließlich auch wegen allseitiger Erschöpfung Österreich und Preußen aufgaben. Es kam zum **Frieden von Hubertusburg** (15.2.**1763**) zwischen Österreich und Preußen, in welchen Kursachsen eingeschlossen wurde. Zwischen Österreich und Preußen kam es zu keinen territorialen Veränderungen gegenüber vor dem Krieg (Status quo ante). Damit blieben Schlesien und die Grafschaft Glatz endgültig bei Preußen. Preußen sicherte seine Kurstimme für die Kaiserwahl Josephs II. zu; es verzichtete gegenüber Sachsen auf Fürstenberg und Schildow einschließlich der dazugehörigen Oderzölle und wurde dafür durch Land an der Oder entschädigt. Dem König von Polen und Kurfürsten von Sachsen wurde freie Passage durch Schlesien zugesichert. – In diesem Krieg waren mehr als eine halbe Million Menschen umgekommen. Vor allem Friedrich II. hatte seine Soldaten nicht geschont. Obgleich insgesamt keine militärische Entscheidung gefallen war, hatte das Durchhaltevermögen Friedrichs II. dessen Popularität und das Ansehen Preußens gesteigert. Neben England, Frankreich, Österreich und Russland hatte sich jetzt Preußen endgültig als europäische Großmacht etabliert, was in der Beteiligung Preußens an den Teilungen Polens zum Ausdruck kam.

Die Teilungen Polens.

Seit dem Aussterben des Herrschergeschlechts der Jagellonen (1572) hatte sich in Polen die Wahlmonarchie mit einem schwachen Königtum, welches vom polnischen Hochadel, den Magnaten, abhängig war, endgültig durchgesetzt. Vielfach mischten sich ausländische Mächte in die Königswahl ein. Auf diese Weise war August „der Starke“ 1697 als August II. König von Polen geworden. Nach dessen Tod (1733) war ihm sein Sohn als August III. auf dem polnischen Thron gefolgt. Nachdem Letzterer verstorben war (1763), setzte die russische Zarin Katharina II. unter dem Schutz russischer Truppen die Wahl ihres Günstlings Stanislaus Poniatowski zum König von Polen durch. Als dieser eine Verfassungsreform durchführte, wodurch es zum Bürgerkrieg kam, griffen Russland und dann auch Österreich und Preußen militärisch ein. Mit Teilungsvertrag vom 5.8.1772 (**1. Teilung Polens**) einigten sich diese drei Großmächte zur Abtrennung polnischer Gebiete, wodurch Polen rd. 30 % seines Territoriums und rd. 40 % seiner Einwohner verlor. Preußen erhielt Westpreußen ohne Danzig und Thorn sowie die Diözese Ermland und den Netzedistrikt (mit Bromberg) mit insgesamt rd. 35.000 qkm mit rd. 356.000 ausschließlich deutschen Einwohnern (nach anderen Angaben sollen es rd. 40 % Deutsche gewesen sein). Zum ersten Mal waren jetzt Brandenburg und Ostpreußen über eine Landbrücke miteinander verbunden. Österreich erhielt rd. 85.000 qkm (bewohnt von Polen und Ruthenen) und Russland rd. 84.000 qkm. – Nachdem am 3.5.1791 unter dem Einfluss der Französischen Revolution in Polen unter Beteiligung des Königs eine neue Verfassung eingeführt worden war, griffen Russland und Preußen ein und annektierten mit Teilungsvertrag vom 23.1.1791 (**2. Teilung Polens**) weitere Gebiete. Preußen erhielt 58.000 qkm (darunter Danzig und Thorn), Russland 228.000 qkm. – Nachdem es gegen die 2. Teilung Polens zu einem poln. Volksaufstand unter Tadeusz Kosciuszko gekommen war, wurde mit den Teilungsverträgen vom 3.1.1795/24.10.1795 (**3. Teilung Polens**) auch noch der Rest des polnischen Gebietes unter Russland, Preußen und Österreich aufgeteilt und damit der polnische Staat liquidiert. Stanislaus Poniatowski dankte am 25.11.1795 gegen eine jährliche Abfindung (Apanage) von 200.000 Dukaten ab.

Der Bayerische Erbfolgekrieg.

Mit dem Tode des Kurfürsten Maximilian III. Joseph (30.12.1777) kam es zum Streit um das Kurfürstentum Bayern. Teile desselben, d.h. fast ganz Niederbayern, wollte Kaiser Joseph II. (1765-1790) als Ausgleich für das verloren gegangene Schlesien für Österreich erwerben und besetzte diese. Dagegen opponierte Preußen, weil es einen Machtzuwachs des Kaisers verhindern wollte. Preußen verbündete sich mit

Kursachsen, welches einen Erbanspruch auf die bayerischen Allodialgüter erhob. Nach dem Scheitern von Verhandlungen marschierte Friedrich II. am 5.7.1778 an der Spitze preußischer und sächsischer Truppen in Böhmen ein. Nach unbedeutenden Kriegshandlungen, die meist der Erbeutung von Lebensmitteln dienten („Kartoffelkrieg"), wurde der Feldzug mit Wintereinbruch wegen Versorgungsschwierigkeiten abgebrochen. Man einigte sich im Frieden von Teschen (13.5.1779). Österreich erhielt von Bayern lediglich das Innviertel. Preußen sicherte sich seine Ansprüche auf Ansbach und Bayreuth (diese gingen 1791 gegen finanzielle Abfindung an Preußen). Kursachsen wurde gegen Verzicht auf sein bayerisches Allodialerbe mit 6 Mill. Gulden entschädigt. Der Kaiser hatte sein Ziel nicht erreicht und an Autorität eingebüßt. Dieser schnelle Friedensschluss, der auch auf die Bestimmungen des Westfälischen Friedens (1648) Bezug nahm, war auf Druck Russlands zustande gekommen. Russland und Frankreich waren die Garantiemächte dieses Friedens. Damit hatten sich erneut ausländische Mächte erfolgreich in die innerdeutschen Angelegenheiten eingemischt. Während bis 1648 Frankreich die für Deutschland gefährlichste auswärtige Großmacht war, begann sich ab dem Siebenjährigen Krieg als zweite Großmacht Russland in die deutschen Angelegenheiten einzumischen, eine Tendenz, die sich weiter verstärken sollte.

Die zwei Fünftel der an Magdeburg verschuldeten Grafschaft Mansfeld kamen nach dem Aussterben der dortigen Grafen zusammen mit Magdeburg 1780 an Preußen.

Beim Regierungsantritt Friedrichs II. umfasste das preuß. Staatsgebiet 119.000 qkm mit 2 1/4 Mill. Einwohnern; bis zu seinem Tode war es auf 195.000 qkm mit 5 1/2 Mill. Einwohnern vergrößert worden.

Mit Schlesien hatte Preußen mit dem niederschlesischen Leinwandgebiet und dem oberschlesischen Montangebiet eine der prägenden deutschen Gewerberegionen erworben. Hinzu kam eine bedeutende Landwirtschaft. Das Textilgewerbe nahm eine europäische Spitzenstellung ein (v.a. Leinwand; 17.000 Webstühle in ganz Schlesien; umfangreiche Exporte in fast alle europäischen Länder und sogar bis nach Westindien) und wurde als Landhandwerk (Heimweberei) in Verbindung mit dem Verlagswesen betrieben (Wahrnehmung des Rohstoffeinkaufs sowie des Verkaufs der Fertigerzeugnisse durch Unternehmer, die man als Verleger bezeichnete). Ab den 1790er Jahren trat ein Niedergang des Textilgewerbes ein (im 19. Jh. schließlich Ende des Heimtextilgewerbes, verbunden mit gravierenden sozialen Spannungen, die sich 1844 im schlesischen Weberaufstand entluden). – Sehr viel bedeutender als das Textilgewerbe und die Landwirtschaft waren der Bergbau und das Hüttenwesen. Um 1580 hatte Schlesien einen Anteil von knapp 25 % an der europäischen Silbergewinnung. Das erste staatl. Eisenhüttenwerk wurde 1753/54 in Malpane (heute: Ozimek) eingerichtet (Grundlage dafür waren das hier vorkommende Raseneisenerz, die Holzvorräte der Wälder und die Wasserkraft der Malpane; 1789 gelang hier erstmals in Schlesien die Eisenschmelze mit Koks anstatt mit Holzkohle). 1794 Gründung der Gleiwitzer (heute: Gliwice) Hütte mit dem ersten, 1796 in Betrieb genommenen Kokshochofen Deutschlands. In der Gleiwitzer Hütte bestanden eine Kanonen- und eine Munitionsgießerei (seit 1804) sowie eine Kunstgießerei (hier erfolgte 1813 die Herstellung der ersten Eisernen Kreuze als Kriegsauszeichnung). Zu Beginn des 19. Jh. überholte Oberschlesien die bis dahin in der Montanproduktion führende Steiermark. – 1806/07 verblieb Preußen nur die Eisenindustrie in Oberschlesien, welche für die preuß. Rüstung (Waffen, Munition) gegen Napoleon entscheidend wurde. Dieser Entwicklungsschub war der Anfang für den weiteren Ausbau des preuß. Berg- und Hüttenwesens nach 1815. – Die schlesische Landwirtschaft wies zu 55 % Ackerland auf (v.a. Anbau von Getreide). Schlesien blieb ein bevorzugtes Zuckerrüben-Anbaugebiet (1802 wurde in Kunern (heute: Konary) die erste Rüben-Zuckerfabrik der Welt von Franz Carl Achard gegründet). Schlesien war landwirtschaftliches Überschussgebiet.

Die Innenpolitik Friedrichs II.

In den Friedensjahren wurden in Preußen durch Friedrich II. auf den verschiedensten Gebieten Reformen durchgeführt

(Verwaltung, Wirtschaft, Justiz- und Schulwesen usw.). Hinsichtlich der inneren Verwaltung Preußens schloss man die Zentralisierung ab. Seine Beamten hielt Friedrich II. dazu an, nicht nur das Staatsinteresse, sondern auch den Vorteil der Bevölkerung und des ganzen Landes zu beachten. Die gesamte Staatsverwaltung wurde vom König geleitet. Seine Kabinettsminister waren nur ausführende Organe. Diese Selbstregierung des Königs nahm nach 1763, als dieser immer misstrauischer gegenüber seinen Kabinettsministern wurde, nahezu groteske Formen an. Schlesien war auch formal der persönlichen Verwaltung Friedrichs unterstellt worden. Dem Adel blieb die Bevorzugung im Staats- und Militärdienst sowie seine Herrschaftsstellung auf dem Lande (Beibehaltung der Gutsuntertänigkeit, allerdings wurde 1749 und nochmals 1764 die Einziehung von Bauerngütern durch die adligen Gutsherren, das sog. Bauernlegen, verboten und 1777 die Erblichkeit des Besitzes der Domänenbauern eingeführt). Hinsichtlich der Justiz war zwecks Beschleunigung der Verfahren eine neue Prozessordnung („Codex Fridericianus“) geschaffen worden; die Kodifikation des Rechts hatte man in Angriff genommen (trat als Allgemeines Preußisches Landrecht erst 1794 in Kraft). In den Unterinstanzen (Stadt- und Patrimonialgerichte) durfte die Rechtsprechung nur noch durch geprüfte Juristen ausgeübt werden. Die Richter wurden insgesamt auf fachliche Eignung überprüft, erhielten ein festes Gehalt und waren damit nicht mehr auf die Sporteln (Einkünfte aus den Gerichtsverfahren) angewiesen. Als erstes deutsches Land schaffte 1740 Preußen die Folter ab. 1746 erlangte Preußen für alle seine Landesteile das „privilegium de non apellando“ (das oberste Landesgericht war auch oberste Berufungsinstanz). Friedrich II. verzichtete als aufgeklärter Monarch grundsätzlich auf Eingriffe in die Justiz und in religiöse Angelegenheiten. Es herrschte Glaubens- und Gewissensfreiheit. – Die Heeresstärke wurde von 80.000 auf 195.000 Mann erhöht und bis 1768 auf 220.000 Mann verstärkt. Friedrich II. schuf die Husaren und die reitende Artillerie. Friedrich war ein guter, zuweilen genialer Feldherr, hatte aber für die allgemeine Entwicklung des Militärwesens keine Bedeutung. – Förderung der Volksbildung (Anläufe zu einer Volksschulreform). – Blütezeit der Akademie. – Die Staatseinkünfte stiegen in seiner Regierungszeit von jährlich 7 1/2 auf etwa 22 Mill. Taler. Seinem Nachfolger hinterließ er einen Staatsschatz von rd. 51 Mill. Talern. Erreicht worden war dies durch eine staatlich straff organisierte Bevölkerungs- (Peuplierungs-) und Wirtschaftspolitik. So waren etwa 300.000 Siedler (Kolonisten; davon kamen etwa ein Drittel in die Kurmark) angeworben und etwa 900 Kolonistendörfer gegründet worden. Angesiedelt wurden diese vor allem auf den durch Trockenlegung von Feuchtgebieten gewonnenen Flächen. So hatte man durch die Trockenlegung des Oderbruches (1747-1753) rd. 270.000 Morgen (etwa 67.500 ha) Land gewonnen und dort 43 Siedlungen angelegt. Weitere Meliorationsvorhaben waren die Trockenlegung des Silgebruches (1747), des Stettiner Bruches (1749) sowie des Warthebruches (nach dem Siebenjährigen Krieg bis 1768; 123.000 Morgen = etwa 31.000 ha). Eine umfangreiche und planmäßige Siedlungspolitik wurde auch in Westpreußen betrieben. Die Ansiedlung von Kolonisten verband man mit der Förderung des Gewerbes (z.B. Anwerbung von Fachkräften für das Textilgewerbe). Anlegen von Kanälen (z.B. Weichsel-Netze-Kanal 1772; Schiffbarmachung der Netze). Schiffbarmachung der Swine und Anlegen des Hafens von Swinemünde). Förderung der Gewerbetätigkeit, insbes. der Seiden- und Baumwollweberei sowie in Schlesien der Leinenweberei, der Porzellanmanufaktur Berlin (1763 aus Privatbesitz in Staatseigentum übernommen) und der Zuckerfabriken. Nach den Zerstörungen des Siebenjährigen Krieges machte der wirtschaftliche Wiederaufbau im Rahmen des „Retablissement" große Fortschritte. Eingerichtet wurden jetzt staat. Handelsmonopole für Tabak, Kaffee, Holz und Getreide (Anlage von staatl. Getreidemagazinen; Kontrolle der Aufkaufs- und Verkaufspreise für Getreide), die unter Friedrich Wilhelm II. aufgehoben, aber für Getreide wieder eingeführt werden mussten. 1766 Einführung der beim Volk verhassten staatl. Steuerverwaltung hinsichtlich der Akzise und Zölle („Regie") nach französischem Vorbild durch französisches Personal. – In der Landwirtschaft wurde der Kartoffelanbau, welcher auf den preuß. Domänen bereits seit 1746 feldmäßig betrieben worden war, im Hinblick auf die Getreidemissernten von 1770/72 staatlich gefördert. Zwecks Förderung der für die Wollweberei wichtigen Schafhaltung importierte der Staat seit 1748 Merinoschafe aus Spanien (diesem Beispiel folgte man in Sachsen 1765 und in Württemberg 1786). Der Aufschwung der Montanindustrie wurde mit der Einrichtung einer Behörde (Realdepartement für das Berg- und Hüttenwesen) durch von Heynitz staatlich organisiert. Abschluss von Handelsverträgen (z.B. 1775 mit Polen, 1785 mit Nordamerika). Die im Zusammenhang mit dem Erwerb Westpreußens gegründete Seehandlungsgesellschaft entwickelte sich später zur Preußischen Staatsbank. – Trotz größter Sparsamkeit im Staatshaushalt errichtete man aus Prestigegründen das Neue Palais in Potsdam (1763-1766). – Das durch die Könige Friedrich Wilhelm I. und Friedrich II. „den Großen" geformte Preußen war der zentralisierteste und disziplinierteste Staat seiner Zeit.

Friedrich Wilhelm II. von Preußen (1786-1797)

Der Nachfolger Friedrichs II. „des Großen" wurde am 17.8.1786 der älteste Sohn seines Bruders August Wilhelm. Friedrich Wilhelm II. war von weicher und sinnlicher Natur sowie unselbstständig. Auch fehlte ihm die zielbewusste Energie seines großen Vorgängers. An seinem Hof herrschten Günstlings- und Mätressenwirtschaft. Der Staatsschatz wurde verschleudert, sodass schließlich sogar ein Defizit vorhanden war. Die politischen Weichenstellungen Friedrichs II. wirkten noch nach (1794 trat das Allgemeine Landrecht in Kraft; 1791 Erwerbung der fränkischen Markgrafentümer Ansbach und Bayreuth; 1793/95 Mitwirkung an der 2. und 3. Teilung Polens). Verbesserungen im Schulwesen (z.B. Begründung des Oberschulkollegiums, Einführung des Abiturexamens, zahlreiche Schulneubauten, Einrichtung von Lehrerseminaren, Aufbesserung der Lehrergehälter). Erstmals Berufung deutscher Gelehrter an die Akademie. Errichtung klassizistischer Bauten in Berlin, z.B. das Brandenburger Tor durch Langhans (mit der Viktoria von Schadow). Durch das Religionsedikt (9.7.1788), welches die Geistlichen und die Lehrer auf den orthodoxen Calvinismus („Wiederherstellung der christlichen Religion der protestantischen Kirche in ihrer ursprünglichen Reinheit") verpflichtete, wurde die Toleranz in Religionsangelegenheiten infrage gestellt. Das Zensuredikt vom 19.12.1788 sollte Angriffe auf diese orthodoxe Lehre unterbinden. Außenpolitisch erfolgte im Zusammenhang mit den Koalitionskriegen gegen Frankreich eine Annäherung an Österreich.

Friedrich Wilhelm III. von Preußen (1797-1840)

Als ältester Sohn folgte er am 16.9.1797 auf seinen Vater Friedrich Wilhelm II. Der Mätressen- und Günstlingswirtschaft am Hof wurde sofort ein Ende bereitet. Der junge König war mittelmäßig veranlagt, dazu schüchtern und unselbstständig, jedoch pflichttreu und pedantisch. Sein Familienleben mit Prinzessin Louise von Mecklenburg-Strelitz gilt als Vorbild bürgerlicher Sittenreinheit. In seine Regentschaft fallen die Auflösung des Aalten Reiches, der Zusammenbruch Preußens in der napoleonischen Zeit und die Neuorientierung Preußens während der Befreiungskriege und nach dem Wiener Kongress.

Österreich bis zum Ende des Alten Reiches

Maria Theresia von Österreich (1740-1780)

Mit dem Tode ihres Vaters, Kaiser Karls VI., übernahm sie als dessen älteste Tochter die Regentschaft über die habsburgischen Erblande. Sie war Königin von Böhmen und Ungarn und seit 1736 mit Herzog Franz Stephan von Lothringen verheiratet. Letzteren beteiligte sie an der Regentschaft ihrer Erblande, erledigte allerdings die Regierungsgeschäfte überwiegend selbst. Bei der Wahl ihrer Berater hatte sie eine glückliche Hand. Ihr Gemahl durfte sich lediglich in der Finanzverwaltung betätigen. Maria Theresia war von praktischem Sinn und ging fest zupackend, aber bedächtig und maßvoll zu Werke. Sie war von hoher Pflichtauffassung und führte ein sittenstrenges Leben sowie als Mutter von 16 Kindern, von denen zehn ihre Mutter überlebten, eine glückliche Ehe. Ihrem Gemahl war sie geistig weit überlegen. Die Ideen der Aufklärung lehnte sie ab. Sie war eine der bedeutendsten Herrscherpersönlichkeiten der Habsburger und im Volk außerordentlich beliebt. Trotz ihrer Frömmigkeit und ihrer Intoleranz gegenüber Andersgläubigen bewahrte sie sich gegenüber der kathol. Kirche ihre Eigenständigkeit. So verbot sie den Jesuitenorden, besteuerte das Kirchengut und verbot der Kirche, weiteren Grundbesitz zu erwerben sowie neue Klöster zu gründen.

Mit Antritt der Regentschaft hatte sie schwere Kämpfe um ihre Thronfolge als auch gegen Friedrich II. von Preußen um Schlesien zu bestehen. Schlesien ging verloren.

Bei der Regierungsübernahme waren die Staatsfinanzen und das Heerwesen zerrüttet. Die einzelnen Landesteile wurden von den Landständen getrennt verwaltet. Die außenpolitische Anspannung erzwang zwecks Zusammenfassung der Ressourcen Reformen im Innern. So wurde 1749 mit Ausnahme von Ungarn den Landständen auf lokaler und zentraler Ebene die Verwaltung einschließlich der Finanzverwaltung entzogen und landesfürstlichen Zentralbehörden übertragen. Dies betraf ebenso die Justiz, welche man von der Verwaltung trennte. Die Wiener Hofkammer wurde zur Finanzbehörde für die Gesamtmonarchie, der Hofkriegsrat die Zentralbehörde für die Militärangelegenheiten. Dies waren entscheidende Schritte zur Zentralisierung in den habsburgischen Ländern. Mit Ausnahme von Tirol wurden die Erblande zu einem einheitlichen Zollgebiet zusammengeschlossen. – Hinsichtlich der Bauernbefreiung ging Maria Theresia weiter als Friedrich II. in Preußen. Die Leibeigenschaft wurde gemildert, und die Frondienste schrieb man fest. Kommissionen registrierten die Verpflichtungen der Bauern gegenüber ihren Grundherren und legten Leistungsgrenzen fest; auf den Staatsgütern löste man die Frondienste ab. – 1776 Abschaffung der Folter. – Maria ist die Begründerin des Volksschulwesens in Österreich. Das Schulwesen, insbesondere das Volksschulwesen, stellte man auf staatl. Grundlage (Allgem. Schulordnung von 1774). Allerorten wurden zumindest Trivialschulen eingerichtet, und in diesem vermittelte man im Klassenunterricht im Rahmen festgelegter Unterrichtsfächer weltliche Bildung. Nach dem Verbot des Jesuitenordens reformierte man auch die Gymnasien unter Zurückdrängung des kirchlichen Einflusses. – Maria Theresia verstarb am 29.11.1780. – Eine ihrer Töchter, Marie Antoinette, war mit dem franz. König Ludwig XVI. verheiratet.

Kaiser Joseph II. (1765-1790)

Ältester Sohn des Kaisers Franz I. und Maria Theresias. 1764 zum römisch-deutschen König gewählt, folgte er 1765 seinem Vater als Kaiser. Von seiner Mutter wurde er 1765 als Mitregent der habsburgischen Erblande angenommen, hatte aber nur im Militärwesen freie Hand. Konflikte ergaben sich vor allem auch in religiösen Angelegenheiten, da Maria Theresia religiöse Duldung ablehnte, denn sie befürchtete eine Untergrabung des Glaubens und der Moral. 1772 setzte er durch die Besetzung der an Polen verpfändeten Städte der Zips gegenüber seiner Mutter die Mitwirkung Österreichs an der 1. Teilung Polens durch. Seinen alten Plan, die österr. Niederlande gegen Bayern einzutauschen, vereitelte Friedrich II. mangels anderer Bündnispartner durch die Gründung des Deutschen Fürstenbundes (23.7.1785), dem viele mittlere und kleinere Reichsstände beitraten. Letztere hatten sich erhofft, durch dieses Bündnis einen mittelstaatlichen Machtblock im Reich zu etablieren und damit ihre Existenz zu sichern, wurden aber von Preußen ausgenutzt. Mit der Annäherung Österreichs an Preußen (Konvention von Reichenberg) löste sich der Deutsche Fürstenbund 1790 auf.

Der reformfreudige Kaiser, welcher sich durch eine hohe Auffassung vom Herrscherberuf auszeichnete und rastlos für Volk und Staat tätig war, zählt zu den Hauptvertretern des aufgeklärten Absolutismus. Er unternahm den Versuch, auf dieser Grundlage unter Einschluss Ungarns und der österreichischen Niederlande einen nach modernen Gesichtspunkten reformierten österreichischen Einheitsstaat zu schaffen.

Die Zentralisierung der Verwaltung und der Ausbau der Bürokratie wurden weiter vorangetrieben, wobei man jetzt aber auch Ungarn und die österr. Niederlande mit einbezog, deren

Selbstständigkeit Maria Theresia nicht angetastet hatte In allen Landesteilen führte man Deutsch als Amtssprache ein, was insbesondere in Ungarn Widerstand auslöste. Die Einführung einer einheitlichen Grundsteuer für Adel, Klerus und Bauern wurde zwar 1789 verkündet, aber nicht verwirklicht. – Hinsichtlich des Gerichtswesens wurde ein klarer Instanzenzug von den Orts- und Landgerichten über die Appellationsgerichte zur obersten Justizstelle geschaffen. Rechtlich wurden die Untertanen gleichgestellt. Der einheitlichen Organisation der Kriminalgerichtsbarkeit legte man ein neues Strafgesetzbuch, die „Josephina" (1788), zugrunde, wodurch gegenüber der „Nemesis Theresiana" u.a. das Strafrecht humanisiert wurde. Der erste Teil des Allgem. Bürgerlichen Gesetzbuches erschien 1786 (Inkrafttreten des gesamten Gesetzeswerkes 1811). – Obwohl Joseph ein gläubiger Katholik war, erfolgten radikale Eingriffe in die Rechte der Kirche. Aufgebaut wurde ein **Staatskirchensystem**. So unterband Joseph die Beeinflussung der Kirche von außen, indem z.B. die Veröffentlichung päpstlicher Anordnungen (Bullen usw.) der staatl. Genehmigungspflicht unterlag und die Bischöfe auf die Landesgesetze vereidigt wurden. Untersagt wurden auch die geistliche Rechtsprechung durch alle von der Kurie eingesetzten Beamten sowie der Verkehr der Orden mit ausländischen Kirchenvorgesetzten. Die etwa 700 Klöster wurden als unnütz und daher nicht gottgefällig säkularisiert und deren Vermögen einem Religionsfonds zugeführt, aus dem man die bessere Ausbildung der Pfarrer sowie eine würdige Ausstattung der Pfarrstellen mit auskömmlichen Einkünften, aber auch das ländliche Schulwesen finanzierte. Viele Einrichtungen und Gebräuche der Kirche, welche nach Ansicht Josephs der Vernunft widersprachen, wurden durch kirchenpolizeiliche Verordnungen abgeschafft (Verbot von Zeremonien und Ausschmückungen, der Prozessionen, der Wallfahrten, der feierlichen Begräbnisse usw.). Dieses kirchenpolitische System Kaiser Josephs wird als **Josephinismus** bezeichnet. Die geistliche Zensur für Journale und Publizistik hob man auf, nicht hingegen deren staatl. Kontrolle. – Durch das **Toleranzpatent** (13.10.**1781**) wurde die Glaubensfreiheit der nichtkatholischen

Christen (Lutheraner, Calvinisten, Griech.-Orthodoxe) garantiert und diesen die Errichtung von Gotteshäusern erlaubt. 1782 erfolgten entsprechende Bestimmungen für die Wiener Juden, die man auf weitere Provinzen ausdehnte. – 1781/82 wurden die Dekrete zur Aufhebung der Leibeigenschaft erlassen. Für das von den Bauern bebaute Land wurden diese erbliche Pächter. Die Frondienste sowie die Naturalabgaben konnten in Geldleistungen umgewandelt werden. Diesbezüglichen Rechtsbeistand gegenüber den Grundbesitzern erhielten die Bauern durch Beamte und staatl. Advokaten. Bereits 1775 hatten die Bauern, welche Land von königl. Domänen, Kameral- und Kirchengütern oder Städten bewirtschafteten, diesen Grund und Boden durch Kauf erwerben können, und die Frondienste waren durch Geldzahlungen abgelöst worden. – Soziale Hilfe wurde staatl. organisiert (Gründung und Förderung von Spitälern, Waisen- und Irrenhäusern). – Einführung einer 7-jährigen Schulpflicht, um durch Verbreitung von Wissen das Volk moralisch zu bessern und dem Staat zu verbinden. Dazu gehörte auch die soziale Besserstellung des Lehrerstandes. Die Gymnasien und Universitäten wurden verstaatlicht und dem Staate u.a. durch die Ausbildung von Beamten nutzbar gemacht.

Das Modernisierungstempo war nach dem Tode Maria Theresias (1780) forciert worden. Josephs Reformen, die in ihrer Radikalität im Sinne der Aufklärung alles Bisherige übertrafen, bezogen sich auf alle Bereiche und wurden konsequent und rücksichtslos in großer Hast durchgesetzt. Joseph überschätzte dabei seine Möglichkeiten und forderte den Widerstand gegen diese despotische Bevormundung und zentralistische Ordnung heraus. Vor allem die ungarischen Magnaten setzten sich gegen die Verletzung ihrer historischen Rechte zur Wehr. Zur offenen Empörung kam es in den österr. Niederlanden (**„Brabanter Revolution" 1789/90**), die erst unter seinem Nachfolger durch österr. Militär im Dez. 1790 niedergeschlagen werden konnte. Kurz vor seinem Tode musste Joseph einen Teil seiner Reformen wieder zurücknehmen. Erhalten blieben jedoch vor allem seine Reformen zur Bauernbefreiung und zur Religionsfreiheit.

Kaiser Leopold II. (1790-1792)

Er war nach dem Tode seines Vaters, Kaiser Franz I., Großherzog von Toskana geworden und hatte dort Reformen in Sinne der Aufklärung durchgeführt. Nach dem Tode seines Bruders, Kaiser Josephs II., wurde Leopold am 30.9.1790 zum Kaiser gewählt. Er besaß nicht den idealistischen Schwung seiners Bruders. Er setzte den schon durch Joseph begonnenen Abbau des Reformwerkes zugunsten der Stände fort, um den inneren Frieden wiederherzustellen, was auch in den österr.-böhmischen Ländern sowie in Ungarn gelang, nicht hingegen in den österr. Niederlanden, wo der Konflikt militärisch gelöst werden musste (s.o.). Das Toleranzpatent und die Säkularisation der Klöster wurden nicht rückgängig gemacht.

Mit der **Konvention von Reichenbach** (27.7.**1790**) wurden die feindseligen Auseinandersetzungen zwischen Österreich und Preußen beendet und leiteten die bis 1866 währende Periode des „friedlichen Dualismus" zwischen den beiden Großmächten ein. Bekräftigt wurde dieses Übereinkommen durch das am 7.2.1792 zwischen Österreich und Preußen gegen Frankreich abgeschlossene Schutzbündnis. Bedingung für das Zustandekommen der Reichenbacher Konvention war die Verständigung über einen Friedensschluss zwischen Österreich und der Türkei (Friede von Sistow 4.8.1791), in dem Österreich auf alle Eroberungen verzichtete (Kaiser Joseph II. war durch ein Bündnis mit Russland in den Krieg mit der Türkei verwickelt worden). Im Gegenzug stellte Preußen die Unterstützung des Aufstandes in den österr. Niederlanden ein.

Nachfolger Leopolds wurde dessen Sohn Kaiser Franz II. (1792-1806).

Das Ende des Alten Reiches

Am Ende der Koalitionskriege gegen die französischen Revolutionsarmeen bzw. die napoleonischen Armeen, unter deren Wucht das Reich zusammenbrach, löste sich das Alte Reich auf, und es erfolgte unter der Federführung Frankreichs und Russlands eine territoriale sowie verfassungsrechtliche Neuordnung des ehemaligen Reichsgebietes.

Mit dem Ende des Alten Reiches fällt das Ende der Geschichtsepoche der „Frühen Neuzeit" zusammen, und es beginnt die „Neuere Zeit" (1918 gefolgt von der „Neuesten Zeit"). Der Beginn der „Neueren Zeit" war jedoch weniger die Folge politischer Ereignisse, sondern wurde vielmehr durch die „Zweite industrielle Revolution" bedingt, welche durch die Erfindung der Dampfmaschine ausgelöst worden war und in durchgreifenden wirtschaftlichen und sozialen Veränderungen ihren Ausdruck fand.

Den Anlass für den Ausbruch der Koalitionskriege gab Frankreich durch die Annexion der päpstlichen Besitzungen Avignon und Venaissin sowie durch die Aufhebung der reichsständischen Privilegien (4.8.1789), wovon auch die Besitzungen der Reichsstände im Elsass betroffen waren und wodurch die völkerrechtlichen Bestimmungen des Westfälischen Friedens verletzt wurden. Das Reich lehnte sowohl das französische Angebot finanzieller Entschädigung als auch die französische Forderung nach Unterbindung der Aktivitäten französischer Emigranten im Reich gegen Frankreich ab. Als die Flucht des französischen Königs Ludwigs XVI. und seiner Familie aus Frankreich verhindert worden war (20.6.1791), trafen sich auf Wunsch des Grafen Artois (später König Karl X. von Frankreich) König Friedrich Wilhelm II. von Preußen und Kaiser Leopold II. auf Schloss Pillnitz bei Dresden (25.-27.8.1791) und verständigten sich in der **Pillnitzer Konvention** (27.8.**1791**) über Maßnahmen zum Wohle der französischen Nation und zum Schutze König Ludwigs XVI. bis hin zum militärischen Eingreifen. Das Ultimatum der franz. Revolutionsregierung, auf eine Intervention zu verzichten, führte zum Abschluss eines österr.-preuß. Defensivbündnisses (7.2.1792). Als ein Ultimatum (18.3.1792) verstrichen war, welches die Auflösung dieses Bündnisses forderte, wurde Ludwig XVI. von der französischen Revolutionsregierung gezwungen, einer Kriegserklärung Frankreichs gegen Österreich und Preußen zuzustimmen (20.4.1792).

Dem Bündnis traten zunächst noch Russland, Hessen-Kassel und Baden bei. Das den französischen Heeren zahlenmäßig überlegene Koalitionsheer eröffnete Ende Juli 1792 den **1. Koalitionskrieg (1792-1797)** gegen Frankreich. Mit der Schlacht von Valmy („Kanonade von Valmy" 20.9.1792) konnte der Vormarsch des Koalitionsheeres auf Paris gestoppt werden, und die Revolutionsheere gingen in die Offensive. Diese Intervention wurde zum Vorwand genommen, Ludwig XVI. der Verschwörung gegen die Franz. Revolution zu beschuldigen und ihn zusammen mit seiner Gattin, Marie Antoinette von Österreich, hinzurichten. Preußen zog sich aus der Koalition zurück, um für die Teilung Polens den Rücken frei zu bekommen, und schloss mit Frankreich den Frieden von Basel (5.4.1795) Preußen stimmte darin einer Besetzung der linksrheinischen Gebiete durch Frankreich bis zum Friedensschluss mit dem Reich zu und erklärte sich in einer Geheimklausel mit der späteren Entschädigung durch säkularisierte Gebiete einverstanden. Am 17.5.1795 wurde ebenfalls in Basel festgelegt, dass nördlich einer Demarkationslinie, der sog. Main-Linie, keine französischen Kriegshandlungen mehr stattfinden sollten, um dort die Freiheit des Handels zu garantieren. Preußen vermied in den folgenden Jahren kriegerische Auseinandersetzungen mit Frankreich, um mit dessen Hilfe seine Macht in Norddeutschland zu stärken. Die Festlegung genannter Demarkationslinie war der erste Schritt hierzu. Im Berliner Vertrag (5.8.1796) setzte man diese Demarkationslinie neu fest, und Preußen verpflichtete sich, bei einem Friedensschluss der Abtretung linksrheinischer Gebiete an Frankreich nicht entgegenzuwirken. In einer Geheimklausel traf man Festlegungen zur Entschädigung. Nachdem weitere Koalitionspartner ausgeschieden waren, kam es zum Friedensschluss mit Österreich (Friede von Campoformio 17.10.1797) und mit dem Reich (Friedenskongress von Rastatt 9.12.1797-23 .4.1799). Angesichts des bereits von Frankreich begonnenen **2. Koalitionskrieges** musste das Reich gegen das Angebot einer Entschädigung durch rechtsrheinische Gebiete die Abtretung aller linksrheinischen Reichsgebiete an Frankreich zustimmen (4.4.1798). Österreich verlor dadurch insbesondere die österr.

Niederlande. Weiterhin erlitt Österreich beträchtliche Gebietsverluste in Italien. – Der 2. Koalitionskrieg (1798-1801/02) gegen Frankreich wurde von einer Koalition zwischen Österreich, Russland, Neapel, England, Portugal, dem Kirchenstaat und der Türkei getragen, endete mit der Niederlage der Koalition und dem Frieden von Lunéville zwischen Österreich und dem Reich einerseits sowie Frankreich andererseits und dem Frieden von Amiens (27.3.1803) zwischen Frankreich und England. Im **Frieden von Lunéville** (9.2.**1801**) wurden die Bestimmungen des Friedens von Campoformio hinsichtlich der Abtretung aller linksrheinischen Gebiete des Kaisers und des Reiches von der Schweiz bis nach Holland an Frankreich bestätigt. Diese Gebiete waren bereits von Frankreich besetzt worden. Durch rechtsrheinische deutsche Gebiete sollten nur jene Fürsten dafür entschädigt werden, die bereits im Vertrag von Campoformio genannt worden waren, außerdem der Herzog von Toskana. Der Herzog von Modena sollte durch den Breisgau entschädigt werden. Die Modalitäten der Entschädigungen waren durch ein Reichsgesetz festzulegen.

Dieses Reichsgesetz, der sog. **Reichsdeputationshauptschluss**, wurde durch eine Deputation (Ausschuss) des Reichstages ausgearbeitet und vom Reichstag am 24.3.**1803** einstimmig verabschiedet. Diesem Reichsgesetz lag ein französisch-russischer Entschädigungsplan vom 3.6.1802 zugrunde, an dem von der Reichsdeputation nur noch geringfügige Veränderungen vorgenommen werden konnten. Damit hatte Frankreich im Zusammenwirken mit Russland massiv in die territoriale Integrität des Reiches eingegriffen und eine Neuordnung der staatlichen Gliederung Deutschlands vorgenommen, die in den folgenden Jahren unter Napoleon weiter vorangetrieben werden sollte, die territoriale Zersplitterung Deutschlands stark reduzierte und damit ungewollt die nationalstaatliche Einheit Deutschlands vorbereitete. – Durch den Reichsdeputationshauptschluss wurden diejenigen Reichsfürsten, welche linksrheinische Gebiete verloren hatten, durch rechtsrheinische deutsche Gebiete entschädigt. Dies war nur dadurch möglich, dass man Reichsfürstentümern bzw. sonstigen selbstständigen Territorien auf dem Wege der Mediatisierung bzw. der Säkularisation ihre Selbstständigkeit nahm und die auf diese Weise herrenlos gemachten Territorien den zu entschädigenden Reichsfürsten übereignete. Bei der Mediatisierung entzog man bisher reichsunmittelbaren weltlichen Fürsten bzw. sonstigen Territorialgewalten die Herrschaftsbefugnis über ihre Territorien und schlug Letztere weltlichen Reichsfürstentümern zu. Bei der Säkularisation wurden geistliche Fürstentümer nach dem Entzug der Landesherrschaft (sie wurden säkularisiert = verweltlicht) weltlichen Fürstentümern zugeschlagen. In beiden Fällen verschwanden die so mediatisierten bzw. säkularisierten Fürstentümer bzw. Territorien von der Landkarte. Eine andere Form der Säkularisation bestand darin, dass ein mittelbares, bereits politisch einem Landesfürsten unterstehendes geistliches Territorium nur noch eigentumsrechtlich in die Verfügungsgewalt dieses Landesherrn überführt wurde. Die letztgenannte Art der Säkularisation, welche sich auf die landsässigen Stifte, Abteien und Klöster bezog, war jetzt jedem Landesfürsten möglich, sodass sich nun auch die kathol. Fürsten am Kirchengut bereichern konnten, wovon hemmungslos Gebrauch gemacht wurde. Dieses Privileg hatte seit der Reformation lediglich den Lutheranern bzw. den Calvinisten unter den Fürsten zugestanden. Allerdings übernahm der Staat bei der Einziehung landsässiger Kirchengüter unter anderem die Verpflichtung zur Erhaltung der Domkirchen, die bis heute fortbesteht. – Durch den Reichsdeputationshauptschluss wurden 1 weltliches Kurfürstentum (Kurpfalz) und 44 Reichsstädte mediatisiert sowie 2 geistliche Kurfürstentümer (Kurköln und Kurtrier), 21 Reichsbistümer und 44 Reichsabteien säkularisiert und damit sowohl herrschafts- als auch vermögensrechtlich in den Besitz weltlicher Reichsfürstentümer überführt. So verschwanden 112 Reichsstände, darunter fast alle geistlichen Reichsfürstentümer und damit die Reichskirche. Von den Reichsstädten blieben lediglich die Hansestädte Bremen, Hamburg und Lübeck sowie die süddeutschen Handelsmetropolen Frankfurt/Main, Augsburg und Nürnberg selbstständig und erhielten die volle

Landeshoheit, mussten sich allerdings zu unbedingter Neutralität verpflichten. – Einige Reichsfürsten mit guten Beziehungen zu Frankreich erhielten flächenmäßig sehr viel mehr, als sie an linksrheinischem Territorium verloren hatten, so Baden rd. das 8-fache, Württemberg rd. das 4-Fache, Preußen rd. das 3-Fache und Bayern rd. das 1,5-Fache. Baden erhielt u.a. die rechtsrheinische Pfalz, Württemberg den Hauptteil des Schwäbischen Reichskreises und Bayern v.a. Gebiete in Franken und Schwaben, während Preußen seine Macht in Nordwestdeutschland ausdehnen konnte. Dadurch entstanden in Süddeutschland mit Baden, Württemberg und Bayern Mittelstaaten, welche groß genug waren, um dem Kaiser und damit dem Reich zu schaden, aber zu klein waren, um für Frankreich eine Gefahr darzustellen. Damit wollte Frankreich eine Pufferzone von deutschen Mittelstaaten gegen das Reich schaffen, denn diese Staaten würden eher mit Frankreich zusammengehen, als sich von Österreich oder Preußen vereinnahmen zu lassen. Das vordem schon bedeutende Bayern war ja schon früher Bündnisse mit Frankreich gegen das Reich eingegangen. – Auf die Konfessionszugehörigkeit der Untertanen hatte die Zusammenlegung von Territorien keine Auswirkungen, denn sie konnten bei ihrem Glauben bleiben. Allerdings entstanden durch diese Zusammenlegungen viele gemischtkonfessionelle Fürstentümer (was sich noch heute in der Konfessionszugehörigkeit innerhalb der einzelnen Bundesländer widerspiegelt), während vordem die einzelnen Territorien in der Regel von nur einer Konfession geprägt wurden. – Diese territorialen Veränderungen schlugen auf die konfessionelle Zusammensetzung der Reichsorgane durch und beendeten das Übergewicht der kathol. Reichsstände. So standen sich im Reichsfürstenrat jetzt 77 protestantische und 53 kathol. Stimmen gegenüber. Im Kurfürstenkolleg gab es 6 protestantische und 4 kathol. Stimmen, denn die Kuren von Trier und Köln waren erloschen, die Mainzer Kur hatte man vom aufgelösten Erzstift Mainz nach dem neu errichteten Kurfürstentum Regensburg-Aschaffenburg transferiert, und neue Kuren waren für das neuerrichtete Herzogtum Würzburg (diese Kurwürde war von 1803 bis 1805 bei Salzburg), den Markgrafen von Baden, den Herzog von Württemberg und den Landgrafen von Hessen-Kassel geschaffen worden. – Am gravierendsten waren die Auswirkungen des Reichsdeputationshauptschlusses auf die Stellung des Kaisers im Reich, denn mit dem Wegfall der meisten Reichsstädte und fast aller geistlichen Fürstentümer waren jene Reichsstände verschwunden, welche, um zu überleben, die Hilfe des Kaisers gegen die mächtigen bzw. übermächtigen Reichsfürsten benötigten und deshalb das größte Interesse an der Existenz des Reiches gehabt hatten. Mit dem Wegfall dieser Klientel machte der Fortbestand des Reiches keinen Sinn mehr. – Wie schwach das Reich geworden war, erwies sich bereits im Herbst 1803, als sich die Reichsfürsten nach dem Vorbild der Säkularisation von Kirchengut auch die reichsritterschaftlichen Kleinstterritorien einverleibten (**„Rittersturm"**), ohne allerdings hierfür eine rechtliche Grundlage zu haben.

Am 11.8.**1804** nahm Kaiser Franz II. eigenmächtig als **Franz I.** den Titel eines erblichen **Kaisers von Österreich** an, ohne auch nur die Zustimmung der Reichsstände eingeholt zu haben. Verfassungsrechtlich waren damit die Länder des habsburgisch-lothringischen Hausmachtkomplexes zu einem Staat zusammengefasst worden, für welchen Franz mit dieser Selbstkrönung den Prestige-Titel „Kaiser" rettete (Napoleon hatte sich bereits am 18.5.1804 zum erblichen Kaiser der Franzosen erklären lassen; die Krönung Napoleons I. fand am 2.12.1804 in Paris statt).

Der **3. Koalitionskrieg** gegen Frankreich wurde von einer am 11.4.1805 zwischen Russland und England gebildeten Koalition geführt, der auch Schweden und am 9.8.1805 Österreich beitraten. Preußen wurde von Russland zum Abschluss des preuß-russ. Allianzvertrages von Potsdam gedrängt (3.11.1805). Frankreich verbündete sich mit den süddeutschen Staaten Bayern, Baden und Württemberg sowie mit Hanau. Die franz. Flotte wurde von der engl. Flotte unter Nelson bei Trafalgar vernichtend geschlagen (21.10.1805). Napoleon besetzte am 13.11.1805 Wien und errang in der **„Dreikaiserschlacht" von Austerlitz** (2.12.**1805**) einen entscheidenden Sieg gegen die Heere von Österreich unter

Kaiser Franz II. und Russland unter Zar Alexander I. Preußen griff nicht mehr in die Auseinandersetzungen ein und ließ sich von Frankreich die Bedingungen des Vertrages von Schönbrunn (15.12.1805) auferlegen, welche Napoleon in die Feder diktierte. Preußen erhielt das Kurfürstentum Hannover, musste jedoch die Markgrafschaft Ansbach an Bayern sowie das Herzogtum Kleve an einen nicht genannten Fürsten und an Napoleon das Fürstentum Neuchâtel abtreten. Im Pariser Traktat (15.2.1806) wurden diese Bestimmungen noch dahingehend verschärft, dass der Gebietsaustausch sofort stattzufinden hatte, Preußen seine Häfen gegen England schließen musste (Kontinentalsperre), was die sofortige Kriegserklärung Englands an Preußen nach sich zog. Bereits am 24.1.1805 war für Preußen die Demobilmachung verfügt worden. Der 3. Koalitionskrieg endete mit dem Frieden von Pressburg (26.12.1805), abgeschlossen zwischen Österreich und Frankreich. Österreich verlor seinen Einfluss in Italien. Die Kurfürsten von Bayern (Proklamation Bayerns zum Königreich am 1.1.1806) und Württemberg (Erhebung zum Königreich am 30.12.1805) wurden als Könige anerkannt. Auf Kosten Österreichs wurden Bayern, Württemberg und Baden vergrößert. Österreich erhielt von Erzherzog Ferdinand III., der mit dem bayerischen Fürstentum Würzburg entschädigt wurde, nur Salzburg und Berchtesgaden. Die Rangerhöhung der franz. Bündnispartner Bayern und Württemberg zu Königreichen sowie später von Baden zum Großherzogtum, verbunden mit der Erlangung der staatl. Souveränität, waren von Napoleon vorgenommen worden.

Der nächste Schritt Napoleons, das Reich zu paralysieren, war die von ihm erzwungene Gründung eines deutschen Fürstenbundes. Zu diesem **Rheinbund** schlossen sich mit Unterzeichnung der Bundesakte (12.7.**1806**) unter dem Protektorat Frankreichs zunächst 16 süd- und westdeutsche Staaten zusammen, allen voran Bayern, Württemberg sowie Baden, und vereinbarten ein Offensiv- und Defensivbündnis. Aufgestellt wurde ein Bundesheer (dafür stellte Frankreich 200.000 Mann, die deutschen Fürsten zunächst insgesamt 63.000 Mann). Damit konnte Napoleon jetzt bei seinen Feldzügen auf die Truppen der Rheinbundstaaten zurückgreifen. Rangerhöhungen zum Großherzog erlangten der Kurfürst von Baden, der Herzog von Berg und der Landgraf von Hessen-Darmstadt, zum Herzog der Chef des Hauses Nassau und zum Prinzen der Graf von der Leyen. Die Territorien der Bundesfürsten wurden durch weitere Mediatisierungen vergrößert, denen auch die Freien Reichsstädte Nürnberg und Augsburg zum Opfer fielen. Gemäß den Bestimmungen der Bundesakte zeigten die Rheinbundstaaten am 1.8.1806 dem Reichstag zu Regensburg ihren Austritt aus dem Reichsverband an; Frankreich erklärte, die Reichsverfassung und damit das Reich nicht mehr anzuerkennen. Nach dem Zusammenbruch Preußens (1806) traten außer Österreich, Preußen, Dänisch-Holstein und Schwedisch-Pommern bis 1808 alle deutschen Staaten dem Rheinbund bei und mussten so ebenfalls ihren Beitrag zur napoleonischen Annexionspolitik leisten. Nach der Völkerschlacht von Leipzig löste sich der Rheinbund auf.

Der Rheinbund brachte für die Bevölkerung auch Vorteile, denn hier setzten die Reformen zur allseitigen Modernisierung des Staatswesens unter dem Druck Frankreichs („Revolution von oben") früher ein als z.B. in Preußen, obgleich der „Code Napoléon" nur in den von Frankreich annektierten Gebieten, im Königreich Westfalen und im Großherzogtum Berg, eingeführt wurde. Varianten der franz. Gesetzgebung gab es in Baden, in der bayer. Pfalz und in Frankfurt, lediglich in Bayern verhinderte die Adelsopposition die Modernisierung des Staatswesens. Die Bauernbefreiung wurde in den Rheinbundstaaten Süd- und Westdeutschlands bereits vor der Jahrhundertwende eingeleitet (Ablösung der Feudalabhängigkeit durch Geldzahlungen; so erfolgte vielfach Ablösung der Frondienste durch Rentenzahlungen). Neben dem großgrundbesitzenden Adel wurden dadurch vor allem die mittelständischen Bauern gestärkt (v.a. durch Individualisierung kollektiver Besitzrechte, also durch die Aufteilung der Allmende in Abhängigkeit von der Größe der Bauerngüter).

Auf Druck Napoleons legte Franz II. am 6.8.**1806** die Römische Kaiserkrone nieder, erklärte das **Heilige Römische Reich** für **aufgelöst** und entband die Reichsstände ihrer verfassungsmäßigen Pflichten. Dies war das Ende des Alten Reiches.

Unbesiegt war nur noch Preußen. Es hatte sich ab 1795 aus den Koalitionskriegen herausgehalten und in Zusammenarbeit mit Frankreich seine Macht in Norddeutschland ausgebaut, von Napoleon sogar noch Kurhannover erhalten. Zum Bruch kam es, als Napoleon 1806 Kurhannover an England zurückgeben wollte. Preußen machte mobil (9.8.1806) und stellte Napoleon ein Ultimatum (26.9.1806), sich aus den rechtsrheinischen Gebieten zurückzuziehen. Preußen verbündete sich mit Kursachsen, Sachsen-Weimar und Braunschweig. Die Kampfhandlungen im 4. Koalitionskrieg begannen Anfang Okt. 1806. Napoleon war von Anfang an militärisch überlegen. Durch seinen schnellen Vorstoß nach Thüringen unterband er die Vereinigung der Armeen des Gegners. Napoleon schlug eine preuß.-kursächs. Armee bei Saalfeld (10.10.1806), in der auch Prinz Louis Ferdinand von Preußen fiel, und besiegte die preuß. Hauptarmee in der **Doppelschlacht von Jena und Auerstedt** (14.10.**1806**); am 27.10.1806 besetzte er Berlin. – Mit Kursachsen schloss Napoleon den **Separatfrieden von Posen** (11.12.**1806**). Kursachsen trat dem Rheinbund bei, und das Kurfürstentum Sachsen wurde zum Königreich Sachsen erhoben (am 20.12.1806 Proklamation des Kurfürsten Friedrich August III. als Friedrich August I. zum König von Sachsen). Im Kriegsfall hatte Sachsen für das Bundesheer ein Kontingent von 20.000 Mann zu stellen. – Napoleon besetzte in den folgenden Monaten ganz Preußen. Das Bündnis Preußens mit Russland hatte diesen Sieg nicht mehr aufhalten können. Am 21.6.1807 kam es zu einem Waffenstillstand zwischen Russland und Frankreich, dem am 25.6.1807 auch Preußen beitrat. Russland konnte den Fortbestand Preußens durchsetzen. Es folgte der **Frieden von Tilsit** (7./9.7.**1807**). Preußen verlor über die Hälfte seines Territoriums. Dies betraf vor allem alle linkselbischen Gebiete, die größtenteils an das am 18.8.1807 aus Teilen Preußens, Hannovers, Braunschweigs und

Kurhessens gegründete Königreich Westfalen kamen, und den Cottbuser Kreis sowie alle in der zweiten und dritten Teilung Polens erworbenen Gebiete. Aus den letztgenannten Gebieten bildete man das Herzogtum Warschau, welches man in Personalunion mit dem Königreich Sachsen verband. Danzig wurde Freistaat. Die Herzöge von Sachsen-Coburg, Oldenburg und Mecklenburg-Schwerin erhielten ihre Länder zurück. Preußen musste die Kontinentalsperre wieder einführen. Preußen und Russland erkannten die Könige von Neapel, Holland und Westfalen (die Brüder Napoleons Joseph, Ludwig und Jérôme) sowie den Rheinbund an. Mit diesem Friedensschluss war Preußen vorerst als europäische Großmacht ausgeschieden. – Nach der Königsberger Konvention (12.7.1807) sollte der Abzug der franz. Truppen aus Preußen bis 1.10.1807 abgeschlossen sein, zog sich aber noch bis 5.12.1808 hin, weil er von Entschädigungszahlungen an Frankreich abhängig gemacht worden war.

Weil Napoleon England militärisch nicht bezwingen konnte (die franz. Flotte war 1805 bei Trafalgar vernichtet worden), hatte er ein generelles Handelsverbot gegen England verhängt (sog. **Kontinentalsperre**), welches durch das Berliner Dekret (21.11.1806) zum generellen Handelsembargo über die brit. Inseln ausgeweitet worden war. Die Exporteinbußen konnten im Allgemeinen ausgeglichen werden, was jedoch nicht auf die agrarischen Ostgebiete zutraf, welche durch den Wegfall des englischen Marktes für Getreide und Holz schwer geschädigt wurden. Spürbar wurde der Ausfall des Imports von Rohstoffen und Kolonialwaren, was durch einen schwunghaften Schmuggel nicht ausgeglichen werden konnte. Andererseits förderte die Kontinentalsperre die Entwicklung von Gewerbe und Industrie in Deutschland, z.B. des Textilgewerbes in linksrheinischen Gebieten sowie in Sachsen und die Steingutindustrie in Sachsen. Weiterhin erfuhren der Maschinenbau und im Ruhrgebiet die Eisenwarenindustrie einen Aufschwung. Auch wurde die Herstellung von Ersatzgütern (z.B. Rübenzucker) angeregt. Insgesamt überwogen jedoch die wirtschaftlichen Nachteile dieses Handelskrieges, was die Bevölkerung noch zusätzlich gegen die französische Fremdherrschaft aufbrachte.

Verwendete Literatur

Bartel, Horst et al. (Hrsg) – Deutsche Geschichte in Daten, 1. Aufl. Berlin 1966

Brockhaus Enzyklopädie, 24 Bände 1 Erg.-Bd., 19. Aufl., Mannheim 1986-1994, 1996

Brunotte, Heinz; Weber, Otto– Evangelisches Kirchenlexikon 3 Bände, Göttingen 1956

Demandt, Alexander– Deutschlands Grenzen in der Geschichte, 2. Aufl., München 1991

Der Große Brockhaus, 21 Bände, 15. Aufl., Leipzig 1928-1935

Dirlmeier, Ulf et al.: Kleine deutsche Geschichte, Stuttgart 2006

Engel, Evamaria; Holtz, Eberhard (Hrsg). Deutsche Könige und Kaiser des Mittelalters, 1. Aufl. Leipzig-Jena-Berlin 1989

Fuchs, Konrad: Schlesiens Industrie – Ein Gang durch ihre Geschichte, 1995

Fuchs, Konrad; Raab, Heribert; Wörterbuch Geschichte, 12. Auf. 2001

Gebhard, Bruno; Handbuch der Deutschen Geschichte, Bd. 1, 8. Aufl., 3. verbesserter Nachdruck, Stuttgarg 1957

Gebhard, Bruno; Handbuch der Deutschen Geschichte, Bd. 2, 8. Aufl., verbesserter Nachdruck, Stuttgart 1956

Gebhard, Bruno; Handbuch der Deutschen Geschichte, Bd. 3, 8. Aufl., Stuttgart 1960

Gotthard, Axel; Das Alte Reich 1495-1806, Darmstadt 2003

Hein, Dieter; Deutsche Geschichte in Daten, München 2005

Irgang, Winfried; Bein, Werner; Neubach, Helmut; Schlesien – Geschichte, Kultur, Wirtschaft, 2. Auf., Verlag Wissenschaft und Politik 1998, Bd. 4 der Reihe Historische Landeskunde, Deutsche Geschichte im Osten

Lütge, Friedrich; Deutsche Sozial- und Wirtschaftsgeschichte, 3. Aufl., Berlin-Heidelberg-New York 1966

Meyers Neues Lexikon, 18 Bände, 2. Aufl., Leipzig 1972-1976

Meyers Konversations-Lexikon, 17 Bände, 4. Aufl., Leipzig-Wien, 1890-1892

Müller, Helmut M. (Hrsg.); Deutsche Geschichte in Schlaglichtern, 2. Aufl, Leipzig-Mannheim 2004

Naumann, Günter; Sächsische Geschichte in Daten, überarbeitete Sonderausgabe der 3. Aufl., Wiesbaden 2003

North, Michael (Hrsg.), Deutsche Wirtschaftsgeschichte, ein Jahrtausend im Überblick, 2. Auf, München 2005

Pierenkemper, Toni, Gewerbe und Industrie im 19. und 20. Jahrhundert, München 1994

Pierer, H.A. (Hrsg.); Universal-Lexikon, 34 Bände, 2. Aufl., Altenburg 1840-1846

Planitz, Hans; Die deutsche Stadt im Mittelalter, 5. Aufl, Wiesbadeb 1997

Planitz, Hans, Eckhardt, Karl August, Deutsche Rechtsgeschichte Graz-Köln 1971

Rudolf, Hans Ulrich; Oswalt, Vadim (Hrsg.); Taschen Atlas Deutsche Geschichte, 1. Aufl., Gotha-Stuttgart 2004

Sante, Georg Wilhelm, Geschichte der deutschen Länder – Territorien-Ploetz, Bd. 1 Die Territorien bis zum Ende des alten Reiches, Würzburg 1964

Schlesien. Handbuch der historischen Stätten, Stuttgart 1977

Schlieper, Andreas; 150 Jahre Ruhrgebiet – Ein Kapitel deutscher Wirtschaftsgeschichte, 2. Aufl., Düsseldorf 1986

Schulze, Hans K; Grundstrukturen der Verfassung des Mittelalters Bd. 2 Familie, Sippe und Geschlecht, Haus usw., 3. Aufl, Stuttgart-Berlin-Köln 2000

Schulze, Hans K.; Grundstrukturen der Verfassung des Mittelalters, Bd. 3 Kaiser und Reich, Stuttgart-Berlin-Köln 1998

Taddey, Gerhard (Hrsg.), Lexikon der deutschen Geschichte, 1. Aufl., Stuttgart 1977

Abkürzungen

bayer. . . . . bayerisch
Bf. . . . . Bischof
Btm. . . . . Bistum
Burggf. . . . . . . Burggraf
byzant. . . . . . . byzantinisch
dt. . . . . deutsch
Erzbf. . . . . Erzbischof
Erzbtm. . . . . . . Erzbistum
ev., evangel.. . . . evangelisch
fränk. . . . . fränkisch
Frankr.. . . . . . . Frankreich
franz. . . . . französisch
Gf. . . . . Graf
Gft.. . . . . Grafschaft
Ghz. . . . . Großherzog
Ghztm. . . . . . . Großherzogtum
Hft.. . . . . Herrschaft
Hz.. . . . . Herzog
Hztm. . . . . Herzogtum
Ital., ital . . . . . . Italien, italienisch
kathol.. . . . . katholisch
Kf. . . . . Kurfürst
Kfm.. . . . . Kaufmann
Kftm. . . . . Kurfürstentum
Kg.. . . . . König
Kgn.. . . . . Königin
Kgr. . . . . Königreich
Ks.. . . . . Kaiser
Ksn. . . . . Kaiserin
Landgft.. . . . . . . Landgrafschaft
Lothr. . . . . Lothringen
Markgf. . . . . . . Markgraf
Markgft.. . . . . . . Markgrafschaft
Österr., österr.. . . Österreich, österreichisch
P.. . . . . Papst
preuß.. . . . . preußisch
röm.. . . . . römisch
russ.. . . . . russisch
Schles., schles. . . Schlesien, schlesisch
Span., span.. . . . Spanien, spanisch
ungar.. . . . . ungarisch

Deutsche Könige und Kaiser im Alten Reich

Konrad I. (911-918)

Ottonen (919-1024)
Heinrich I. (919-936)
Otto I. (936-973), 962 Kaiser
Otto II. (973-983), Kaiser
Otto III. (983-1002), 996 Kaiser
Heinrich II. (1002-1024), Kaiser 1014

Salier (1024-1125)
Konrad II. (1024-1039), 1027 Kaiser
Heinrich III. (1039-1056), 1046 Kaiser
Heinrich IV. (1056-1106), Kaiser 1084
Heinrich V. (1106-1125), Kaiser 1111

Lothar von Süpplingenburg (1125-1137), 1133 Kaiser

Hohenstaufer (1138-1254)
Konrad III. (1138-1152)
Friedrich I. (1152-1190), Kaiser 1155
Heinrich VI. (1190-1197), Kaiser 1191
Philipp von Schwaben (1198-1208)

Otto IV. von Braunschweig (1198-1218), Kaiser 1209

Friedrich II. (1211-1250), Kaiser 1220
Konrad IV. (1250-1254)
Konradin (hingerichtet 1268)

Interregnum (1254-1273)
Wilhelm von Holland (1247-1256)
Richard von Cornwall (1257-1272)
Alfons von Kastilien (1257-1275)

Aus verschiedenen Häusern (1273-1347)
Rudolf I. von Habsburg (1273-1291)
Adolf von Nassau (1292-1298)
Albrecht I. von Österreich (1298-1308)
Heinrich VII. von Luxemburg (1308-1313), Kaiser 1312
Ludwig der Bayer (1314-1347), Kaiser 1328

Luxemburger (1346-1437)
Karl IV. (1346-1378), Kaiser 1355
Wenzel (1378-1400)

Ruprecht von der Pfalz (1400-1410)

Sigmund (1410-1437), Kaiser 1433

Habsburger (1438-1740)
Albrecht II. (1438-1439)
Friedrich III. (1440-1493), Kaiser 1452
Maximilian I. (1493-1519), Kaiser 1508
Karl V. (1519-1556),
Ferdinand I. (1556-1564)
Maximilian II. (1564-1576)
Rudolf II. (1576-1612)
Matthias (1612-1619)
Ferdinand II. (1619-1637)
Ferdinand III. (1637-1657)
Leopold I. (1657-1705)
Joseph I. (1705-1711)
Karl VI. (1711-1740)

Karl VII. von Bayern (1740-1745)

Lothringer
Franz I. (1745-1765)
Joseph II. (1765-1790)
Leopold II. (1790-1792)
Franz II. (1792-1806)

Sach-, Orts- und Personenregister